本书是国家社科基金项目（12BYY035）的阶段性成果

云麓学术论丛

湘南江华汉语土话与瑶语比较研究

李星辉 著

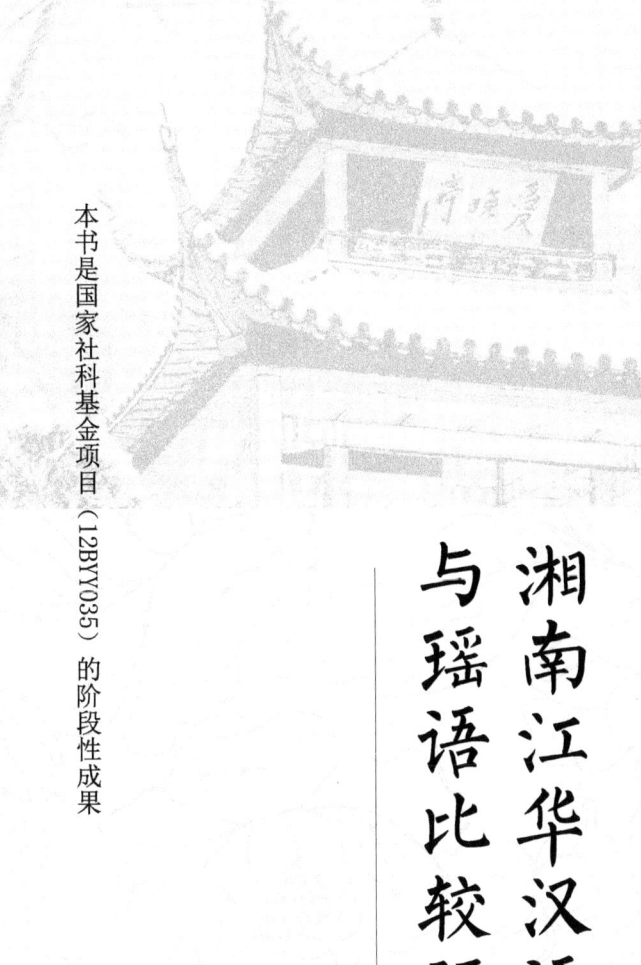

科学出版社

北京

内 容 简 介

湘南土话是汉语方言中的非官话未定性方言，湘南的瑶语主要是瑶族使用的勉语方言。湖南南部地区的江华瑶族自治县是湖南唯一的一个瑶族自治县，境内的汉语方言和瑶语方言不仅种类繁多，而且难以交流。我们通过深入细致的田野调查，搜集了丰富翔实的语言材料，再展开语音、词汇、语法等方面的综合比较分析，得出江华汉语方言的梧州话、平地瑶话和瑶语的过山瑶话接触影响的特点。江华的湘南土话和湘南瑶语在长期的接触和交流中已经有了许多的相似之处。接触影响的主流方向是土话对瑶语的影响，平地瑶话在湘南土话和瑶语接触影响中变化最大，属于典型的少数民族讲的汉语方言，但仍残留有瑶语的痕迹。过山瑶话却更为稳固，在不断吸收土话成分的同时，仍然坚守自己的阵地。本书首次全面呈现出江华方言的整体面貌，材料丰富，描写准确，并深入探究思考了湘南汉语土话和湘南瑶语的接触影响和相互交融。

本书适合汉语方言、少数民族语言研究者参考和语言学习者使用。

图书在版编目(CIP)数据

湘南江华汉语土话与瑶语比较研究/李星辉著. —北京：科学出版社，2018.6

（云麓学术论丛）

ISBN 978-7-03-057782-5

Ⅰ.①湘⋯ Ⅱ.①李⋯ Ⅲ.①汉语方言-研究-江华县②瑶语-研究-江华县 Ⅳ.①H174②H251

中国版本图书馆 CIP 数据核字(2018)第 126498 号

责任编辑：张 达／责任校对：于佳悦
责任印制：张欣秀／封面设计：铭轩堂

科学出版社 出版
北京东黄城根北街 16 号
邮政编码：100717
http://www.sciencep.com

北京虎彩文化传播有限公司 印刷
科学出版社发行 各地新华书店经销

*

2018 年 6 月第 一 版　开本：720×1000 B5
2018 年 6 月第一次印刷　印张：15 3/4
字数：320 000
定价：88.00 元
（如有印装质量问题，我社负责调换）

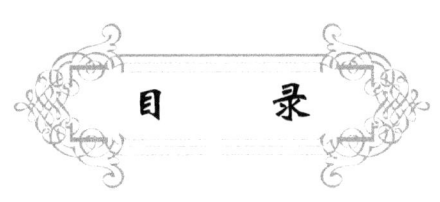

目　录

第一章　绪论 1
　第一节　江华县地理概况与历史沿革 1
　　一、地理概况 1
　　二、历史沿革 2
　第二节　江华县民族、语言情况综述 3
　　一、民族情况 3
　　二、语言情况 7
　第三节　方言点、发音合作人情况介绍 16
第二章　江华汉语方言和瑶语方言的分布与差异 18
　第一节　江华梧州话的分布与内部差异 18
　　一、江华梧州话的分布 18
　　二、梧州话的内部差异 20
　第二节　江华平地瑶话的分布与内部差异 27
　　一、江华平地瑶话的分布 27
　　二、平地瑶话的内部差异 28
　第三节　江华过山瑶话的分布与内部差异 36
　　一、江华过山瑶话的分布 36
　　二、过山瑶话的内部差异 39
　第四节　江华客家话和官话的分布 47
　　一、江华客家话的分布 47
　　二、江华官话的分布 48
第三章　语音的比较研究 50
　第一节　梧州话音系 50
　　一、声韵调分析 50
　　二、同音字表 55
　第二节　平地瑶话音系 70
　　一、声韵调分析 70

二、同音字表 74
　第三节　过山瑶话音系 86
　　　一、两岔河片过山瑶话音系 86
　　　二、湘江片过山瑶话音系 91
　第四节　语音的比较研究 95
　　　一、音节结构 95
　　　二、声母、韵母和声调的组合关系 96
　　　三、语流音变 114
　　　四、音韵特点 117

第四章　词汇的比较研究 160
　第一节　构词方式的比较 160
　　　一、单纯词 160
　　　二、合成词 160
　第二节　语义关系的比较 171
　　　一、多义关系 172
　　　二、同音关系 174
　　　三、同义关系 174
　　　四、反义关系 177
　第三节　造词理据的比较 179
　　　一、着眼于形状 179
　　　二、着眼于材料 180
　　　三、着眼于颜色 180
　　　四、着眼于属性 180
　　　五、着眼于功能 181
　　　六、着眼于时间、处所、来源 182
　第四节　词语来源的比较 183
　　　一、古语词的沿用 183
　　　二、方言创新 185
　　　三、借词 187

第五章　语法的比较研究 192
　第一节　词类的对比分析 192
　　　一、方位名词、时间名词 192
　　　二、形容词 195
　　　三、数词 197

四、量词 200
　　五、代词 202
　　六、副词 205
　　七、介词 208
　第二节　语序的对比分析 209
　　一、定中次序 209
　　二、状中次序 212
　　三、宾补次序 213
　　四、双宾语次序 214
　第三节　句式、句类的对比分析 216
　　一、处置句 216
　　二、被动句 217
　　三、疑问句 219
第六章　结语 222
参考文献 227
附录　江华县梧州话、平地瑶话和过山瑶话语料记音 230
　附录1　过山瑶瑶歌（发音人：两岔河乡横江村赵德科）................... 230
　附录2　平地瑶瑶歌（发音人：河路口镇岭脚村石成敏）................... 235
　附录3　梧州歌（发音人：大石桥乡大祖脚村龙柳姣、李冬凤）........... 241
后记 243

第一章 绪 论

第一节 江华县地理概况与历史沿革

一、地理概况

江华瑶族自治县位于南岭北麓，潇水上游，湖南省最南端，与粤桂接壤，地处东经 111°25′45″~112°10′5″、北纬 24°38′23″~25°15′45″。东北接湖南省蓝山县，东南邻广东省连县、连南瑶族自治县、连山壮族自治县，西南接广西壮族自治区贺县、钟山县、富川瑶族自治县，西抵湖南省江永县，北靠湖南省道县、宁远县。全县面积为 3248.72 平方公里，占全省面积的 1.53%。县境最东码市镇麻石、洞源与广东连县相接，最西白芒营镇井崽山与广西富川相接，最南河路口镇春头源与广西贺县相接，最北桥头铺镇下刘家塘村的狮子岭与道县相接，东西横跨 72.5 公里，南北纵长 77.92 公里。江华是典型的山区，地势由东向西倾斜，境内千米以上的高峰（包括边界山峰）有 662 座，属五岭山脉萌渚岭山系，其中东面是横跨湘、粤、桂三省区的大龙山，北面是九嶷山，西南面是号称"梧岭南屏"的姑婆山，地势险要，历来是兵家必争之地。境内还有姑婆山的支脉勾挂岭，划县域为东西两部，当地习称岭东、岭西。岭东约占全县总面积的 3/4，属中山地带，山势陡峭，沟壑深险，林木茂密，耕地较少，以经营林业为主。冯水从码市的暗山入境由东南蜿蜒曲折流向西北，流域面积大，急流、瀑布多，正好适宜木排放运和小水电开发。岭西约占全县面积的 1/4，属丘陵地带，平原与谷地交错，岩峰与溶洞遍布，以种植稻谷和烤烟为主。沱水从河路口镇姑婆山发源，自南向北穿越岭西，灌溉着上万亩农田。冯水、沱水汇集 289 条大小溪河，在沱江镇鱼塘坡汇合后形成潇水，流入道县境内，向北注入湘江。另外有源于两岔河乡的靖边河和源于河路口镇的白沙河流入广西境内，向南注入珠江。境内矿产丰富，现已发现的有用矿产达 32 种，是湖南省三大产锡区之一，姑婆山的花岗岩也是闻名全国。林地占全县总面积的 74%，林产以杉木、山苍子树、油桐、油茶为主。粮食以水稻为主，经济作物有烤烟、茶叶、棉麻、油料、果蔬等。牧业以饲养猪、牛为主。水产主要是利用池塘养殖草鱼、鲢鱼等家鱼品种。

二、历史沿革

江华之地春秋战国属楚，西汉前期（公元前206~前112）属长沙国，置"周都尉别军"。汉武帝元鼎六年（前111年）镇服南越之后，始托境内冯水之名置冯乘县，设县治于深平城（今涛圩镇连山脚衙门地），隶苍梧郡，属交趾刺史部。初，辖今之江华瑶族自治县全境及广西贺县、钟山、富川、江永等县部分地区。三国（220~280）地入东吴，隶临贺郡，属广州。东晋（317~420）前隶营阳郡，属荆州，穆帝后属湘州。南朝宋（420~479）隶临庆国，属广州（武帝永初三年属湘州）。齐、梁、陈（470~589）隶临贺郡，属湘州。隋（589~618）隶零陵郡，属荆州。恭帝义宁二年（618）萧铣踞巴陵称帝，国号梁，冯乘属之。唐高祖武德四年（621）平梁后，析冯乘置江华，隶营州，治于"阳华岩之江南"（今沱江镇老县村），江华之名盖始于此。贞观八年（634）隶道州，十七年道州废，隶永州，属江南西道。武周时期（684~704）曾名云溪。中宗神龙元年（705）复名江华，隶道州。昭宗乾宁二年（895）属武安军节度使。五代（907~960）后梁马殷踞湖南，国号楚，江华属楚。后周（951~960）属南汉武安节度使。宋（960~1275）隶道州江华郡，属荆湖南路。元世祖至元十三年（1276）隶道州路，属湖广行省。明洪武初年改道州路为道州府，江华隶之。崇祯十六年（1643）张献忠陷永州，改称西府，派童佐圣知江华。清顺治六年（1649）江华始入清版图，隶永州府，属湖南省衡永郴桂道，领六乡，编户六里。康熙十六年（1677）吴三桂称帝，国号周，江华属之。二十年（1681）周灭，江华仍隶永州府，属湖南布政使司。雍正二年至清末民国初（1724~1913）江华隶永州府。1914年隶衡阳道，属湖南省。1937~1949年隶属湖南省第七行政督察区。

1949年11月5日江华和平解放，11月22日江华县人民政府成立，隶属湖南省永州专区（后改零陵专区）专员公署。1953年改隶湘南行政公署。1954年湘南行政公署改设为衡阳、郴县（后改郴州）两个专署，江华属衡阳专署。1955年11月成立江华瑶族自治县，划桥头铺、沱江、大路铺、白芒营等地区（791.46平方公里）归永明，永明因之改称江永。划蓝山县之荆竹、沙落等18个村寨（48.2平方公里）入江华瑶族自治县。全县面积2505.56平方公里。县治从沱江镇迁到水口镇。1958年11月，沱江、大路铺、白芒营等地回归江华，荆竹、沙落等地回归蓝山。全县面积3056.22平方公里。1962年恢复零陵专区，1979年后专区改称地区，江华瑶族自治县隶属零陵地区。1985年县治仍迁沱江镇。1989年1月15日，经湖南省人民政府批准，将1955年划给江永管辖的桥头铺、大干、界牌3个乡（镇）（192.5平方公里）划归江华瑶族自治县管辖，全县面积共3248.72平方公里。1995年11月零陵地区改为永州市，江华隶属永州市至今。

1995年前，全县分为8区2镇41乡（镇），具体情况是：沱江区、沱江乡、东田乡、鲤鱼井乡、竹园寨乡、桥头铺镇、界牌乡、大干乡；大路铺区、大路铺乡、桥市乡、黑山口乡、邓家湾乡；白芒营区、白芒营镇、岩口铺乡、小贝乡、白牛山乡；涛圩区、涛圩镇、河路口镇、上游乡、中洞乡、大石桥乡；大圩区，大圩乡、鲤鱼塘乡、小圩乡、桥铺乡、清塘乡、两岔河乡；水口区，高滩乡、湘江乡、花江乡、花江洞乡、务江乡；贝江区，贝江乡、未竹口乡、濠江乡、凌江乡；码市区，码市镇、黄石乡、竹市乡、大锡乡、中河乡、新铺乡。此外还有城关镇、水口镇。

1995年撤区并乡，全县8个区已撤销，合并为22个乡（镇）：沱江镇（沱江乡、鲤鱼井乡、竹园寨乡合并而成）、桥头铺镇（桥头铺镇、大干乡合并而成）、界牌乡、桥市乡、大路铺镇（大路铺乡、黑山口乡、邓家湾乡合并而成）、白芒营镇（白芒营镇、岩口铺乡、小贝乡、白牛山乡合并而成）、大石桥乡（中洞乡、大石桥乡合并而成）、涛圩镇（涛圩镇、上游乡合并而成）、河路口镇、小圩镇（小圩乡、桥铺乡合并而成）、大圩镇（大圩乡、鲤鱼塘乡合并而成）、两岔河乡、东田镇（原东田乡）、务江乡、花江乡（花江乡、花江洞乡合并而成）、湘江乡、水口镇（水口镇、高滩乡合并而成）、清塘壮族自治乡、贝江乡（贝江乡、濠江乡、凌江乡合并而成）、未竹口乡、大锡乡、码市镇（码市镇、黄石乡、竹市乡、中河乡、新铺乡合并而成）。按照当地人习惯的岭东、岭西的分法，以上列举的前面9个乡镇属岭西，后面13个乡镇属岭东。

第二节　江华县民族、语言情况综述

一、民族情况

江华瑶族自治县是以瑶族为主体的多民族县，也是湖南省瑶族分布最为集中的地方，瑶族人口占全省瑶族总人口的45.7%，同时也是湖南省壮族分布最为集中的地方，壮族人口占全省壮族总人口的56.17%。据第六次人口普查，全县人口410527人，其中瑶族211200人，壮族11541人，汉族185967人，侗、满、蒙、苗、布依、彝族共164人。瑶族、壮族多是在元末以后进入江华，汉族开始进入江华大约在秦代以前，其他少数民族则主要是中华人民共和国成立后到江华工作的职工及其家属。

江华的瑶族均自称为瑶人，但由于语言、生活习俗和地域分布的不同，当地的瑶族又自己分为三类：第一类用汉语称为"过山瑶"，也叫"高山瑶"，用过山瑶话自称为"iu^{31} $mien^{31}$ 瑶人"。这一类与广西自称"$mjen^{31}$"或"ju^{31} $mjen^{31}$"（音译为"优勉"）的瑶族是相似的；第二类自称为"平地瑶"，用平地瑶的话说是"piu^{21} $tæ^{24}$ i^{21} 平地瑶"（说七都话的平地瑶）或"pin^{31} ta^{45} iy^{31} 平地瑶"（说八都话的平地瑶）。这一类在广西被称为"$pion^{21}$ toa^{42} jeu^{21}"（音译为"炳多优"）；第三类自称为"梧州人"，用梧州人的话说是"m'^{31} $tsau^{51/33}$ $ŋ.yẽ^{31}$"。这一类广西也有，称法相同。

自称为"平地瑶"的瑶族现主要聚居在旧称"上五堡"一带（今河路口镇大部分和涛圩镇小部分地区）。《江华县志》记：宋末元初李、盘姓瑶人因世乱，从江西泰和县迁入湘南宁远、祁阳、道县。元大德九年（1305），又由道县经永明至广西富川，再由富川都北界里亭乡进入江华上五堡。明代任姓瑶人也从富川进入上五堡。河路口镇汉冲村奉兴朝先生提供的《奉氏宗谱》序言中记载更为详细："始祖天宝公由湘迁桂，传五世孙憎仍公，于明初洪武年间由广西富川县七都北界里灵停乡从居湖南江华县上五堡下流村附近之塘岭坊，次移居栎湾旦久村，三移居虾蟆村，四复移旦久村，生三子，长子客生，次子子徕，三子九仍……（乾隆五十七年第十八世孙进士奉有纬撰）。""我奉氏原籍赣省泰和县，始祖天保公，因世乱迁宁远、祁阳、道县，传三世诏呼公由湘迁桂，传三世憎仍公于明初自广西富川县七都北界里灵停乡卜居湖南江华县苍梧乡上伍堡下流村附近之塘岭坊，次移居栎湾旦久村，三移居虾蟆村，四复移旦久村，生三子，长子客生，次子子徕，三子九仍……（中华民国二十七年前国民革命军北伐前线指挥部参议兼筹饷专员罗佛山）。"此外，1954年由湖南省民族事务委员会收集到的一些族谱上也有记载：

李姓家谱载："……自吾始祖冬仍公世系流绵。俱陇西公，唐公之后裔也，昔由迁之从千家洞，桂林省平乐府富川县连山乡七都八界岭铜盆村。于元末明初之时，予祖闻上湖南时明耿挥诛剿古冯之地，民逃四散，原有七乡三十里之地也。于洪武二年设立江华之南区许日苍梧竹子尾宿按子团……于寅德二年之间，具岭开垦，圣勒吾祖设立五保，分为三宿，系余祖宗开垦之情缘，犬田额粮，判分边域为三分，防镇三条九隘之夷，景泰三年，共领黄册户籍十七户，上判奉、唐、李为三头户，纳粮征收。"

奉姓族谱载："……奉姓原籍系出龙犬之后嗣，由赣省碑州石羊太和县，宋末现任西迁湘桂宁远、祁阳、道县、全县、灌阳等域，我祖在灌阳避元暴之乱，相率郡人潜入深山千家洞隐居数载，不服元化，元仍与兵怒剿，吾祖遂逃到广西富川灵停乡居数载，因运限不佳，房屋被烧光，生活困苦，于明初遂迁至湖南江华苍梧乡连山脚村……"。

任姓家谱载："……在江西吉安府泰和县鹅胫塘村住立宅，被于大兵所掳，故逃于湖广永州府永明县松柏乡……又与元朝永乐皇被兵大乱逃于富川县光冲洞毛洞口于斯耕种，娶盘氏社姑娘。不料孟九公死于光冲洞……寸妻盘氏社姑娘带及四子于洪武元年走于江华上五堡镇头源落趾……"。

邓姓家谱载："……上祖先人所居千家洞的地方则有十二姓，高、周、邓、任、唐、黄、李、廖、盘、奉、包、沈共处同居，后收粮至来收饷，各请飨飧，人人说义，个个言情，每请一餐，又有一年之久未回朝廷，帝王不知，心疑误杀粮官，差来朝兵数万，不分皂白，攻灭全族，逃至广西省富川县古城柳家源村居住，至邓太公太华分居于湖南省沱江县上伍堡三宿初开立居……"。

盘姓族谱："八徕公自赣省嗣至道县，元末明初遭世乱逃往江华苍梧乡上伍堡黄家木园村安居，又迁钱塘村，迄今二十余世，与富川族人系一派，人未联合，以故昭穆失序……"。

除上五堡地区外，白芒营镇平地瑶人也走着从湖南到广西再入江华的路线。拔岗村人李聘席先生提供的《李氏族谱》载:"富川李氏,来自楚南,鼻祖公六二居湖南道州杨柳塘,后迁在广西富川山口源,后迁麦岭大坝弟家,其后子孙蕃衍,散住湘桂边各地。"白芒营镇大山脚村钟顺月先生说其族人是从广西富阳黄牛井来,还有老屋在广西,且清明时仍去烧纸钱拜祭。连山脚村毛长聪也说他们族谱记有他们是从浙江瞿州江南村,到广西秀峰,到广西大坝,最后到白芒营。

在来江华之前和到达江华之初,瑶人还主要生活在山上,明万历年间由刘时徵主修的《江华县志》卷十二上有对当时情况的描述:"猺居高山峻岭,人迹罕至,椎髻跣足,言语侏离,刀耕火食,种禾黍粟以为粮,伐竹木以易谷,猎山兽以续食。"与此同时,散居在邻近边境山区的他姓瑶族,也因"州郡漫不加恩""催督严峻,多不聊生",常有"邀徒伴,铤而走险,功入江华"的。到了明洪武初年,知县周于德和百户韩恩"招抚"以瑶老李东伪为首的17姓300余瑶民下山,定居上五堡,采取"抚绥制驭政策"。这在明代《江华县志》卷十二上也有记载:"上伍堡乃平地瑶也,洪武初年瑶老李伪等十七户,约三百余人,原系县令周于德中文准令协同百户韩恩临彼招抚下山,准买大同卿民田,秋粮一百四十一石三斗零为业编户四十有二,逐年照石数纳银在官。每宿会点一人为千长,又立猺老,县给帖示约束众猺,以任弹压之责。有为盗者辄共杀之而分其田,因不敢为盗。凡有征调者惟听韩恩后裔遣使。"从家谱中也能看到当时官府对瑶族的政策,涛圩镇马头涛村蒋盛伦提供的《蒋家族谱》序言中有:"……明八,流车江任姓更替朋当户首,四届轮流自当一届,与人姓同户同籍,而任姓之户首不得加收重取,户长十年一届……"。

自称"iu^{31} $mien^{31}$ 瑶人"的瑶族主要聚居在岭东。《江华县志》记:明洪武三十年(1397),周姓瑶人从五岭南麓进入大龙山。明嘉靖初年,广西梧州朱激巷等地部分瑶、壮族人移居江华岭东、岭西。明嘉靖十三年(1534),锦田李目兰父子招上五堡盘、赵、奉、周、郑、沈、李七姓瑶人到务江、花江、贝江、濠江、水口、麻江、凌江等九冲开垦落业。他们插标为记,占据山场,耕山垦地。明隆庆四年(1570)贺县、富川等地盘姓瑶人因广西"大征",部分从广西八步进入贝江冲、麻江冲一带居住。两岔河乡横江村赵德科先生提供的赵成田支派于1949年修订的《赵氏族谱》里有记:"始居之实录,自鼻祖于明末清初时代由粤乐昌分居至柱贺县、昭平、兴安、义宁等县,后移湘江华三省昆连交接之区。因环境不适未克久住,直至清中康熙雍正年间故又迁入岭东上段大源冲隅剑业兴家……""……有数百烟户、人口数千,散隅湘粤桂岭东大源冲、深冲,岭西川头源开山里、松桂岭、背江连山等处,其余远迢迢支派不可胜举……""……汉族处于平阳之地,生活盈余,文明开化,代出贤人,交通便利,衣食住行往往尚较为容易。我瑶族排为六大民族之末,分处深山大谷、羊肠鸟道,地位偏僻,交通隔绝,日久因见识缺乏,语言风俗特别,互异各族……"。

自称为"梧州人"的瑶族岭东、岭西都有。《江华县志》记:宋皇佑五年(1053)平南，驱赶梧州人，部分从广西梧州进入江华。明代又有大批进入，散居在岭东、岭西，人数不少。据大石桥乡鹧鸪塘村李先运先生介绍，李家族谱上记有其祖先是宋代从福建到江西，再到广西，再到江华涛圩大山口，最后到大石桥，到江华大约已有七百多年。另据码市镇锦陂村韦佑兴先生介绍，他的家谱上记有他们这些韦姓人是明代从广西梧州的猪屎巷来的，先到江华清塘，再到码市，到湖南已有九代了。此外，小圩镇玉坪村韦平发先生也说他们是从广西梧州南香来，到小圩后有十几代人了。

中华人民共和国成立初期江华开始了普选工作，成立瑶族自治县，需要对民族成分进行认定，岭东过山瑶的瑶族身份首先得到了肯定，而平地瑶和梧州人的瑶族身份因为种种历史原因有待确认，主要原因之一是汉化程度很深，外人看来似乎与汉族没多大区别；之二是中华人民共和国成立前瑶族受当时汉族统治者剥削、欺压，以致不敢承认自己真正的瑶族身份，而称自己是汉族。鉴于此，1954年湖南省民族事务委员会展开了对江华县平地瑶民族成分问题的调查，最终根据族称、历史来源、风俗习惯、语言等方面认定平地瑶确实是有别于江华过山瑶的瑶族的一支，并得到了国家民委的批准。当时调查并确认的对象是1953年的行政区划中的第三、四、五区的平地瑶，调查报告指出："平地瑶聚居在县的第五区，并杂居在三、四区。聚居在第五区的，以古时称为上五堡三宿的地方为其集居点，集居比数达到98%以上，可以说全是'瑶民'。所谓上五堡三宿是指旦久宿、平岗宿、竹子尾宿。旦久宿包括今之旦久乡的栎湾、屋下、旦久、庙背；罗家寨乡的唐家、宋家；新寨乡的岗头上、杨梅上；下留乡的老沐泽、蒋家、上下西水。平岗宿包括今之上任乡的犬头岗、秀鱼塘、下队、红花源、林家、车家、罗家、钟家、上下任；财塘乡的岭脚、洪水、高家、招礼、陈家、鲁塘、上洞、白马岗、下白、财塘。竹子尾宿包括今之牛路乡的塘底湾、蜂湾、平栎、桑母塘、沙子坪、原头岗、牛路、下岗、泽水洞、黄牛岗、白沙塘、琶缸痒井、岗头上、火烧洞、春头源；河路口乡的欧阳山、兰面上、罗子湾、黎家、源头、坝头、高岭；新铺乡的大岗头。现在这些地方全是'平地瑶'，人口有8929人。"

"散居在三、四区的，以萌渚水左岸、靠近广西一带的乡村为多。在四区，主要分布在大山脚乡的大山脚、杉木岭、狮子岭、寡妇桥、村子山、石壁塘、东关塘；蒲塘乡的蒲塘、马脚；牛趾窝乡的鱼狗湾、牛皮塘、黎弓山、平泽；车下乡的车下、大祖脚、田洞屋；大石桥乡的大石桥、立口、猪母桥、寨背洞，等等。人口3418人以上。在三区，主要分布在莲山乡的上塘面、下塘面、二坝；小山脚乡的拔岗、蜜蜂山；白牛山乡的老瓮水、大岗头、神岗，等等，人口在1836人以上。"

报告里还从平地瑶中分出真瑶和瑶化汉族两类，只认定第五、三、四区的高、周、邓、任、唐、黄、李、廖、盘、奉、包、沈十二姓的平地瑶为真瑶，给予其瑶族身份。但由于瑶汉通婚、民族政策放宽等诸多原因，事实上今天民族成分为瑶族的平地瑶中也包括了部分瑶化了的汉族。此外，这里的划分范围与我们下文将讲到平地瑶话的分布范围相比，其中有许多地名和行政区划发生变化，但根据我们对熟悉当地情况的老人的访问和与地图的比对，以及实地调查的结果，都证实了这份报告中确认的地区与今天我们对平地瑶话分布范围的认定是基本一致的。

"梧州人"的民族身份的认定很复杂。今天自称为"梧州人"的有瑶族也有汉族。中华人民共和国成立初期在识别民族成分时并没有给予他们瑶族成分，主要考虑到没有平地瑶那样的历史来源，而且当时广西也普遍有类似的情况。后来由于要成立瑶族自治县，瑶族人口的比例不够等多种原因，二十世纪五十到八十年代陆续认定了部分"梧州人"为瑶族成分。这当中免不了会混进一些实为汉族的"梧州人"。"梧州人"在生活习惯、宗教信仰、服装佩饰上与平地瑶有些相似，语言和平地瑶、过山瑶都不相同，江华当地的民族工作者对"梧州人"的民族成分有两种意见，一种认为是"梧州瑶"，瑶族的一支；一种认为很牵强。我们认为自称"梧州人"的这一群体应该是瑶族和汉族混杂的群体。

二、语言情况

第一，过山瑶说的过山瑶话属于瑶族勉语勉—金方言中优勉土话的一种。我们可以用一百个核心词，把它与《瑶族语言简志》中勉—金方言的代表点广西龙胜县江底公社大坪江话做个简单的比较。见表1-1：

表1-1 过山瑶话、大坪江话核心词比较

词条	过山瑶话	大坪江话
我	ie^{33}	je^{33}
你	moei^{21}	mwei^{21}
我们	ie^{33}puə^{33}	je^{33}bwo^{33}
这	nai^{44}	na:i^{52}
那	uə^{44}	wo^{52}；na:i^{12}
谁	hai^{24}lan^{31}	ha:i^{24}tau^{21}
什么	hai^{24}ɲioŋ^{21}	ke^{24}ɲou^{33}
不	m^{44}	n̩^{24}
全部	tu^{33}	tu^{55}
许多	hen^{44}tsʻam^{33}	hen^{52}tsʻam^{52}
一	iet^{5} / iet^{2}	jet^{12}
二	i^{33} / ɲie^{21}	i^{33}
大	ntʻo^{33}	ɫu^{33}
长	ntʻau^{44}	da:u^{52}
小	fai^{24}	fai^{24}
女人	mien^{31}sie^{44}ton^{33}	mjen^{21}sje^{55}mjen^{21}
男人	mien^{31}tɕian^{31}ton^{33}	mjen^{21}tɕan^{12}mjen^{21}
人	mien^{31}	mjen^{21}
鱼	bau^{13}	bjau^{231}

续表

词条	过山瑶话	大坪江话
鸟	no²¹	no¹²
狗	ku⁴⁴	tɕu⁵²
虱子	tam⁴⁴	tam⁵²
树	dian²⁴	djaŋ²⁴
种子	ȵim³¹	ȵi:m³³
叶子	nom²¹	no:m²¹
根	kon³³	dzuŋ²¹
树皮	dop⁵	dop⁵⁵
皮肤	dop⁵	dop⁵⁵
肉	ok⁵	o⁵²
血	dziam⁴⁴	dzja:m⁵²
骨头	boŋ⁴⁴	buŋ⁵²
蛋	kau²⁴	tɕau²⁴
角	koŋ³³	tɕo:ŋ³³
尾巴	tuei⁴⁴	twei⁵²
毛	pəei³³	pjei³³
头发	pu²¹pəei³³	pu²¹pjei³³
头	pu²¹koŋ²⁴	mu²¹go:ŋ⁵²
耳朵	pu²¹noŋ²¹	mu²¹no:m²¹
眼睛	pu²¹tsin³³	mwei¹²/²¹tsi:ŋ³³
鼻子	pu²¹tsoŋ³³	bjut¹²kʻot⁵⁵
嘴	dzuei²¹	dzu:i²¹
牙齿	ȵia³¹	ȵa²¹
舌头	bie²¹	bjet¹²
爪子	ȵiəu⁴⁴	ȵiu⁵²
脚	tsau²⁴	tsau²⁴
手	puə¹³	pwo²³¹
肚子	ga²¹sie³³	ke²¹sje³³
脖子	kaŋ³³	tɕa:ŋ³³
乳房	ȵio²⁴	ȵo²⁴/²¹puŋ²¹
心	fim³³	fim³³
肝	ntʻan³³	ɬan³³
喝	hɔp⁵	hop⁵⁵
吃	ȵien³¹	ȵen¹²
咬	ŋat⁵	ŋa:t¹²
看见	maŋ²¹poe³¹	maŋ¹²pwat¹²

续表

词条	过山瑶话	大坪江话
听	moaŋ^{24}	mwaŋ^{24}
知道	ʑiu^{24}tuk^{5}	pei^{33}tu^{55}
睡	poe^{24}goŋ^{21}	pwei^{24}
死	tai^{21}	tai^{12}
杀	tai^{24}	tai^{24}
飞	dai^{24}	dai^{24}
走	min^{31}/iaŋ^{31}	jaŋ^{21}
来	tai^{31}	taːi^{21}
坐	tsuei^{13}	tswei^{231}
站	səu^{44}	sou^{52}
说	koŋ^{44}	koːŋ^{52}
太阳	pu^{21}nt'oe^{33}	pu^{21}ȵoːi^{33}
月亮	nt'a$^{24/31}$kyaŋ^{33}	ɬa^{24}
星星	nt'ei^{24}	ɬei^{24}
水	uam^{44}	wam^{33}
雨	boŋ^{21}	bjuŋ^{12}
石头	la^{31}pe^{33}	lai^{21}pjei^{52}
沙子	la^{31}pe$^{33/31}$fai^{33}	lai^{21}pjei^{52}faːi^{33}
山	kem^{31}	tɕim^{21}
云	məu^{31}	mou^{12}
烟	ɕiəu^{13}	sjou^{24}
火	təu^{13}	tou^{231}
灰	sai^{33}/boŋ^{33}	saːi^{52}
路	kau^{44}	tɕau^{52}
红	si^{5}	si^{55}
绿	luək^{2}	lwo^{12}
黄	wiaŋ^{31}	jwaŋ^{21}
白	pet^{2}	pɛ^{12}
黑	kiek^{5}	tɕe^{55}
晚上	loŋ^{31}moen^{44}dzan^{21}	luŋ^{21}mwan^{231}tsan^{12}
热	kom^{33}/iuə^{5}	jwo^{55}
冷	tɕyaŋ^{44}	tɕwaŋ^{52}
满	puaŋ^{44}	pwaŋ^{52}
新	siaŋ^{33}	sjaŋ^{33}
好	k'u^{44}/nəŋ^{13}	k'u^{52}/loŋ^{24}
圆	kun^{31}	tɕun^{21}
干	gai^{33}	gaːi^{33}
名字	men^{31}puə^{24}	meŋ^{21}bwo^{24}
地	dei^{21}	dei^{12}

从以上核心词的比较中，可以看到过山瑶话和大坪江话相似度很高，应该属于瑶族勉语勉—金方言。

第二，平地瑶称自己的方言为"瑶话""平地瑶话"。平地瑶话包括上五堡地区平地瑶说的"七都话"或"五堡瑶话"，白芒营一带平地瑶说的"八都话"。七都话和八都话都是汉语方言，这从下文的语音、词汇和语法材料的分析中可以得到证实。广西富川也是平地瑶的集中分布地，也说"七都话""八都话"，还有"九都话"，我们来简单地比较一下江华平地瑶的"七都话""八都话"和广西富川的"七都话""八都话"与"九都话"。

（一）音韵特点的比较

1. 古全浊声母的今读

古全浊声母字今逢塞音、塞擦音时江华和富川的平地瑶话都是不论平仄一律读为不送气清音。见表 1-2：

表 1-2　江华和富川古全浊声母今读比较表

例 字	江 华		富 川		
	七都话	八都话	七都话	八都话	九都话
婆果合一平并	pu²¹	pu³¹	pu¹³	pu³¹	po³¹
薄果合一去并	po²⁴	pɣ²⁴	pɣ²¹³	pɣ⁵⁴	po⁴²
豆流开一去定	təu²⁴	təu⁴⁵	tou²¹³	tou⁵⁴	tou⁴²
桃效开一平定	lɣ²¹	to³¹	ta¹³	to³¹	tɑ³¹
才蟹开一平从	tsa²¹	tsæ³¹	tsai⁵³	tsai³¹	tsa⁵³
坐果合上上从	tsɣ⁴²	tsɣ³³	tsɣ³³	tsɣ³³	tsɔ⁴⁴
茶假开二平澄	tso²¹	tsu³¹	tsu¹³	tsu³¹	tso³¹
柱遇合三上澄	tsi⁴²	tɕio³³	tsia³³	tsɣ²¹³	tɕiɑ⁴⁴
近臻开三上群	ki⁴²	tɕi³³	tsi³³	tsi³³	tɕie⁴⁴
桥效开三平群	ki²¹	tɣ³¹	tiɣ¹³	tiɣ³¹	tio³¹

2. 知组、照组、见组部分字读如端组和泥组

江华的七都话极少有端组以外的字声母会念成[t]和[tʻ]，个别如溪母"窠"读[təu⁴²]，但江华八都话和富川七都话、八都话和九都话却都有部分端组以外的字声母会念成[t]和[tʻ]，主要是照组和见组字，还有少数知组字。这些字中读[t]的又要比读[tʻ]的多，江华八都话有些昌、溪、群、澄母字也读不送气，例如：脚tɣ²⁴/窠təu³³/茄tɣ³³/锤to³³。江华七都话还有少数知组、照组、见组字读[l]，例如：猪 li⁴⁵/场 laŋ²¹/扯 li³³/干 li²⁴/滚 lø³³。江华八都话云母、以母字也有读声母[l]的现象，例如：匀 lyi³¹ / 云 lyi³¹ / 运 lyi²⁴。富川七都话、八都话和九都话知组、照组、见组字读[l]的情况比较少。见表 1-3：

表 1-3　江华和富川知、照、见组字[1]情况比较表

例 字	江华		富川		
	七都话	八都话	七都话	八都话	九都话
朝效开三平知	tsŋ⁴⁵	tʏ³¹	liy⁵³	tiy⁵⁴	lei⁵³
抽流开三平彻	ts'əu⁴⁵	ts'əu⁴⁵	ts'ou⁵³	ts'ou⁵⁴	t'ou⁵³
迟止开三平澄	læ²¹		ta¹³	ta³¹	tai³¹
煮遇合三上章	tɕi¹³	to²¹	tia²¹	tio²¹³	tiɑ²⁴
尺梗开三入昌	ts'u⁴⁵	t'u²⁴	t'yu³⁵	t'u²⁴	t'u⁴⁵
九流开三上见	kiəu¹³	təu²⁴	tiu²¹	tieu²¹³	tiou²⁴
欠咸开三去溪	kẽ³³	k'ei³³	k'ɐŋ³³	k'ɐŋ³³	t'əŋ²²
共通合三去群	tsaŋ³³	tan³³	tiaŋ³³	tiaŋ⁵⁴	tiaŋ⁴²

3. 分尖团

江华平地瑶话和富川平地瑶话都分尖团，但二者有细微区别，江华多是tɕ / k、ts / k的对立，富川多是tɕ / t、ts / t的对立。江华八都话的尖团之分，既与江华七都话相似，又与富川平地瑶话相似。这似乎体现了江华和富川平地瑶话之间丝丝缕缕的联系。见表1-4：

表 1-4　江华和富川分尖团情况比较表

例 字	江华		富川		
	七都话	八都话	七都话	八都话	九都话
精一经	tɕiu⁴⁵/kin⁴⁵	tɕi⁴⁵/kin³³	tsi⁵³/tieŋ⁵³	tsiu²¹/tiu²¹	tsiaŋ⁵³/tiaŋ⁵³
酒一久	tɕiəu²¹/kiəu¹³	tɕiəu²¹/təu²¹	tsi⁵⁴/tieŋ⁵⁴	tsiəu²¹³/tiəu²¹³	tsiaŋ⁵⁴/kiaŋ⁵⁴
将一姜	tɕiaŋ⁴⁵/kiaŋ⁴⁵	tɕiaŋ⁴⁵/taŋ⁴⁵	tsiə⁵³/tiəŋ⁵³	tɕiou²⁴/tiou²⁴	tɕiaŋ⁵³/tiaŋ⁵³
齐一旗	tsei²¹/ki²¹	tsei³¹/tsʏ³¹	tsei¹³/tsʏ¹³	tsei³¹/tsʏ³¹	tsei¹³/tsi³¹
节一结	tse⁴⁴/ki⁴⁴	tsei²⁴/tsŋ²⁴	tsei³⁵/tsŋ³⁵	tsei²⁴/tsi²⁴	tsei⁴⁵/tsi⁴⁵

4. 假摄元音高化

江华平地瑶话和富川平地瑶话的假摄元音都出现高化的现象，江华平地瑶话还不仅仅是假摄，果摄、遇摄元音也高化，元音在高化的同时还展化成了[ʏ]，如：拖 t'ʏ⁴⁵（七都话）t'ʏ⁴⁵（八都话）/ 左 tsʏ³³（七都话）tsʏ³³（八都话）/ 糯 nʏ²⁴（七都话）nʏ⁴⁵（八都话）。七都话遇摄：步 pʏ²⁴ / 错 ts'ʏ³³ / 故 kʏ³³/补 pø¹³ / 兔 t'ø³³/ 姑 kø⁴⁵。八都话遇摄多读[ao]或[u]。见表1-5：

表 1-5　江华和富川假摄元音高化比较表

例 字	江华		富川		
	七都话	八都话	七都话	八都话	九都话
霸	pa²⁴	pa²⁴	pa²¹³	pu⁵⁴	pu⁴⁴
沙	so⁴⁵	su⁴⁵	su⁵³	su⁵⁴	su⁵³
加	ku⁴⁵	ku⁴⁵	ku⁵³	ku⁵⁴	ku⁵³

续表

例字	江华		富川		
	七都话	八都话	七都话	八都话	九都话
牙	ŋo²¹	ŋu³¹	ŋu¹³	ŋou³¹	ŋo³¹
车	tsʻu⁴⁵	tʻu⁴⁵	tʻu⁵³	tʻyu⁵⁴	tʻu⁵³
射	su³³	ɕiu⁴⁵	syu²¹³	su⁵⁴	ɕyu⁴²
夜	həu⁴⁴	həu²⁴	yu²¹³	yu⁵⁴	yu⁴²

5. 古鼻音韵尾的今读

富川平地瑶七都话、八都话、九都话没有前鼻音韵，只有后鼻音韵，部分古鼻音韵今读元音韵，其中九都话古鼻音韵今读元音韵的范围最广。

江华平地瑶七都话咸、山、臻摄读后鼻音韵尾、鼻化韵母和脱落鼻尾的都有，八都话读前鼻尾、后鼻音韵尾和脱落鼻尾。深摄七、八都话都脱落韵尾读单元音。七都话前鼻音韵尾读成后鼻音韵尾的情况较八都话要多，八都话脱落鼻音韵尾的情况比七都话要多。宕、江摄都保留后鼻音尾。曾摄七都话少数有读鼻化元音和脱落尾的现象，八都话有少数读前鼻音韵尾和脱落韵尾的现象。梗、通摄字七都话部分保留后鼻音韵尾，部分脱落鼻音韵尾，八都话部分读前鼻音韵尾，部分也脱落鼻音尾。在古鼻音韵尾今读的问题上江华平地瑶话与富川平地瑶话区别稍大一些，江华有鼻化元音和前鼻音的读法，这与邻近的江华梧州话相似，可能是受其影响所致。见表1-6：

表1-6　江华和富川古鼻音韵尾今读比较表

例字	江华		富川		
	七都话	八都话	七都话	八都话	九都话
男咸开一平泥	nu²¹	nən³¹	noŋ¹³	noŋ³¹	no³¹
心深开三平心	sei⁴⁵	ɕi⁴⁵	si⁵³	si⁵⁴	sie⁵³
前山开四平从	tsẽ²¹	tsei³¹	tsɐŋ¹³	tsɐŋ³¹	tsən³¹
关山合二平见	kui⁴⁵	kyi⁴⁵	ky⁵³	ky⁵⁴	kye⁵³
人臻合三平日	n̩²¹/in²¹	ni³¹	ni¹³	ni³¹	nie³¹
光宕合一平见	ka⁴⁵/kaŋ⁴⁵	kaŋ⁴⁵	kaŋ⁵³	kaŋ⁵⁴	kaŋ⁵³
讲江开二上见	kiaŋ¹³	taŋ²¹	tiaŋ²¹	tiaŋ²¹³	tiaŋ²⁴
藤曾开一平定	ləu²¹	tən³¹	toŋ¹³	toŋ³¹	tə³¹
生梗开二平生	si⁴⁵	ɕi⁴⁵	si⁵³	si⁵⁴	sie⁵³
顶梗开四上端	lei¹³	lin⁴⁵	lioŋ²¹	lioŋ²¹³	niə²⁴
横梗合二平匣	ui²¹	yi³¹	y¹³	ui³¹	ŋye³¹
东通合一平端	loŋ⁴⁵	lən⁴⁵	loŋ⁵³	loŋ⁵⁴	no⁵³
农通合一平泥	noŋ²¹	nən³¹	noŋ¹³	noŋ³¹	no³¹

6. 古入声韵的今读

江华平地瑶话和富川平地瑶话古入声韵的塞音韵尾都已经失落，读音不短促，读得与阴声韵一样舒缓。见表1-7：

表1-7 江华和富川古入声韵今读比较表

例字	江华		富川		
	七都话	八都话	七都话	八都话	九都话
鸭咸开二影	u^{44}	u^{24}	u^{35}	u^{24}	u^{45}
辣山开一来	la^{24}	læ^{45}	lai^{213}	lai^{54}	lu^{42}
血山合四晓	fe^{44}	fue^{24}	fei^{35}	fei^{24}	fuei^{45}
一臻开三影	zʅ^{44}	zʅ^{24}	i^{35}	i^{24}	i^{45}
脚宕开三见	ki^{44}	tɤ^{24}	tiɤ^{35}	tiɤ^{24}	tiə^{45}
学江开一匣	ɕiəu^{24}	ɕiəu^{45}	siu^{213}	sieu^{54}	hou^{45}
力曾开三来	liəu^{24}	liəu^{45}	liu^{213}	lieu^{54}	lei^{42}
石梗开三禅	su^{24}	ɕiu^{45}	syu^{213}	su^{54}	ɕyu^{42}
踢梗开四透	lei^{44}	tʻɤ^{24}	tsʻu^{35}	tsʻyu^{24}	tʻiə^{45}
绿通合三来	li^{24}	lio^{45}	lia^{213}	lio^{54}	liɑ^{42}

7. 声调的比较

从古声调到今声调的演变来看，江华八都话与富川八都话很接近，都是浊上归去、浊去和浊入归阴平。江华七都话与富川七都话差别较大，倒是和富川九都话有些相似，调类分派一致，只是调值上有点不同。见表1-8：

表1-8 江华和富川声调比较表

		江华		富川		
		七都话	八都话	七都话	八都话	九都话
平	清	阴平 45	阴平 45	阴平 53	阴平 54	阴平 53
	浊	阳平 21	阳平 31	阳平 13	阳平 31	阳平 31
上	清	阴上 13	上声 21	阴上 21	上声 213	阴上 24
	浊	阳上 42	去声 33	阳上 33	去声 33	阳上 44
去	清	阴去 33				阴去 22
	浊	阳去 24	阴平 45	去声 213	阴平 54	阳平 42
入	清	入声 44	入声 24	入声 35	入声 24	入声 45
	浊	阳去、阳平	阴平、去声		阴平 54	阳去 42

（二）常用词汇的比较（表 1-9）

表 1-9　江华和富川常用词汇比较表

例词	江华 七都话	江华 八都话	富川 七都话	富川 八都话	富川 九都话
我	我 ioŋ⁴²	我 m̩³³	我 ȵua¹³	我 ŋu³³	吾 ŋ⁴⁴
你	你 n̩⁴²	你 ie³³	你 ȵia²¹	你 iɐŋ⁵⁴	你 nai⁴⁴
他	□ li¹³	□ ly³¹	□ lei²¹	□ lei²¹³	他 lou²⁴
我们	侬里 no²¹ li³³	我□ m³³ lən³³	侬□ noŋ¹³ȵuɤ³⁵	我□ ŋu³³ lei²⁴	吾侬 ŋ⁴⁴ no³¹
你们	你里 n̩⁴² li³³	你□ ie³³ lən³³	你入声 ȵia³⁵	你□ iɐŋ⁵⁴lei²⁴	你侬 nai⁴⁴no³¹
他们	□□ l̩i¹³ li³³	□□ ly³¹ lən³³	他入声 lei³⁵	□□ lei²¹³ lei²⁴	□侬 lou²⁴no³¹
这里	□□ i⁴⁵ a³³	□□ y³³ tso²⁴	□□ y³³ tsa³⁵	□□ y³³ tso²⁴	□角近指 ha⁴⁴ kou⁴⁵
那里	□□ la²⁴ a³³	□□ my³³ tso²⁴	□□ my³³ tsa³⁵	□□ my³³ tso²⁴	□角中指 na⁴⁴ kou⁴⁵ □角远指 p'a⁴² kou⁴⁵
看	觑 liəu³³	觑 liu²⁴	瞭 liu¹³	觑 ts'io³³	觑 ts'yɑ²²
饭	mæ²⁴	mo³¹	糜 ma¹³	糜 mo³¹	糜 ma³¹
吃午饭	食晡 z̩²⁴pø⁴⁵	食晡 z̩⁴⁵pu⁴⁵	吃晡 i²¹³pa⁵³	吃晡 i⁵⁴po⁵⁴	吃晡 iou⁴²pu⁵³
回家	归家 ku⁴⁵ka³³	去归 hao³³kua⁴⁵	去归 hau⁴⁴kua⁵³	去归 hau³³hua⁵⁴	去归 hɑu²²kuai⁵³
手指	手哩骨 səu¹³·li ku⁴⁴	手骨 ɕiəu²¹ko²⁴	手子脑 siu²¹tei²¹na³³	手脑 sieu²¹³no²⁴	手子脑 siou²⁴ty²⁴nau²⁴
头发	脑毛 ny¹³my²¹	脑毛 no¹³mo²¹	脑毛 na³³ma¹³	脑毛 no²⁴mo³¹	脑毛 nau²⁴mau³¹
小猪	猪崽 li⁴⁵ tsu¹³	猪崽 lio⁴⁵ tsu²¹	猪崽 lia⁵³tsu²¹	猪崽 lio⁵⁴tsu²¹³	猪崽 lya⁵³tso²⁴
鸡蛋	鸡蛋 ki⁴⁵laŋ³³kø³³	鸡丸/□⁴⁵ts¹⁴⁵ue³¹/kəu³³	鸡丸 tsi⁵⁴uɐŋ¹³	鸡丸 tsi⁵⁴uɐŋ³¹	鸡丸 tsi⁵³uɐŋ³¹

从以上的简单比较中，我们可以看到江华平地瑶的七都话、八都话和富川的七、八、九都话都是同一种汉语方言，可以看作是湘南土话和桂北土话交界地带上的一个小类。江华八都话与富川平地瑶话较接近，尤其是与富川八都话相似度很高，而江华七都话则差别略大一些。

第三，梧州人称自己的方言为"梧州话"，岭东码市一带少数地方也叫"寨上话"。梧州话或寨上话是汉语方言。这从下文的语音、词汇和语法材料的分析中可以得到证实。广西富川县也有称"梧州话"的方言，我们也来做个简单的比较。

（一）音韵特点的比较

（1）古全浊声母字今逢塞音、塞擦音时江华和富川的梧州话都是不论平仄一律读为不送气清音。古并母、奉母、定母、群母今读不送气清塞音，古从母、邪母、澄母、崇母、船母、禅母今读清擦音，匣母今为零声母。例如：

	桃	桥	才	茶	柱
江华梧州话	to³¹	kiəu²⁴	sø³¹	sa³¹	ɕyi²⁴
富川梧州话	tu²⁴	kiu²⁴	siai²⁴	sa²⁴	sy³³

（2）分尖团。江华梧州话和富川的梧州话都分尖团。例如：

	精—经		酒—久		齐—旗		节—结	
江华梧州话	tẽ⁵¹	kẽ⁵¹	tau⁴⁴	tsau⁴⁴	sue³¹	ki³¹	tie⁵¹	lie⁵¹
富川梧州话	tɛŋ⁵¹	kɛŋ⁵¹	tau⁴⁴	tsau⁴⁴	sɛi²⁴	ki²⁴	tiɛ⁵¹	kiɛ⁵¹

（3）精组字读如端组。例如，富川梧州话：精 tɛŋ⁵¹/酒 tau⁴⁴/节 tiɛ⁵¹，江华梧州话：左 tø⁴²⁴/错 t'yæ²⁴/就 tau²⁴/糙 t'o⁴²⁴。

（4）保留前鼻音韵尾和后鼻音韵尾。例如：

	男	心	山	关	人
江华梧州话	nan³¹	suan⁵¹	san⁵¹	kuan⁵¹	ȵyẽ³¹
富川梧州话	nan²⁴	sɛŋ⁵¹	san⁵¹	kuan⁵¹	niɛŋ²⁴
	香	讲	藤	命	东
江华梧州话	hiaŋ⁵¹	kyaŋ⁴⁴	taŋ³¹	mẽ²⁴	loŋ⁵¹
富川梧州话	xiaŋ⁵²	kioŋ⁴⁴	tɛŋ²⁴	mɛŋ²¹²	loŋ⁵¹

（5）假摄字主要元音相同或相似。

	沙	家	车	夜
江华梧州话	sa⁵¹	ka⁵¹	ts'ie⁵¹	ie²⁴
富川梧州话	sa⁵¹	ka⁵¹	ts'iɛ⁵¹	iɛ²¹²

（6）古入声塞音韵尾失落。

	杂	辣	血	学	百
江华梧州话	tsa³¹	la⁴²⁴	ɕye⁵¹	yæ³¹	pia²⁴
富川梧州话	sa²¹²	la²¹²	xie⁵¹	iau²¹²	pa³¹

（7）声调的比较。

	平		上		去		入	
	清	浊	清	浊	清	浊	清	浊
江华梧州话	阴平 51	阳平 31	上声 44		阴去 424	阳去 24	阴平/阴去 51/424	阳去 24
富川梧州话	阴平 51	阳平 24	阴上 44	阳上 33	阴去 31	阳去 212	阴平 51	阳去 212

（二）常用词语的比较

	我	你	他	我们	你们
江华梧州话	ŋu⁴⁴	ȵi⁴⁴	ky³¹	loŋ⁵¹ti⁴⁴	ȵi⁴⁴/²⁴ti⁴⁴
富川梧州话	ŋuɣ³³	ni³³	ky²⁴	ŋuɣ³³ti²¹²	ni³³ti²¹²

	他们	这里	那里	看	饭
江华梧州话	ky²⁴ti²¹²	ku³¹li⁴⁴	e³¹li⁴⁴	huẽ⁴²⁴	pan²⁴
富川梧州话	ŋuɣ³³	ni³³	ky²⁴	høn³¹	pan²¹²

	吃午饭	回家	手指	头发
江华梧州话	he⁵¹/³³ŋan⁴²⁴	kuæ⁵¹/³³ka⁵¹	sau⁴⁴tɕi⁴⁴	tau³¹mo³¹
富川梧州话	xɛ⁵¹an³¹	xy³¹kuɛ⁵¹	sau⁴⁴tsi⁴⁴	tau²⁴mu²⁴

	小猪	鸡蛋
江华梧州话	tɕy⁵¹ȵi³¹	kəe⁵¹tan²⁴
富川梧州话	tsy⁵¹ȵi²⁴	kɛi⁵¹tan²¹²

通过比较我们看到江华梧州话和富川梧州话之间的差别不大，可以认为两者是同一种汉语方言，可以看作是湘南土话和桂北土话交界地带上的一个小类。

第三节　方言点、发音合作人情况介绍

本书中江华的语言材料全部是作者亲自田野调查所得，各方言点的分布和发音人情况如下：

过山瑶话
两岔河片：发音合作人赵德科，男，66岁，两岔河乡横江村人，退休老村主任。
　　　　　发音合作人赵桂凤，女，59岁，两岔河乡苗竹村人，退休小学老师。
湘江片：　发音合作人赵朝阳，男，57岁，湘江乡中央冲村人，退休乡干部。
　　　　　发音合作人赵明才，男，57岁，湘江乡桐冲口村人，退休乡干部。

平地瑶话
上五堡片：发音合作人李保生，男，70岁，河路口镇拔干头村人，退休干部。
　　　　　发音合作人车顺诗，男，74岁，河路口镇老车村人，退休小学校长。
　　　　　发音合作人石成敏，男，60岁，河路口镇岭脚村人，岭脚村村主任。
白芒营片：发音合作人钟顺月，男，62岁，白芒营镇大山脚村人，退休乡干部。
　　　　　发音合作人毛长聪，男，65岁，白芒营镇连山脚村人，退休老村主任。

梧州话
岭西片：　发音合作人李先运，男，71岁，大石桥乡鹧鸪塘村人，退休干部。

发音合作人李显标，男，63 岁，涛圩镇涛圩村人，退休教师。
发音合作人李金华，男，60 岁，大石桥乡大祖脚村人，退休小学教师。
发音合作人龙柳姣，女，55 岁，大石桥乡大祖脚村人，农民。
发音合作人梁盛文，男，72 岁，涛圩镇宋家村人，农民。
发音合作人彭书应，男，54 岁，涛圩镇新农村人，新农村村支书。

小圩片： 发音合作人韦平发，男，68 岁，小圩镇玉坪村人，退休干部。
发音合作人李桂香，女，47 岁，小圩镇联村人，联村村支书。

码市片： 发音合作人韦佑兴，男，63 岁，码市镇锦陂村人，退休干部。
发音合作人谢定善，男，66 岁，码市镇安宁村人，退休干部。
发音合作人林现茂，男，64 岁，码市镇大塘村人，退休教师。
发音合作人盘才福，男，53 岁，码市镇竹坪村人，农民。

第二章　江华汉语方言和瑶语方言的分布与差异

本书中江华的汉语方言主要指江华的梧州话、平地瑶话、客家话、江华官话。此外江华的汉语方言还有新化话、阳山话等，这些不在本书的讨论范围之内。瑶族语言主要指过山瑶话。江华县共辖22个乡镇，其中清塘壮族自治乡不在本书讨论范围之内。下面就21个乡镇来谈其分布和差异。江华官话下文称为官话，江华客家话下文称客家话。书中单说"村"时指的是行政村。

第一节　江华梧州话的分布与内部差异

一、江华梧州话的分布

大致可以分为岭西片、小圩片、码市片。

岭西片包括：

1. 河路口镇

讲梧州话的村有：尖山、白草云。

2. 涛圩镇

讲梧州话的村有：上游、来富、集力干、刘家、山背、黄家寨、石头寨、龙山、水头、石晒、涛圩、上云、三门寨、杉木根、邓家寨、小尖山、罗家寨、大塘、新寨、镇居委会。其中石晒村8个组中有6个村民小组讲江华官话，2个组讲梧州话。护林冲自然村老年人讲平地瑶话，年轻人讲梧州话。讲平地瑶七都话的村子汉冲、栎湾、白竹塘、大山口都有少数人说梧州话。

3. 大石桥乡

讲梧州话的村有：井头湾、油渡、源口、沉塘、岩口、何家塘、蕉源、东辽、杨家木园、鹧鸪塘、沙井、大连塘、大祖脚、洞尾、中洞、岭头寨、牛尾背、龙广田。

讲梧州话杂有官话的村有：茶园（各一半）、安家村（一、二组官话，三、四、五组梧州话)、栎口。

4. 白芒营镇

讲梧州话的村有：沙井、蒙家地、花地湾、岩口铺、神仙洞、牛趾田、柏家、塔干背、拔石、上岗、尖山、秦岩、瓮水、东塘、联合、新社湾、老社湾、洪泥塘、黄泥江、西岗、上中、车下、新村。

讲梧州话杂有官话的村有：羊头山、小贝、白芒营、牛趾窝、隔河。

5. 大路铺镇

讲梧州话的村有：牛角湾、虾塘、梁木桥、高岱冲、黑山口、八洞、鹅塘、大屋地、联城、上门、下门、下王。

讲梧州话杂有官话的村有：仙石。

6. 桥市乡

讲梧州话的村有：塘湾、上木源、庙湾。

讲梧州话杂有官话的村有：塘家源（塘家源讲梧州话，鹧鸪源讲官话）、大鱼塘（枫木槽讲梧州话，新村、老村讲官话）、塘背（塘背讲官话，新屋地讲梧州话）。

小圩片包括：

1. 小圩镇

讲梧州话的村有：枫源、陈家、绣球、新寨、河湾、联村、金田、寨脚、塘肚、十字、深冲。

讲梧州话杂有官话的村有：竹材、车田、练江、牛塘营、桥头。

2. 大圩镇

讲梧州话的村有：山甲、龙岩、寨脚、大塘、军田。这些讲梧州话的村子靠近广西，大塘村有一小部分人讲广西的阳山话。

讲梧州话和官话的村有：汉洞、三合、和平、秧地、幸福、聂家、高寨、良缘、仕林、茅栗、大村、沟边、莲花、源头。

讲客家话的竹舍村杂有梧州话。

3. 水口镇

讲梧州话和客家话的村有：泮水。

4. 东田镇

讲梧州话的村有：阳华庙、鹧鸪坝、周家寨、赴马营。

5. 花江乡

讲梧州话的村有：群丰、水口寨。
讲梧州话和官话的村有：牛角（牛角讲梧州话，车田讲官话）。
码市片包括：

1. 大锡乡

讲梧州话的村有：龙安、栗木。
讲梧州话和客家话的村有：山冲。
讲过山瑶话、客家话和梧州话的村有：大中、新安、小锡。

2. 码市镇

讲梧州话的村有：锦陂、邬陂、大柳、水口寨、邬龙、瓦窑、辇江、黄石、军桥、小江、安宁、大塘洞、瓦城、杉木。

讲梧州话杂有官话的村有：下湾（六石田、柴火沟部分讲官话，部分讲梧州话，下湾、高车、下湾山讲梧州话）、大新（灯挂部分讲官话，大寨、水井讲梧州话）。

讲梧州话杂有客家话的村有：刘家（九十九岭多半讲客家话，刘家、上刘家、灯盏寨讲梧州话）、沉田（大冲讲客家话，沉田讲梧州话）、朝阳（雷公岭讲客家话，朝阳寨、李家大屋、朝阳新村讲梧州话）、白石（白石部分、荆竹源部分、安马讲客家话，白石部分、荆竹源部分讲梧州话）。

讲梧州话、官话和客家话的村有：竹市（钟家、张家、围塘、毛家洞部分、新屋地部分、竹市街部分、太坪寨部分讲客家话，回龙寨、刘家部分、太坪寨部分讲梧州话，竹市街部分、刘家部分、新屋地部分讲官话）、饭滩（岸山部分、饭滩部分讲梧州话，岸山部分、饭滩部分讲官话，长坪讲官话）。

二、梧州话的内部差异

1. 声母的比较

码市片梧州话内部声母有差别。黄石、军桥、小江、安宁、大塘洞、瓦城、杉木等地与广东搭界，就显现出一些和码市其他说梧州话的地方不同的特色来。这些点与码市其他点、岭西片、小圩片声母不同的地方主要是：其他梧州话点读舌尖前擦音声母[s]的字音，黄石等地的发音部位更靠前，有些接近齿间清擦音[θ]，例如：坐 θø²⁴ / 写 θe⁴⁴/ 西 θai⁵¹ / 死 θi⁴⁴ / 三 θan⁵¹；其他梧州话点读舌面前音声母[tɕ、tɕʻ、ɕ]的，黄石等地的发音部位也靠前，读来更象是舌叶音[tʃ、tʃʻ、ʃ]，例如：斋 tʃiai⁵¹ / 制 tʃi²⁴ / 炒 tʃʻiau⁴⁴ / 船 ʃøn³¹ / 上 ʃiaŋ²⁴。

2. 韵母的比较

假摄开口三等，岭西片读[ie]，码市片读[e]和[ie]，小圩片读[ia]。例如：

	岭西	小圩	码市
借	tie⁴²⁴	tia⁴²⁴	te⁴²⁴
写	ɕie⁴⁴	ɕia⁴⁴	se⁴⁴
车	tɕʻie⁵¹	tɕʻia⁵¹	tɕʻie⁵¹
舍	ɕie⁴²⁴	ɕia⁴²⁴	ɕie²⁴
夜	ie²⁴	ia²⁴	ie²⁴

遇摄合口三等知组、章组、见组部分字，岭西片读[yi]，小圩、码市片读[y]或[ø]。例如：

	岭西	小圩	码市
煮	tɕyi⁴⁴	tɕy⁴⁴	tɕy⁴⁴
鼠	ɕyi⁴⁴	ɕy⁴⁴	ɕy⁴⁴
去	hyi⁴²⁴	ɕø⁵¹	hy⁴²⁴
锯	kyi⁴²⁴	kø⁴²⁴	ky⁴²⁴
住	ɕyi²⁴	ɕy²⁴	ɕy²⁴

蟹摄开口二等，岭西片、小圩片读[æ]，码市片读[ai]。例如：

	岭西	小圩	码市
埋	mæ³¹	mæ³¹	mai³¹
挨	ŋæ⁵¹	ŋæ⁵¹	ŋai⁵¹
柴	sæ³¹	sæ³¹	sai³¹
晒	sæ⁴²⁴	sæ⁴²⁴	sai⁴²⁴
街	kæ⁵¹	kæ⁵¹	kai⁵¹

蟹摄开口三四等，岭西片读[ue]，小圩片读[oe]，码市片读[oe]和[əe]。例如：

	岭西	小圩	码市
米	mue⁴⁴	moe⁴⁴	moe⁴⁴
低	lue⁵¹	loe⁵¹	ləe⁵¹
西	sue⁵¹	soe⁵¹	səe⁵¹
黎	lue³¹	loe³¹	loe³¹

蟹摄合口一等和止摄合口三等，岭西片读[ue]，小圩片和码市片读[ui]。例如：

	岭西	小圩	码市
雷	lue³¹	lui³¹	lui³¹
碎	sue⁴²⁴	tui⁴²⁴	sui⁴²⁴
灰	fue⁵¹	fui⁵¹	fui⁵¹
会	ue²⁴	ui²⁴	ui²⁴
睡	sue²⁴	sui²⁴	sui²⁴
锤	sue³¹	sui³¹	sui³¹

止摄合口三等，岭西片和小圩片读[ue]，码市片读[uoe]。例如：

	岭西	小圩	码市
诡	kue⁴⁴	kue⁴⁴	kuoe⁴⁴
委	ue⁴⁴	ue⁴⁴	uoe⁴⁴
鬼	kue⁴⁴	kue⁴⁴	kuoe⁴⁴
围	ue³¹	ue³¹	uoe³¹

效摄开口二等，岭西片读[au]，小圩片读[o]，码市片读[iau]。例如：

	岭西	小圩	码市
饱	pau⁴⁴	po⁴⁴	piau⁴⁴
炮	pʻau⁴²⁴	pʻo²⁴	pʻiau⁴²⁴
抄	tsʻau⁵¹	tɕʻio⁵¹	tɕʻiau⁵¹
交	kau⁵¹	ko⁵¹	kiau⁵¹
咬	ŋau⁴⁴	ŋo⁴⁴	ŋiau⁴⁴

效摄开口三四等，岭西片读[iəu]，小圩片和码市片读[iu]。例如：

	岭西	小圩	码市
瓢	piəu³¹	piu³¹	piu³¹
庙	miəu²⁴	miu²⁴	miu²⁴
招	tɕiəu⁵¹	tɕiu⁵¹	tɕiu⁵¹
钓	liəu⁴²⁴	liu⁴²⁴	tiu⁴²⁴

咸摄开口一二等入声韵，岭西片和小圩片读[a]，码市片读[æ]。例如：

	岭西	小圩	码市
杂	tsa³¹	tsa⁵	sæ³¹
塔	tʻa⁴²⁴	tʻa⁵	læ⁵
闸	tsa⁴²⁴	tsa⁵	tsæ⁵
甲	ka⁴²⁴	kia⁵	kæ⁵

咸摄开口三四等入声韵，岭西片读[ie]，小圩片和码市片读[i]。例如：

	岭西	小圩	码市
聂	ȵie²⁴	ȵi⁵	ȵi⁵
摺	tɕie⁵¹	tɕi⁵	tɕi⁵
帖	t'ie⁵¹	t'i⁵	t'i⁵
碟	tie²⁴	ti²⁴	ti²⁴

深摄开口三等，岭西片和小圩片读[uan]，码市片读[aŋ]和[iaŋ]。例如：

	岭西	小圩	码市
枕	tsuan⁵¹	tsuan⁴⁴	tɕiaŋ⁴⁴
金	tsuan⁵¹	tsuan⁵¹	tɕiaŋ⁵¹
深	suan⁵¹	suan⁵¹	saŋ⁵¹
任	nuan²⁴	nuan²⁴	ȵiaŋ²⁴

山摄开口一等见系，岭西片读[uẽ]，小圩片和码市片读[øn]。例如：

	岭西	小圩	码市
肝	kuẽ⁵¹	køn⁵¹	køn⁵¹
看	huẽ⁴²⁴	høn⁴²⁴	høn⁴²⁴
旱	ŋø⁵¹	ŋøn⁴²⁴	øn⁴⁴
汉	ŋø⁴²⁴	ŋøn²⁴	øn⁴²⁴

山摄开口一二等入声韵，岭西片和小圩片读[a]，码市片读[æ]。例如：

	岭西	小圩	码市
辣	la⁴²⁴	la⁴²⁴	læ²⁴
抹	ma²⁴	ma²⁴	mæ⁵
杀	sa⁴²⁴	sa⁵	sæ⁵
瞎	ha²⁴	ha⁵	hæ⁵

山摄开口三四等，岭西片读[iẽ]，小圩片和码市片读[in]。例如：

	岭西	小圩	码市
鞭	piẽ⁵¹	pin⁵¹	pin⁵¹
骗	p'iẽ⁴²⁴	p'in⁴²⁴	p'in⁴²⁴
烟	iẽ⁵¹	in⁵¹	in⁵¹
莲	liẽ³¹	lin³¹	lin³¹

山摄开口三四等入声韵，岭西片读[ie]，小圩片和码市片读[i]。例如：

	岭西	小圩	码市
灭	mie²⁴	mi²⁴	mi²⁴
揭	kie⁵¹	tɕi⁵	tɕi⁵
截	tie⁵¹	t'i⁵	t'i⁵

篦　　mie²⁴　　mi²⁴　　mi²⁴

山摄合口一二等岭西片读[uẽ]，小圩片和码市片读[un]。合口三四等岭西片读[uẽ]和[yẽ]，小圩片和码市片读[un]和[øn]。例如：

	岭西	小圩	码市
潘	p'uẽ⁵¹	p'un⁵¹	p'un⁵¹
缎	tuẽ²⁴	tun²⁴	tun²⁴
转	tɕyẽ⁴⁴	tɕøn⁴²⁴	tɕøn⁴²⁴
冤	yẽ³¹	øn⁵¹	øn⁵¹

臻摄开口岭西片读[əẽ]和[uẽ]，小圩片读[on]和[uan]，码市片读[ən]和[iən]。合口岭西片读[uẽ]和[yẽ]，小圩片和码市片读[un]和[øn]。例如：

	岭西	小圩	码市
恨	həẽ²⁴	on²⁴	ən²⁴
信	suẽ⁴²⁴	suan⁴²⁴	sən⁴²⁴
本	puẽ⁴⁴	mun⁴⁴	mun⁴⁴
准	tɕyẽ⁴⁴	tɕøn⁴⁴	tɕøn⁴⁴

宕摄开口岭西片和小圩片读[iaŋ]和[yaŋ]，码市片读[ioŋ]和[iaŋ]。江摄岭西片读[yaŋ]，小圩片读[iaŋ]，码市片读[ioŋ] [iaŋ]和[iøŋ]。例如：

	岭西	小圩	码市
榜	piaŋ⁴⁴	piaŋ⁴⁴	pioŋ⁴⁴
装	tɕyaŋ⁵¹	tɕiaŋ⁵¹	tɕioŋ⁵¹
谅	liaŋ²⁴	liaŋ²⁴	liaŋ²⁴
邦	piaŋ⁵¹	piaŋ⁵¹	pioŋ⁵¹
江	kyaŋ⁵¹	kiaŋ⁵¹	kiøŋ⁵¹

曾摄开口一等，岭西片和码市片读[aŋ]，小圩片读[an]。开口三等岭西片读鼻化元音，小圩片和码市片读前鼻音韵母。例如：

	岭西	小圩	码市
藤	taŋ³¹	tan³¹	taŋ³¹
肯	haŋ⁴⁴	k'an⁴⁴	k'aŋ⁴⁴
症	tɕiẽ²⁴	tsen²⁴	tɕien⁴²⁴
胜	sẽ²⁴	sen²⁴	sen²⁴

梗摄开口二等岭西片读[iaŋ]和[ẽ]，三四等岭西片读[ẽ]，小圩片二等读[an]，三四等读[en]，码市片二等读[iaŋ]，三四等读[en]和[ien]。例如：

	岭西	小圩	码市
甥	ɕiaŋ⁵¹	san⁵¹	ɕiaŋ⁵¹
兵	pẽ⁵¹	pen⁵¹	pen⁵¹
颈	kẽ⁴⁴	ken⁴⁴	kien⁴⁴
零	lẽ³¹	len³¹	lien³¹

通摄合口三等东钟韵章组，岭西片和小圩片读[oŋ]，码市片读[ioŋ]。例如：

	岭西	小圩	码市
终	tsoŋ⁵¹	tsoŋ⁵¹	tɕioŋ⁵¹
众	tsoŋ⁴²⁴	tsoŋ⁴²⁴	tɕioŋ²⁴
冲	ts'oŋ⁵¹	ts'oŋ⁵¹	tɕ'ioŋ⁵¹
肿	tsoŋ⁴⁴	tsoŋ⁴⁴	tɕioŋ⁴⁴

3. 声调的比较（表 2-1）

表 2-1　江华梧州话内部差异声调比较表

	平声		上声			去声		入声	
	清	浊	清	次浊	全浊	清	浊	清	浊
岭西片	51	31	44/24（清浊都有）			424	24	51/424	24
小圩片	51	31	44/24（少数全浊）或 424（清浊都有）			424	24	5/51	5/24
码市片	51	31	44/24（少数全浊）或 424（清浊都有）			424	24	5/24（少数浊声母）	

4. 常用词语的比较（表 2-2）

表 2-2　江华梧州话内部差异常用词语比较表

词条	岭西	小圩	码市
上午	an⁵¹ an⁴²⁴	an⁴²⁴ tau³¹	kɣ³¹ tɕiu⁵¹
中午	ȵie²⁴ᐟ³¹ tau³¹ an⁴²⁴	tsen²⁴ᐟ³¹ an⁴²⁴	ŋan⁴²⁴·lɣ
下午	man⁴⁴ an⁴²⁴	man⁴⁴ tau³¹	kɣ³¹ man⁴⁴
现在	ku³¹ suẽ²⁴	ku³¹ suan²⁴/ku³¹li⁴⁴	kɣ³¹ li⁴⁴
玉米	lo⁵¹ ko³¹ moe⁴⁴	lo³¹ ko⁵¹	piau⁴⁴ miæ²⁴
棉花	poe²⁴	pui²⁴	min³¹ fa⁵¹
父亲	ȵie⁵¹/toŋ³¹kɣ⁴⁴e⁴⁴	toŋ³¹kue⁴²⁴	n̩²⁴ ie³¹
哥哥	ko⁵¹ᐟ³³ ko⁵¹	ŋ̍³¹ kø⁵¹	m̩³¹ kø⁵¹
姐姐	tæ²⁴ᐟ³¹ tæ²⁴	ŋ̍³¹ tæ²⁴	m̩³¹ tai²⁴
妹妹	moe²⁴ᐟ³¹ moe²⁴	kau⁴⁴ moe²⁴	m̩³¹ ku⁵¹
妻子	fu²⁴ᐟ³³ ȵiaŋ⁴	tau³¹ puə⁴	fu²⁴ ȵiaŋ³¹ po³¹
做梦	lau⁵¹ miaŋ²⁴	la⁵¹ miaŋ²⁴	moŋ²⁴ᐟ³¹ moŋ²⁴
蹲	lioŋ⁵¹	ȵioŋ⁵¹	ŋan⁴⁴

续表

词条	岭西	小圩	码市
走	tiəu³¹	tiəu³¹	ŋiaŋ³¹
跑	p'au⁴⁴	p'au⁴⁴	p'iau⁴⁴/tiu³¹
什么	si⁴⁴ ma⁴⁴	si⁴⁴ ma⁴⁴	si⁴⁴ mo⁴⁴
我	ŋu̟⁴⁴	n̩⁴⁴	uo⁴⁴
你	ɲi⁴⁴	ɲi⁴⁴	ɲi⁴⁴
他	ky³¹	ky³¹	kø⁵¹
我们	loŋ⁵¹ ti⁴⁴	loŋ⁵¹ tu³¹	ŋoŋ⁵¹ haŋ²⁴
你们	ɲi⁴⁴/²⁴ ti⁴⁴	ɲi⁴⁴ tu³¹	ɲi⁴⁴ haŋ²⁴
他们	ky³¹/³³ ti⁴⁴	ky³¹ tu³¹	ki⁵¹ haŋ²⁴
这	ku³¹	ku³¹	ky³¹
那	e³¹	a³¹	ɣ³¹
赶集	kuẽ⁴⁴no²⁴ti⁴⁴	ts'an²⁴ hø⁵¹	tɕ'øn²⁴/³³ hø⁵¹
打	kye⁴⁴	ku⁵¹	k'iau⁴⁴/la⁴⁴

三片梧州话之间存在差异，每一片梧州话内部又存在差异。例如：

岭西片：

声母不同：丘 lau⁴²⁴（涛圩）/ t'au⁵¹（大石桥）。

韵母不同：效摄开口二等，涛圩读[ia]，大石桥读[au]，例如：卯 mia²⁴（涛圩）/ mau⁴⁴（大石桥），包 pia⁵¹（涛圩）/ pau⁵¹（大石桥），教 kia⁴²⁴（涛圩）/ kau⁴²⁴（大石桥），孝 hia⁴²⁴（涛圩）/ ɕiau²⁴（大石桥）；深摄开口三等，涛圩读[uẽ]，大石桥读[uan]，例如：心 suẽ⁵¹（涛圩）/ suan⁵¹（大石桥），针 tsuẽ⁵¹（涛圩）/ tsuan⁵¹（大石桥），琴 tsuẽ³¹（涛圩）/ tsuan³¹（大石桥）。

声调不同：旱 ŋø⁴⁴（涛圩）/ ŋø⁵¹（大石桥），铡 tsa⁴²⁴（涛圩）/ tsa³¹（大石桥），各 kyæ⁴²⁴（涛圩）/ kyæ⁵¹（大石桥）。

常用词语不同：

锅　　tɕ'iaŋ⁵¹（涛圩）/ ts'an⁵¹（大石桥）

叫　　ya⁴⁴（涛圩）/ kiəu⁴²⁴ 或 uo⁴⁴（大石桥）

含　　sue²⁴（涛圩）/ uẽ³¹（大石桥）

拣　　tɕyə⁴⁴（涛圩）/ tɕio⁴⁴（大石桥）

字典　si²⁴/³¹ lue²⁴（涛圩）/ si²⁴/³¹ tiẽ⁴⁴（大石桥）

端　　pu³¹（涛圩）/ tɕ'ie⁵¹（大石桥）

烫　　t'yaŋ⁴²⁴（涛圩）/ læ²⁴（大石桥）

先前　sẽ⁵¹/³¹ poẽ²⁴（大路铺）/ sẽ⁵¹/³¹ tau³¹（大石桥）

同一个乡镇内部也有差别。例如：

东西　loŋ⁵¹/³³ sue⁵¹（涛圩、大石桥乡）/ tɕio⁵¹ li²⁴ 或tɕio⁵¹ si²⁴（大石桥乡中洞村）

喊　uo⁴⁴（大石桥乡井头湾、油渡村）/ yæ⁴⁴（大石桥乡中洞村）

娶媳妇　tʻu⁴⁴ fu²⁴/³³ ȵiaŋ³¹ 讨妇娘（大石桥乡鹧鸪塘村）/ tʻu⁴⁴ ŋau³¹ 讨牛（大石桥乡中洞村）

个（人）　ko²⁴（大石桥乡鹧鸪塘村）/ tau³¹（大石桥乡中洞村、涛圩镇）

讲话　kyaŋ⁴⁴ ua²⁴（大石桥乡鹧鸪塘村）/ kiaŋ⁴⁴ ua²⁴（大石桥乡大祖脚村）

刚才　kiaŋ⁵¹/³³ ho⁴⁴（大石桥乡鹧鸪塘村）/ tɕie⁵¹ poe²⁴（大石桥乡大祖脚村）

父亲　ȵie⁵¹（大石桥乡鹧鸪塘村）/ n̩³¹ ta²⁴（大石桥乡杨家木园村）

码市片：

组　　码市周围说"tɕø⁴⁴"，码市的黄石一带、大锡乡说"tu⁴⁴"。

上门女婿　锦陂说"ȵioŋ³¹ ka⁵¹"，黄石说"ȵiu²⁴/³¹ θai⁴⁴"。

妹妹　锦陂、水口等村说"m̩³¹ ku⁵¹"或"m̩³¹ mue²⁴"，黄石说"m̩³¹ nəe⁴²⁴"。

讲　锦陂说"kioŋ⁴⁴"，黄石说"ɕø⁵¹"。

计划　锦陂说"ki⁴²⁴ fa²⁴"，黄石说"kəe⁴²⁴ ua¹³"。

从以上内部差异的比较中我们可以看到，梧州话岭西片和码市片的差异较大，而小圩片则呈现出过渡的状况，跟岭西片和码市片都有些相似，在有差异的韵母比较项中，有6项三片均不同，有10项小圩片和码市片相同，有7项小圩片和岭西片相同，可见小圩片更接近码市片，尤其是声调的比较更加体现了这一点，这与小圩片和码市片同样位于岭东有关，从小圩到岭西毕竟要翻过海拔上千米的勾挂岭。但小圩也有着自己的特色，是与另两片不同的梧州话小片。

第二节　江华平地瑶话的分布与内部差异

一、江华平地瑶话的分布

大致可以分为上五堡片和白芒营片。

上五堡片：

1. 河路口镇

讲平地瑶七都话的村有：招礼、岭脚、财塘、牛路、老车、秀鱼塘、林家、拔干头、白沙塘、大干头、腊面山。（总人口约13000人）

2. 涛圩镇

讲平地瑶七都话的村有：西水、凤尾、新木泽、老木泽、屋下、汉冲、旦久、栎湾、白竹塘、大山口。另外，讲梧州话的新寨村的新宿自然村讲平地瑶话。讲梧州话的石晒村的护林冲自然村老年人讲平地瑶七都话。（总人口约 7000 人）

3. 大石桥乡

讲平地瑶七都话的村有：蒲塘。（人口 727 人）

4. 沱江镇

讲平地瑶七都话的村有：茅坪、白竹塘。（总人口 2808 人）
白芒营片：

1. 白芒营镇

讲平地瑶八都话的村有：珠郎塘、二坝、螺山井、白牛山、大塘背、连山脚、塘车、拔岗、大山脚、石碧塘、鱼苟湾。另外车下村的第十组磨背岭自然村也说八都话。（总人口约 10000 人）

2. 大路铺镇

讲平地瑶八都话的村有：邓家湾、香山云、白浪下、高家湾、起家田、神岗。（总人口约 4000 人）

3. 桥市乡

讲平地瑶八都话的村有：源头井、野猪桥的大岳山自然村和骆头山自然村）。（总人口 825 人）

4. 沱江镇

讲平地瑶八都话的村有：王家。（总人口 1188 人）

二、平地瑶话的内部差异

1. 声母的比较

假摄开口三等章组

	遮	车	蛇	射
七都话	tso^{45}	ts'u^{45}	so^{21}	su^{24}
八都话	tu^{45}	t'u^{45}	ɕiu^{31}	ɕiu^{45}

遇摄合口三等章组、见组

	煮	锯	朱	句
七都话	tɕi¹³	ki³³	li⁴⁵	ki³³
八都话	to²¹	to³³	to⁴⁵	to³³

止摄开口见系

	寄	戏	饥	起	气
七都话	ki³³	hi³³	ki⁴⁵	hi¹³	kʻi³³
八都话	tsʅ³³	sʅ³³	tsʅ⁴⁵	sʅ²¹	tsʻʅ³³

效摄开口三四等知组、章组、见系

	潮	照	轿	腰	摇	缴
七都话	tsʅ²⁴	tsʅ²⁴	ki²⁴	ʑʅ⁴⁵	nɣ²¹	kiəu⁴⁵
八都话	tɣ³¹	tɣ³³	tɣ⁴⁵	iɣ⁴⁵	iɣ³¹	tɣ²¹

流摄开口三等章组、见组

	周	臭	九	求	丘
七都话	tsəu⁴⁵	tsʻəu³³	kiəu¹³	kiəu¹³	hi⁴⁵
八都话	təu⁴⁵	tʻəu³³	təu²¹	təu³¹	tɕʻiəu⁴⁵

深摄开口三等精、照组和见系

	心	参	深	级	阴
七都话	sei⁴⁵	si⁴⁵	sʅ⁴⁵	ki⁴⁴	ʑʅ⁴⁵
八都话	ɕi⁴⁵	ɕi⁴⁵	ɕi⁴⁵	tsʅ²⁴	i⁴⁵

山摄开口一等精组、二等庄组和三四等

	伞	散	山	结	坚	烟
七都话	si¹³	si³³	si⁴⁵	ki⁴⁴	kin³³	ʑʅ⁴⁵
八都话	ɕi²¹	ɕi³³	ɕi⁴⁵	tsʅ²⁴	tɕi⁴⁵	ei⁴⁵

臻摄开口、合口三等

	侄	神	吉	芹	君
七都话	tsʅ⁴⁴	sʅ²¹	ki⁴⁴	ki³³	ki⁴⁵
八都话	tɕi²⁴	ɕi³¹	tsʅ²⁴	tɕi³¹	tɕyi⁴⁵

宕、江摄

	堂	刚	湘	长	江	尝
七都话	laŋ²¹	kaŋ⁴⁵	hiaŋ⁴⁵	liaŋ²¹	kiaŋ⁴⁵	ʂaŋ²¹
八都话	taŋ³¹	taŋ⁴⁵	ɕiaŋ⁴⁵	tɕiaŋ³¹	taŋ⁴⁵	ɕiaŋ³¹

曾摄章组、通摄章组

	称	蒸	钟	种
七都话	tʂʻʅ⁴⁵	tʂʅ⁴⁵	tʂʅ⁴⁵	tʂʅ¹³
八都话	tɕʻi⁴⁵	tɕi⁴⁵	tɕi⁴⁵	tɕi³³

梗摄二三四等

	客	硬	行	争	敬	声
七都话	hu⁴⁴	ȵi²⁴	hi²¹	tsi⁴⁵	kẽ³³	su⁴⁵
八都话	fu²⁴	ŋi⁴⁵	ɕi³¹	tɕi⁴⁵	tən⁴⁵	ɕiən⁴⁵

	激	正
七都话	ki⁴⁴	tsu⁴⁵
八都话	tsʅ²⁴	tən⁴⁵

通摄合口三等

	忠	畜	缩	肉	重	烛	供
七都话	tsoŋ³³	ləu²¹	səu⁴⁴	tsu⁴⁴	tei⁴²	tɕi⁴⁴	kiaŋ⁴⁵
八都话	tan⁴⁵	təu³¹	ɕiəu²⁴	tu³³	tɕi³³	to²⁴	tan⁴⁵

2. 韵母的比较

果摄合口一等见系

	过	火	货	禾
七都话	kɤ³³	hɤ¹³	kʻɤ³³	ɤ²¹
八都话	kɤ³³	fu²¹	fu³³	u³¹

假摄开口三等章组

	遮	蛇	社	舍
七都话	tso⁴⁵	so²¹	so⁴²	so⁴⁵
八都话	tu⁴⁵	ɕiu³¹	ɕiu³³	ɕyi²¹

遇摄合口一等

	布	土	租	五
七都话	pø³³	tʻø¹³	tsø⁴⁵	ŋø⁴²
八都话	pu³³	tʻau²¹	tsau⁴⁵	ŋau²¹

遇摄合口三等

	徐	初	住	雨
七都话	tɕ'i²¹	ts'ø⁴⁵	tsi²⁴	hø⁴²
八都话	tɕio³¹	ts'au⁴⁵	tɕio⁴⁵	hau³³

蟹摄开口一二等

	该	开	斋	派
七都话	ka⁴⁵	ha⁴⁵	tsa⁴⁵	p'a¹³
八都话	kæ⁴⁵	hæ⁴⁵	tsæ⁴⁵	p'æ³¹

蟹摄合口一二三四等

	堆	退	挂	会	岁
七都话	lu⁴⁵	t'u³³	kua³³	ha²⁴	sŋ³³
八都话	lyæ⁴⁵	t'uæ³³	kuæ³³	uæ⁴⁵	sue³³

止摄开口三等

	利	四	理	器	机
七都话	læ²⁴	sæ³³	læ⁴²	k'i³³	ki⁴⁵
八都话	la⁴⁵	sa³³	la³³	ts'ŋ³³	tsŋ³³

止摄合口三等

	随	亏	醉	围
七都话	tsu²¹	k'u⁴⁵	tsu³³	u²¹
八都话	tsua³¹	k'ua⁴⁵	tsua³³	ua²¹

效摄开口一二等

	套	考	闹	绞
七都话	t'ɤ³³	k'ɤ¹³	nəu²⁴	kiəu¹³
八都话	t'o³³	k'o²¹	nɤ⁴⁵	ȵiɤ²¹

效摄开口三四等

	表	少	荞	跳	尿
七都话	piəu¹³	sɿ¹³	ki²¹	t'ei³³	ŋ̍²⁴
八都话	piɤ²¹	ɕiɤ²¹	tɤ³¹	tɕ'iɤ³³	ȵiɤ⁴⁵

咸摄开口一二等

	男	贪	蓝	减	狭
七都话	nu²¹	tʻaŋ⁴⁵	li²¹	kaŋ¹³	a⁴⁴
八都话	nən³¹	tʻan³³	lən³¹	ki²¹	æ³³

咸摄开口三四等

	签	剑	歉	帖	法
七都话	tsʻẽ⁴⁵	kẽ³³	kʻẽ³³	tʻie⁴⁴	fa⁴⁴
八都话	tsʻei⁴⁵	kei³³	kʻei³³	tʻei²⁴	fæ²⁴

山摄开口一二三四等

	弹	限	连	练	节	杀
七都话	taŋ²⁴	haŋ²⁴	lẽ²¹	lẽ²⁴	tse⁴⁴	sa⁴⁴
八都话	tan³¹	han⁴⁵	lei³¹	lei²⁴	tsei²⁴	sæ²⁴

山摄合口二三四等

	挖	关	选	卷	袁	雪
七都话	ua⁴⁴	kui⁴⁵	sẽ¹³	kuẽ²⁴	iẽ³³	sɿ⁴⁴
八都话	uæ⁴⁴	kyi⁴⁵	sue²¹	kue²¹	ue³¹	sue²⁴

	发	决	缺	血
七都话	fa⁴⁴	ki⁴⁴	kʻua⁴⁴	fe⁴⁴
八都话	fæ²⁴	tsue²⁴	kʻue²⁴	fue²⁴

臻摄开口三等

	辛	镇	陈	忍	笔
七都话	se⁴⁵	tsẽ²⁴	tsẽ²¹	n̩⁴²	pæ⁴⁴
八都话	ɕi⁴⁵	tən³³	tɕi³¹	n̠i³³	pa²⁴

臻摄合口三等

	本	尊	魂	椿	顺
七都话	poŋ¹³	tsẽ³³	fu²¹	tsʻɿ⁴⁵	sɿ²⁴
八都话	pən²¹	tən³³	fuən²¹	tɕʻy⁴⁵	ɕyi⁴⁵

	粉	问	出	骨
七都话	fu¹³	m̩²⁴	su⁴⁴	ku⁴⁴
八都话	fen²¹	mən⁴⁵	sua²⁴	ko²⁴

曾摄开口一三等

	朋	邓	胜	逼
七都话	poŋ²¹	tẽ²⁴	sẽ²⁴	pe⁴⁴
八都话	pən³¹	tən⁴⁵	ɕiən⁴⁵	pei²⁴

梗摄三四等

	丙	京	岭	铃
七都话	piu¹³	kiu⁴⁵	liu⁴²	liu²¹
八都话	pin²¹	tən⁴⁵	lin²¹	lin³¹

通摄合口一三等

	聪	统	哭	福	终	绿
七都话	tsʻoŋ⁴⁵	tʻoŋ⁴⁵	hø⁴⁴	hy⁴⁴	tsaŋ⁴⁵	li⁴⁴
八都话	tsʻən⁴⁵	tʻən⁴⁵	hau²⁴	fu²⁴	tan⁴⁵	lio⁴⁵

3. 声调的比较（表2-3）

表2-3 江华平地瑶话内部差异声调比较表

	平声		上声			去声		入声	
	清	浊	清	次浊	全浊	清	浊	清	浊
七都话	45	21	13	42		33	24	44	
八都话	45	31	21	33		33	45	24/45 或 33（少数浊声母）	

4. 常用词语的比较（表2-4）

表2-4 江华平地瑶话内部差异常用词语比较表

词条	七都话	八都话
扯	liʻ³³	tʻu²¹
瓢	pø²¹	piɣ³¹
丘	hi⁴⁵	tɕʻiəu⁴⁵
到达	lɣ³³	lu²⁴
烂	tsɣ⁴⁴	tso⁴⁵
拔	hɣ⁴⁴	piu³¹
剪	la⁴⁴	tsei²¹
换	haŋ²⁴	pɣ²⁴
软	nu²¹	hæ³³
饭	mæ²¹	mo³¹
密	mæ²⁴	mo⁴⁵
闰	ʐu²⁴	lyi⁴⁵

续表

词条	七都话	八都话
等	tsəu¹³	lən²¹
用	ŋ²⁴/lu³³	tu³¹
水	su¹³	sua²¹
云	i²¹ li³³ m̩⁴²	lyi³¹
沙子	so⁴⁵ li³³ kæ⁴⁴	su⁴⁵ lu³³
上面	kɤ⁴⁵ləu²¹	ko⁴⁵ ta³¹
下面	ha²¹ hu⁴²	kən⁴⁵tɤ²⁴
里面	pɤ⁴⁵ tɕi¹³	pu²⁴ləu³¹
外面	me²⁴ tsæ²¹	mən³³tɤ²⁴
右	həu²⁴	iəu⁴⁵
中间	tsoŋ⁴⁵ lø⁴²	liaŋ⁴⁵ i³³
旁边	pæ²¹ pẽ⁴⁵	y³³ pe⁴⁵
上午	pɤ⁴⁵tsæ²¹	liɤ⁴⁵ tso²¹
下午	pø⁴⁵ho⁴²	pu⁴⁵ li³³
现在	hæ²⁴ sɿ³³	həu²⁴ki⁴⁵
猪	li⁴⁵	lio⁴⁵
鸟	lei¹³·li	niɤ²¹ tu²¹
蚯蚓	ɕi²¹ m̩⁴² kø⁴²	ɕiu³¹pu³³tɕie⁴⁵
猫	miəu²¹mi³³	miəu³¹miau⁴⁵
萤火虫	iəu³¹ hɤ²⁴ m̩²¹	miəu³³fu²¹li⁴⁵
额头	tso²¹poŋ⁴⁵sɿ¹³	mu²⁴tsæ³¹təu³³
嘴巴	tɕi¹³ ka³³	to³³ kæ³³
茄子	ki²¹·li	tɤ³³ lu³³
辣椒	læ²⁴·li	læ⁴⁵ tsɿ²¹
母亲	lɤ⁴² kæ³³	mu³¹nɤ³³
丈夫	pi¹³	pio³¹
妻子	ȵio²⁴ m̩²¹	ȵio³³ fu¹³
傻子	soŋ²¹næ²¹kø²⁴	tɕ'y³¹tsy³¹
瞎子	ha⁴⁴ tɕiu⁴⁵	han³¹tɕien³³
床	lø²¹	to³¹
斧头	pɤ¹³ ləu²¹	ku²⁴ təu³¹
簸箕	tɕiəu⁴²	p'u³³ təu³¹
扁担	loŋ³³m̩⁴²pẽ¹³	lən⁴⁵mən⁴⁵kau³¹
席子	tɕiəu¹³ li⁴⁵	tei³³ lu³³

续表

词条	七都话	八都话
衣服	æ^{45}	o^{45} ɕiaŋ^{31}
帽子	tsʻəu^{33}·li	mo^{45} kao^{31}
吃早饭	zʅ^{24} lei^{45}	zʅ^{24} liγ^{45}
吃中饭	zʅ^{24} pø^{45}	zʅ^{24} pu^{45}
吃晚饭	zʅ^{24} io^{24}	zʅ^{24} iu^{45}
喝茶	zʅ^{24} tso^{21}/sɿ^{45}tso^{21}	sue^{24} tsu^{31}
蹲	tsəu^{45}	tɕyæ^{45}
说	tɕiaŋ^{13}	tan^{31}
扔	kuγ^{24}	pʻi^{24}
什么	ɕi^{42} tɕi^{33}	ɕiu^{33} ku^{33}
为什么	loŋ^{24}ɕi^{42}tɕi^{33}	ua^{45}ɕiu^{33}ku^{33}
我	ioŋ^{42}	m̩^{33}
你	n̩^{42}	ie^{33}
他	li^{13}	lγ^{31}
我们	no^{21} li^{33}	m̩^{33} lən^{33}
你们	n̩^{42} li^{33}	ie^{33} lən^{33}
他们	li^{13} li^{33}	lγ^{31} lən^{33}
这	a^{24}	γ^{33}
那	la^{24}	mγ^{33}
哪	lio^{45}	lau^{24}
这里	i^{45} a^{33}	γ^{33} tso^{13}
这样	ia^{42} iaŋ^{24}	γ^{33} iaŋ^{33}
这些	a^{24} tɕie^{33}	γ^{33} tsʻɿ^{31}
美	kua^{45}	ma^{33}
细	sei^{33}	iəu^{33}
累	na^{33}	kʻau^{31}
坡	pʻia^{24} li^{45}mē^{24}	hei^{31}

七都话和八都话内部也还有差别，例如：七都话内部较为一致，但即使同是上五堡地区的七都话有些村子之间也有细微的差别。靠近山脚的村子如老车、秀鱼塘、老沐泽等村都有舌尖后塞擦音声母，而临近国道两边的村子如拔干头、大干头等村却很少有舌尖后塞擦音声母，相应的字都读舌尖前塞擦音。再如：

揭：老车说"tso^{13}"，老木泽说"tɕiu^{13}"。

虹：老车说"le^{21}ka^{33}loŋ^{45}"，老木泽说"le^{21}tɕia^{33}loŋ^{45}"。

烛：老车说"tɕi^{44}"，老木泽说"tsi^{44}"。

赎：老车说"ɕie^{24}"，老木泽说"si^{24}"。

八都话的内部差别比七都话要大，例如：白芒营镇的人山脚村和连山脚村的话最大的差异就在声调,大山脚村浊声母去声字归阴平,连山脚村却不归阴平,而是独立成调类阳去 13。如:饿 ŋɤ⁴⁵(大山脚村)/ŋɤ¹³(连山脚村)、闹 nɤ⁴⁵(大山脚村)/nɤ¹³(连山脚村)、慢 mi⁴⁵(大山脚村)/mi¹³(连山脚村)。此外,大山脚村的声母[f]在与元音[i]相拼时,舌位前移很像双唇清擦音[ɸ],连山脚村没有此现象。此外,一些常用词也有区别,见表2-5:

表 2-5 江华八都话内部差异常用词语比较表

词条	大山脚村	连山脚村
坡	hei³¹	hæ³¹
青蛙	mu³¹kuæ³¹	kuæ³¹lɤ⁴⁵
飞	fa⁴⁵	po⁴⁵
恼	no²¹	no³³
毫	ho³¹	hau³¹
猫	miəu³¹miau⁴⁵	ȵiau⁴⁵
叫	ɕi³³	hi³³
调和	tɕiɤ³¹	liɤ³³
耽误	ŋau⁴⁵	u²⁴
吸烟	tsue²⁴ei⁴⁵	ɕiɤ⁴⁵ei⁴⁵
瞎子	han³¹tɕien³³	mao⁴⁵tɕien³³
患	ɕyi³³	fi³³
关	kyi⁴⁵	kui⁴⁵
蚊子	mən³³ tu³¹	mən³³ tsu³¹
角	təu²⁴	tɤ²⁴

白芒营八都话内部又可以分为四个小片:珠郎塘、二坝;螺山井、白牛山;大塘背、连山脚、塘车、拔岗;大山脚、石碧塘、鱼苟湾、车下村磨背岭。后三片一致性较强,第一片与其他三片差异稍多一些,例如:

桃子:to³¹ le⁴⁴(珠郎塘村马鞍山)/ to³¹ tu³¹(连山脚村)。

你:n̩³³(珠郎塘村马鞍山)/ie⁴⁴(大山脚村、连山脚村)。

吃饭:zɿ²⁴mo³¹(大山脚村、连山脚村)/zɿ²⁴ma³³(拔岗村)/zɿ²⁴pe⁴⁵pe⁴⁵(塘车村)。

没有:my³¹ne²⁴(拔岗村)/ mei²⁴(二坝村、珠郎塘村马鞍山)。

第三节　江华过山瑶话的分布与内部差异

一、江华过山瑶话的分布

大致可以分为两岔河片和湘江片。

两岔河片:

两岔河乡讲过山瑶话的村有:横江、灯草、蕉叶、峻山、高岐、南竹坪。

讲过山瑶话杂有客家话的村有：苗竹、庄稼、猴子脚、三卡、水子。
湘江片：

1. 大石桥乡

讲过山瑶话的村有：洪水、金竹冲、立下源、大竹坪。

2. 小圩镇

讲过山瑶话的村有：茅坪（有少数讲官话）。
在有些讲梧州话的村子里有零星分布的过山瑶话，如：牛塘营村的第2、3组桐古冲自然村、绣球村的第15组廖家冲自然村。

3. 大圩镇

讲过山瑶话的村有：东冲、草皇、文明。（杂有客家话）

4. 水口镇

讲过山瑶话的村有：山马、文亮、金源、得贵。
讲过山瑶话和客家话的村有：山门、大车洞、高滩、暗冲。（瑶多客少）

5. 务江乡

讲过山瑶话的村有：天竹、两岔、漕滩、龙虎、小朋、浔天河。还有务江村的炭山自然村。
讲过山瑶话和新化话的村有：胡青、屯冲。胡青村的苟仔坪自然村讲过山瑶话，大地屋、胡青、柳木仔口自然村讲新化话。屯冲村的屯冲口、金板冲、南木坳、羊角岔自然村讲过山瑶话，石毕冲、南竹漕、羊角源讲新化话。

6. 花江乡

讲过山瑶话的村有：新朋。
讲过山瑶话和官话的村有：齐共（甘冲、冷水冲、冷水冲源讲过山瑶话，香藤冲、暗冲口、暗冲源讲官话）、大田（胡家岭、源头、架桥、地古冲讲官话，枫木岐、林中、兰电讲过山瑶话）、黄石（黄石、长冲、老廖岐讲过山瑶话，湾冲、花江、潘家岭讲官话）、新庆（新庆、建设讲官话，桐油坪、牛卷、上马、高岭、龙潭、杉木坪讲过山瑶话）、晓河（黄家讲过山瑶话，晓河、陶家、胡家、小源、上仁田讲官话）。

7. 湘江乡

讲过山瑶话的村有：坪冲口、中央冲、中央河、桐冲口、樟木口。

讲过山瑶话和新化话的村有：湘江（湘江仔一半、枫木口小部分讲新化话，湘江、木源岔、湘江岔讲过山瑶话）、腊竹山（竹瓦60%讲新化话，马鞍寨、马鞍源、腊竹岭讲过山瑶话）、欧莱坪（只有4户讲新化话）、田冲（石岩脚80%、大坳头2户讲新化话，盘家、凤家讲过山瑶话）、庙子源（香草、庙子冲、婆婆源部分讲新化话，麻江、庙子源、畔冲、郑家龙的大部分讲过山瑶话，郑家龙少数讲官话）。

8. 贝江乡

讲过山瑶话的村有：茅坪岭、杉木口、中星、田坪、鱼晒、天堂、洋涓、毛竹、上梅口、向新、合新。

讲过山瑶话和官话的村有：濠江（三组、四组讲官话，濠江寨、里六源、小猴讲过山瑶话）、贝江（白沙、贝江1、2组讲官话，白塘1、2、3组、四龙、枫木、麻江口讲过山瑶话）。

讲过山瑶话和客家话的村有：黄沙（新冲、架枧、下街、上街讲客家话，回龙、廖家、羊角龙、陡冲、苗竹院、东鲁讲过山瑶话）、大田（大田、大埂讲客家话，黑冲、胜利、胜利口讲过山瑶话）。

9. 大锡乡

讲过山瑶话和客家话的村有：高凉、茅坪、明星。

讲过山瑶话、客家话和梧州话的村有：大中、新安、小锡。

10. 未竹口乡

讲过山瑶话的村有：上塘、磨刀。

讲过山瑶话和客家话的村有：黄南寨、黄南口、桐安、大鲁桂、枫木、未竹口、未竹冲、张家洞、冷水、马井。

11. 码市镇

讲过山瑶话的村有：棉花坪、小艾坪、金田、龙湾、大寨、荆竹、船渡、大坪源、班竹。

讲过山瑶话和客家话的村有：竹坪（三江尾部分、乌龟塘部分讲客家话，三江尾部分、乌龟塘部分、黄竹冲讲过山瑶话）、梅子（梅子口讲客家话，梅子冲、大湾冲、大湾源讲过山瑶话）、新田埂（西流口讲客家话，新田埂、大屋、福京冲、福京源讲过山瑶话）、香南（香南坪、老寨、小罗、毛坪、青朋讲过山瑶话，大罗、大朋、石门部分讲过山瑶话，部分讲客家话）、民主（大田、下坪、七星讲过山瑶话，大龙、小龙、毛竹、民主冲、民主口、新卜部分讲过山瑶话，部分讲客家话）、横江（瑶人坪、龙堵讲过山瑶话，赖家讲客家话，大雁、茶山坪、篱笆洞部分讲过山瑶话，部分讲客家话）。

讲过山瑶话和官话的村有：上坝（猪婆冲讲过山瑶话，田螺水口、草皇岭、罗家、袁家、上坝洞、下坝洞都是既有官话又有过山瑶话）、大塘（1、2组部分讲官话，老寨、中央冲、1、2组部分讲过山瑶话）、田沟（上寒塘、下寒塘、白石、黄塘、蕉叶讲过山瑶话，老寨、田沟、何家多数讲过山瑶话，少数讲官话，泮冲还有少数讲客家话）。

12. 沱江镇

讲过山瑶话的村有：云梯山、白李、马鹿洞、星桥。

二、过山瑶话的内部差异

1. 两岔河片与湘江片的差异

两岔河片与湘江片声母的差异是两岔河有圆唇化的复辅音[kw、k'w]，湘江没有。两岔河话有双唇的浊音[w]，而湘江是唇齿的浊音[v]。韵母的差别较大，两岔河话的长元音、鼻音韵尾[-m]和塞音韵尾[-p]都是湘江话里没有的。两地韵母有 70 个相同，两岔河有下面 56 个韵母是湘江没有的：[im、ip、iam、iap、iak、iem、iep、iek、iom、iop、iui、ioe、ioə、iou、iəm、iun、iəp、em、ep、e:p、e:t、æn、æt、am、ap、ou、om、op、oaŋ、oə、ɔ、ɔi、ɔm、ɔp、ɔt、uo、uam、uaik、uek、uə、uæ、uoe、uon、uit、uik、uək、uɔi、uø、ə、əei、əmŋ、əp、əup、m̩、n̩、ŋ̍]。湘江也有下面 17 个韵母是两岔河没有的：[uə、uəŋ、iəu、iŋ、ieŋ、iəŋ、iuk、oi、oai、oən、oēŋ、yəŋ、əu、ɔŋ、əuŋ、ət、ək]。声调也有不同，第四调两岔河调值为 13，湘江调值为 42，其他调类的调值都相同。表 2-6 列举一些常用词语，来看两地的区别：

表 2-6　江华过山瑶话内部差异常用词语比较表

词条	两岔河	湘江
天气	luŋ³¹ pen²⁴	luŋ³¹ sei⁴²
岭	kie²⁴	tɕi²⁴
岩	ŋam³¹	ben²⁴
河	suaŋ³³	suən³³
海	k'oe⁴⁴	k'uai⁴⁴
水	uam⁴⁴	uen⁴⁴
铜	doŋ²¹	təŋ²¹

续表

词条	两岔河	湘江
碱	dzai²¹	dzi³³
窗户	goŋ²¹ k'oei⁴⁴	diaŋ²⁴/²¹ts'oŋ³³
房檐	kai³³ɦin³¹	ken⁴²daŋ²¹
小孩	piaŋ³¹gai²⁴	fuei³¹tɕye⁴⁴
父亲	tie²⁴/ta²⁴	ti²⁴
儿子	ton³³	tuan³³
女儿	sie⁴⁴	si⁴⁴
丈夫	go²⁴	mu⁴²tɕiaŋ³¹
嫂子	tɕiuə³¹	ȵiaŋ³³
兄弟	i³³ moə¹³	ka³¹nt'ai²⁴
头	pu²¹ koŋ²⁴	mu³¹ koŋ²⁴
腮	k'aŋ³¹kuei³³	mu³¹loŋ³¹kuen³³
背	ga²¹ɦa²⁴	si⁴² tan³³
胃	poə²¹	bu²¹
膀胱	kai²¹sie³¹ton³³	pu³¹piəu³³
松鼠	tsien⁴⁴	dzi²⁴
水獭	ts'an²⁴	ts'a⁴⁴
鹅	ŋie³¹	ȵi³¹
燕子	pu²¹ ɕin²⁴	pu²¹ hen¹³
麻雀	no²¹ mei²⁴	no²¹ dʑiu²⁴
蛇	lan³³	naŋ³³
壁虎	kaŋ³¹sa³¹koŋ²⁴	pian³¹sui⁴⁴
鱼鳞	bau¹³/³¹kye²⁴	bau¹³/³¹tɕiei³¹
虾	tɕiəu³¹sai⁴⁴	tɕiei⁴²koŋ³¹
螃蟹	gin²¹ guai¹³	dʑin²¹gue³³
茧	tsam³¹ȵioə³¹	tsan⁴²ləŋ³³
蜡	lap⁵	dzin³³
蜻蜓	gin²¹ kuŋ²⁴	goŋ²¹gin²⁴
蝴蝶	sap² paŋ³³	paŋ³³/³¹ie³¹
树根	diaŋ²⁴/²¹kon³³	diaŋ²⁴/²¹dzoŋ²¹
枫树	poŋ³¹mo³¹diaŋ²⁴	p'u³¹mu³¹diaŋ²⁴
桑树	foŋ³³mo³¹diaŋ²⁴	tsaŋ⁴²fei⁴⁴diaŋ²⁴
花蕾	piaŋ³¹nəei²⁴	piaŋ³¹hun³³
板栗	piəu³¹ tsuei³³	pu³¹lie³¹
枇杷	piəu³¹pa³¹	p'i³¹p'a³¹

续表

词条	两岔河	湘江
秧	iaŋ³³	yaŋ³³
玉米	ka³¹me²¹	fan³¹tsai³³
麦秸	me²¹nt'u⁴⁴	me²¹gao⁴⁴
菜薹	lai³³′³¹fin³³	lai³³′³¹gən³¹
山药	kiem³¹die³³	hi³¹due²¹
茄子	kie³¹	tɕi³¹
辣椒	fan³¹tsiu³³	ba³¹tsiu³³
黄瓜	kua³³′³¹uam⁴⁴	kua³³′³¹viaŋ³¹
草	mie⁴⁴	mi⁴⁴
铲子	ŋiəu³³	ts'en⁴⁴tsei⁴⁴
锥子	tsuei³³	sin³³ŋao³³
剪刀	giəu²⁴	dziu⁴⁴
车	ts'ie³³	ts'i³³
车轮	ts'ie³³pin⁴⁴	ts'i³³kun⁴⁴
桨	tsaŋ⁴⁴	tsiu³³
货	huə²⁴	hu²⁴
灶	dzo²⁴	dzu²⁴
锅	ts'ẽ³³	ts'en³³
菜刀	dzu²¹dei²¹	dzu²¹lai³³
暖瓶	pen³¹kom³³	nuen⁴⁴həu³¹
瓶塞子	pen³¹kai²⁴	pen³¹tsue⁴⁴
线	suei²⁴	sui²⁴
布	die³³	di³³
衣服	luei³³	lui³³
夹衣	soŋ³¹luei³³	lui³³tɕia⁵
棉衣	luei³³′³¹kom¹³	min³¹lui³³
蓑衣	fu³¹ei³³	fei⁴²ei³³
衣领	luei³³′³¹len¹³	lui³³′³¹kaŋ³³
衣袋	luei³³′³¹puə²¹	lui³³′³¹bo²¹
头巾	sai³¹tɕien³¹/pu²¹koŋ²⁴′³¹p'a²⁴	pu²¹koŋ²⁴′³¹dzun²¹
帽子	moə²¹	mau²¹
围巾	sai³¹tɕien³¹k'əu³³	lai³¹sin³³
耳环	ɕyn³³	mu³¹noŋ⁴²nen³¹
被子	suaŋ¹³	suaŋ¹³

续表

词条	两岔河	湘江
梯子	t'əe³³	t'ei³³
轿子	kiu²¹	tɕiu³¹
米	m̥oe⁴⁴	m̥ei⁴⁴
早饭	noŋ³¹dom³³nt'aŋ²⁴	nu³¹doŋ³³
中饭	noŋ³¹an²⁴nt'aŋ²⁴	nu³¹an²⁴
晚饭	noŋ³¹muaŋ²⁴nt'aŋ²⁴	nu³¹m̥oŋ²⁴
酱	tsoŋ²⁴	tsiaŋ²⁴
醋	ts'əu²⁴	ts'u²⁴
药	die³³	di³³
糠	bie²⁴	bi²⁴
香	fiuŋ³³	daŋ³³
名字	men³¹puə²⁴	mien⁴²pu¹³
雷公	pu²¹oŋ³³	pu²¹kəu⁴⁴əŋ³³
上午	tau³¹ an²⁴	tau⁴² an²⁴
中午	loŋ³¹ an²⁴	lu⁴² an²⁴
下午	tei³¹n̥ie³¹an²⁴	lu⁴² man³³
三	fam³³/puə³³	fan³³/pu¹³
六	luək²	lu²
七	sie²¹	si²¹
八	ȥie²¹	hie²¹
九	tɕiuə⁵/duə²¹	tɕiu⁵/du²¹
十	tsiəp²	tsiet²
春天	ts'un³³kuei²⁴	ts'un³³tsan³¹
夏天	ha²¹kuei²⁴	ha²¹tsan³¹
秋天	ts'iəu³³kuei²⁴	ts'iəu³³tsan³¹
冬天	toŋ³³kuei²⁴	təŋ⁴²nt'a²⁴
去年	pu³nt'iaŋ²⁴	pei⁴²nt'iaŋ²⁴
现在	nai⁴⁴fii²⁴	n̥i³¹tsan³¹
上面	uək⁵tɕ'ia⁴⁴	fao²⁴meŋ¹³
下面	uək⁵dia²⁴	dʑi²¹meŋ¹³
背后	ga²¹fia⁴⁴	gaŋ³³meŋ¹³
里面	uək⁵n̥ioə¹³	ken³¹n̥iu³³
外面	ŋie³¹meŋ²⁴	n̥ie³¹fua⁵
个（鸡蛋）	lom³³	luŋ³³
只（手）	kiet⁵	tɕi⁵

续表

词条	两岔河	湘江
棵（树）	tiu³¹	tsuŋ⁴²
座（桥）	tso²¹	pəu²¹
我	ie³³	i³³
你	moei²¹	mue⁴²
他	ȵin³¹	nei⁴²
我们	ie³³ puə³³	i³³ pu³³
那	uə⁴⁴	u⁴⁴
谁	hai²⁴ lan³¹	ha²⁴ laŋ⁴²
斜	k'en²⁴	tsʻie¹³
蓝	lam³¹	meŋ³³
光	gyaŋ³³	giaŋ³³
热	kom³³/ iuə⁵	iuk⁵
苦	im³³	ŋin³³
动	doŋ¹³	dəŋ³³
听	moaŋ²⁴	muaŋ²⁴
喊人	ziəu²⁴mien³¹	he²mien³¹
叼	dam³³	tʻi³³
指	nu⁴⁴	tɕiaŋ⁴⁴
搂抱	k'am³³	ntʻo⁴⁴
弯腰	dok⁵kai⁴⁴	kəŋ⁴²kai⁴⁴
埋	pop⁵	pu²¹
改	koe⁴⁴	kuai⁴⁴
剪	kap⁵	dziu²⁴
劈	p'i²⁴	p'ai³³
剜	kwiəu²⁴	lu⁴⁴
怕	ɦei²⁴	hek⁵
想	siaŋ⁴⁴	ntʻaŋ⁴⁴
多谢	tsie²¹	pəu⁴² no³³
爱	ŋai²⁴	ŋoe²⁴
皱	ȵiau²⁴	ȵia²

2. 湘江片内部的差异

湘江片的过山瑶还有本地瑶和过山瑶之分，这种分法是当地的瑶族根据迁来江华时间的先后分出的，到达当地早的称为"本地瑶"或"本土瑶"，到达当地时间晚的称为"过山瑶"或"高山瑶",本地瑶通常居住在山冲的入口地区或山脚一带,而过山瑶则居住在山冲的里面或者山上。例如,湘江乡的桐冲口村、田冲村、庙子源村等村子就称"本地瑶",中央河、中央冲等村子则称"过山瑶"。虽然其内部有这样的区分,但在对外时则都称"过山瑶"或"高山瑶",而且其语言都是瑶语的勉方言。不过我们还是能清楚地看到本地瑶和过山瑶语言上的细小差异,如表2-7:

表2-7 江华过山瑶语湘江片内部差异比较表

词条	本地瑶	过山瑶
石头	la^{31}pie^{33}	la^{31}pei^{33}
沙子	la^{31}fa^{33}	la^{31}fai^{33}
火	təu^{33}	təu^{13}
尿	vi^{33}	gui^{33}
汗	fian^{21}	an^{21}
老鼠	nao^{31}tɕioŋ^{33}	nai^{31}tɕioŋ^{33}
松鼠	dzit^{5}	dzi^{24}
壁虎	pao^{31}tɕien^{44}	pian^{31}sui^{44}
鱼	biao^{33}	bao^{33}
螺蛳	kue^{33}	tɕye^{33}
跳蚤	tɕiu^{31}mu^{33}	ku^{31}mu^{33}
蚂蝗	bia^{33}	biao^{33}
蜡	la^{2}	dzin^{33}
年轮	diaŋ$^{24/21}$tsun^{31}	diaŋ$^{24/21}$kun^{42}
竹笋	biai^{21}	bai^{21}
板栗	piəu^{31}lie^{31}	pu^{31}lie^{31}
水稻	biao^{21}	bao^{33}
辣椒	bia^{31}tsiu^{33}	ba^{31}tsiu^{33}
锄头	kəu^{21}	p'oŋ^{33}
凿子	tsəu^{31}	tsu^{31}
菜刀	ka^{42}lai^{33}dzu^{21}	dzu^{21}lai^{33}
碗	yen^{44}	vien^{44}
水瓢	uen$^{44/31}$biu^{21}	koŋ^{24}
鞋	səu^{44}/əe^{42}	fie^{21}
席子	tsei^{31}	tsi^{31}
盆	pun^{44}	pien^{44}
热水	uen$^{44/31}$koŋ^{33}	uen$^{44/31}$tɕioŋ^{33}
籼米	m̥ei^{44}tse^{5}	m̥ei^{44}tsit^{5}

续表

词条	本地瑶	过山瑶
酒	ti⁴⁴	tiu⁴⁴
蛋黄	kao⁴²moŋ⁴²	kao⁴²maŋ⁴²
墨	ma³¹	me³¹
书包	səu³³/³¹piəu³³	səu³³/³¹bo²¹
唢呐	sə³¹na²¹	fa⁴⁴di²¹
梦话	bei²⁴va²¹	va²¹bei²⁴
名字	mien⁴²pu¹³	mien⁴²dzaŋ²¹
记号	tɕie²⁴fiu²¹	biu²⁴
脾气	puʰkʻi²⁴	kai⁴²tɕʻi¹³
交情	kʻu⁴²dza²¹	kʻu⁴²dzao²¹
威风	ɕyəŋ³¹	sei¹³tsei⁴⁴
房前	ken⁴²kʻu⁴⁴	ken⁴²daŋ²¹
外面	ȵie³¹fua⁵	lu³¹fua⁵
一斤	iet²tɕyan³³	iet²tɕian³³
厚	u³³	hu³³
重	ntʻe⁴⁴	ntʻi⁴⁴
滑	baŋ²¹	biaŋ²¹
美	kuæ³³	dzue²¹
凉快	luaŋ⁴²	laŋ⁴²
脏	lai³¹fəu⁵	lai³¹dəu⁵
清楚	tsʻin³³tsʻəu⁴⁴	tsʻin³³tsʻu⁴⁴
小气	fi⁴⁴luaŋ³¹	fiu⁴⁴luaŋ³¹
嚷	he²¹	hiəu²¹
吹牛	piəŋ⁴⁴ŋoŋ³¹top⁵	bəu³³ŋoŋ³¹top⁵
吵	pen⁴⁴	paŋ³³
选	sian⁴⁴	fuŋ⁴⁴
路	tɕiao⁴⁴	kao⁴⁴
打倒	pot⁵tu⁴⁴	pot⁵kʻin³³
敲门	gao¹³ken⁴²	pot⁵ken⁴²
牵牛	tɕʻien³³ŋəŋ³¹	kʻen³³ŋoŋ³¹
下楼	dʑi²¹lao⁴²	dʑi²¹pʻaŋ⁴²
跑	tʻi²⁴	tʻiu²⁴
踢	dei⁵	dik⁵

续表

词条	本地瑶	过山瑶
剪	dzi²⁴	dziu²⁴
肚子	nt'iəu⁴⁴	kai⁴²si³³
泻	fi²⁴	lai²¹
挪	ei⁴²	huin³³
趴	pia⁴²	pa⁴²
挤	tɕien⁴⁴	tsi⁴⁴
滚	dziaŋ¹³	giaŋ¹³
抬	tɕien³³	keŋ³³
睡觉	pue²⁴dzioŋ²¹	pue²⁴goŋ²¹
山药	ɕie³¹due²¹	hi³¹due²¹
旧	tɕiəu²¹	lu³³
发烧	tɕioŋ³³	koŋ³³
发抖	sin³³dzion²⁴	sin³³den³³
传	tsoŋ⁴²	tsun⁴²
泡衣	p'i²⁴lui³³	p'iu²⁴lui³³
埋	pu²¹	pə⁵
拌农药	piao⁴²di³³	pao⁴²di³³
盛饭	hi³³nt'aŋ²⁴	hiu³³nt'aŋ²⁴
锄草	tɕioŋ³³mi⁴⁴	kun⁴⁴mi⁴⁴
穿针	ts'oŋ¹³sin³³	ts'un²⁴sin³³
风	ʑiao²⁴	ʑia²⁴
钝	tsuan³³	tsan³³
钓	ba²¹	tiu²⁴
缝	loŋ⁴²	lun⁴²
划船	pia⁴²dzaŋ²⁴	pa⁴²dzaŋ²⁴
欺骗	ɦuan⁴⁴	du⁴⁴
招郎	tsiu³³laŋ³¹	t'u²⁴laŋ⁴²
做生意	tsu⁴⁴sə³¹ei²⁴	tsəu²⁴sə³¹ei²⁴
染	ȵioŋ²¹	ȵyn²¹
洗澡	dzao²⁴luaŋ⁴²	dzao²⁴sin³³

第四节　江华客家话和官话的分布

一、江华客家话的分布

除开以上与梧州话、平地瑶话、过山瑶话混杂在一起的客家话外，还有如下分布范围：

1. 大石桥乡

讲客家话的村有：白泉塘、九工岭。

2. 白芒营镇

讲客家话的村有：黄二塘、云田、上马石（后面两个村还杂有官话）。

3. 小圩镇

讲客家话的村有：大石、上大、茶花园。
讲客家话杂有官话的村有：老屋、沙柳、青山口。
在讲梧州话的村子有零星分布的客家话，如：绣球村的5、8、14组钟家、邱家、姚家冲自然村、联村的4、8组上、下黄家两个自然村。

4. 两岔河乡

讲客家话的村有：两岔河村。

5. 水口镇

讲客家话和官话的村有：水源居委会、源潭子居委会、四居居委会。其中四居讲客家话的人较多。

6. 花江乡

讲客家话和官话的村有：秀马（锯板冲、绣笼冲、天宝福地讲客家话，马山坪、桂皮冲、石龙庙讲官话，葫芦坪讲过山瑶话）。

7. 大锡乡

讲客家话的村有：竹安。

8. 码市镇

讲客家话和官话的村有：厚塘（厚塘、代冲口部分讲官话，部分讲客家话，邬石寨、邬石冲、石门楼讲客家话）、咸佳。

9. 沱江镇

讲客家话的村有： 六子石、双洞、大六冲、山口铺、胡猪口、沱岭。

10. 界牌乡

讲客家话的村有：大林江、洪塘。

二、江华官话的分布

除开以上与梧州话、平地瑶话、过山瑶话、客家话混杂在一起的官话外，还有如下分布范围：

1. 河路口镇

讲官话的村有：船岭脚、河路口村、镇居委会、倒水湾、布里坪、新铺。

2. 大石桥乡

讲官话的村有：四张塘、新田、寨背洞、大石桥。

3. 白芒营镇

讲官话的村有：骥马塘、牛鼻寨、浊水塘、白饭洞、草坪、漕渡、镇居委会、红山、石角岭、角塘、斗光、平泽、五庵岭。

4. 大路铺镇

讲官话的村有：断石桥、香花井、大路铺、美井、洞尾、八百美、石下、花地湾、粟米塘、水晶深、五洞、太子井、大斗、老村、琅下。

5. 桥市乡

讲官话的村有：罗田、镇忠营、野猪桥的野猪桥和黄泥塘自然村、深塘尾、石龙、桥市、新石岩、南冲、北冲、猴山。

6. 小圩镇

讲官话的村有：山门口、荆村、湄溪、大坪、小圩。

7. 大圩镇

讲官话的村有：文海、紫岩、社贝、西岭、小漕、庙冲、竹舍。（紫岩、社贝、西岭、小漕、庙冲杂有官话，竹舍杂有梧州话。）

8. 水口镇

讲官话的村有：水口街居委会。

9. 东田镇

讲官话的村有：崩塘、谢家湾、蒋家寨、水东、排楼、茶园、下茶园、聂家寨、东田、的口塘、双石桥、牛山、泥井。

10. 务江乡

讲官话的村有：务江，还有涔天河的河口自然村。

11. 花江乡

讲官话的村有：石田。

12. 码市镇

讲官话的村有：码市、所城、居委会。

13. 沱江镇

讲官话的村有：龙造窝、竹园寨、良木桥、塘头坪、荷花田、下村、莲花地、小洛坪、栋青、新华、城南、顾院、茫海洲、白泉、四联、班田、百家尾、阳华田、老县、鲤鱼井、架柷田、大山寨、德桥河、塘下洞、山寨、豸山社区、萌渚社区、阳华社区、春晓社区。

14. 界牌乡

讲官话的村有：源田塘、杜家田、界牌、麻芝塘、鸭头源、蓬田源、水口营、贝芝头、木浪、伍家寨、社公湾、马山、罗塘、小源、黄家田。

15. 桥头铺镇

讲官话的村有：人子、富足、罗坪、鸭脚岩、沙帽山、东冲、停路、木园、赤竹园、木桥头、赫洞、万石洞、上刘家塘、桥头铺、渔古坝、下车、蒋家塘、下蒋、古芝江、消家湾、下刘家塘、上宅洞、茅坪铺。

第三章 语音的比较研究

在进行语音比较之前，我们先分别介绍梧州话、平地瑶话和过山瑶话的音系，梧州话选取了岭西片的代表点大石桥乡，主要是因为岭西讲梧州话的人口要比岭东的小圩片和码市片要多，更有代表性，且大石桥乡位于岭西梧州话分布区域的中间位置，与官话和平地瑶话的接触相对白芒营镇和涛圩镇等地要少；平地瑶话选取了上五堡片的代表点，因为上五堡三宿地区是自古以来平地瑶在江华的聚集地，人口也较白芒营片多很多；过山瑶话则在两岔河片和湘江片都选取了代表点，主要是过山瑶话湘江片面积很大，而两岔河片虽然只是一个乡但很有特点，跟湘江片差别较大。在音系的描写上三种方言的做法也有所不同，平地瑶话的描写更加细致，除了有声韵调分析、同音字表以外，还做了与普通话语音的比较、与古音的比较，主要是考虑到前人对平地瑶话的调查一般都只是指出平地瑶话是一种汉语方言，却没有充分的语言材料来证实这一点，因此本书特地将平地瑶话的材料都摆出来，使其汉语方言的本来面貌更加清楚地显露出来。

第一节 梧州话音系

梧州话音系的代表方言点是江华县大石桥乡鹧鸪塘村。

一、声韵调分析

（一）声母

梧州话声母包括零声母在内，共有20个。

p	p'	m	f
t	t'	n	l
ts	ts'	s	
tɕ	tɕ'	ȵ	ɕ
k	k'	ŋ	x
ø			

下面按声母顺序分别举例：

[p]	包 pau^{51}	斧 pu^{44}	爬 pa^{31}	白 pia^{24}	病 pẽ^{24}	放 poŋ^{424}		
[pʻ]	谱 pʻu^{44}	飞 pʻi^{51}	怕 pʻa^{424}	倍 pʻoe^{44}	跑 pʻau^{31}	叛 pʻuẽ^{24}		
[m]	毛 mo^{31}	尾 mi^{24}	码 ma^{44}	雾 mu^{424}	望 miaŋ^{24}	文 moẽ^{51}		
[f]	发 fa^{51}	苦 fu^{44}	化 fua^{424}	槐 fuæ^{31}	葷 fẽ^{24}	方 faŋ^{51}		
[t]	地 ti^{24}	做 tu^{424}	酒 tao^{44}	条 tiəu^{31}	电 tiẽ^{24}	接 tie^{51}		
[tʻ]	土 tʻu^{44}	猜 tʻø^{51}	砌 tʻi^{424}	错 tʻyæ^{424}	晴 tʻẽ^{24}	汤 tʻyaŋ^{51}		
[n]	娘 ne^{24}	累 nue^{424}	脑 nø^{44}	男 nan^{31}	任 nuan^{24}	脓 noŋ^{51}		
[l]	李 li^{44}	搭 la^{424}	刀 lo^{51}	单 lan^{31}	冷 liaŋ^{44}	洞 loŋ^{24}		
[ts]	杂 tsa^{31}	值 tse^{24}	稠 tsuo^{24}	舅 tsau^{44}	蒸 tsaŋ^{51}	占 tsẽ^{424}		
[tsʻ]	尺 tsʻe^{51}	侧 tsʻɤ^{31}	岔 tsʻa^{24}	产 tsʻan^{44}	铳 tsʻoŋ^{424}	春 tsʻuẽ^{51}		
[s]	字 si^{24}	茶 sa^{31}	色 se^{51}	齐 sue^{31}	绝 suo^{24}	想 siaŋ^{44}		
[tɕ]	猪 tɕy^{51}	极 tɕi^{31}	再 tɕie^{24}	赵 tɕiəu^{424}	镇 tɕiẽ^{424}	锦 tɕiaŋ^{44}		
[tɕʻ]	齿 tɕʻi^{44}	出 tɕʻio^{51}	曲 tɕʻy^{31}	窍 tɕʻiao^{24}	车 tɕʻie^{51}	撞 tɕʻyaŋ^{424}		
[ɲ]	你 ɲi^{44}	女 ɲy^{24}	爷 ɲie^{51}	弱 ɲio^{31}	让 ɲian^{24}	阎 ɲyaŋ^{31}		
[ɕ]	糍 ɕi^{31}	私 ɕi^{51}	书 ɕy^{51}	写 ɕie^{44}	浊 ɕyæ^{24}	嚼 ɕiəu^{24}	劝 ɕyẽ^{424}	床 ɕyaŋ^{31}
[k]	棋 ki^{31}	举 ky^{44}	急 ke^{24}	蔗 kie^{424}	讲 kyaŋ^{44}	工 koŋ^{51}		
[kʻ]	库 kʻu^{424}	跪 kʻue^{44}	科 kʻo^{51}	巧 kʻiəu^{44}	庆 kʻẽ^{24}	砍 kʻan^{44}		
[ŋ]	我 ŋu^{24}	汉 ŋø^{424}	牛 ŋau^{31}	安 ŋø^{51}	染 ŋẽ^{44}	眼 ŋan^{31}		
[x]	起 xi^{44}	吓 xa^{424}	福 xo^{51}	客 xia^{424}	食 xe^{51}	恨 xəẽ^{24}		
[∅]	户 u^{24}	雨 y^{31}	法 ua^{31}	有 iau^{44}	县 yẽ^{24}	秧 iaŋ^{51}		

说明：

①唇齿擦音[f]在合口呼韵母前都带有轻微的浊气流，特别是在单韵母[u]前尤为明显，但无辨义作用，本书记作[f]。

②[tɕ、tɕʻ、ɕ]在单元音韵母[i]前实际读音为舌叶音[tʃ、tʃʻ、ʃ]，但在其他齐齿呼韵母前仍为舌面前音，本书都记作[tɕ、tɕʻ、ɕ]。

③[k、kʻ、x]与单韵母[ø]和撮口呼韵母相拼时，圆唇度略增。[x]发音部位稍微靠后。

④零声母合口呼音节，如[ua]，实际音值常常是唇齿浊擦音[v]起头，本书记作零声母。

（二）韵母

梧州话韵母包括自成音节的[m̩] [n̩] [ŋ̍]在内，共有 49 个。

```
      i    u    y
a    ia   ua
æ    iæ   uæ   yæ
```

e	ie	ue	ye
ø	iø		
o	io	uo	
ɤ	iɤ	uɤ	
au	iau		
əe			
oe			
iəu			
iu			
yi			
ẽ	iẽ	uẽ	yẽ
əẽ			
oẽ			
an	ian	uan	
in	yn		
aŋ	iaŋ	uaŋ	yaŋ
oŋ	ioŋ		
m̩	n̩	ŋ̍	

下面按韵母顺序分别举例如下：

[i] 皮 pi³¹ 味 mi²⁴ 四 si⁴²⁴ 指 tɕi⁴⁴ 二 ɳi²⁴ 饥 ki⁵¹

[u] 妇 pu²⁴ 芋 vu³¹ 都 lu⁵¹ 讨 t'u⁴⁴ 故 ku⁴²⁴ 虎 u⁵¹

[y] 蛆 ty⁵¹ 吕 ly²⁴ 组 tɕy⁴⁴ 鱼 ɳy³¹ 住 ɕy²⁴ 句 ky⁴²⁴

[a] 八 pa⁴²⁴ 袜 ma²⁴ 家 ka⁵¹ 铡 tsa³¹ 哑 ŋa⁴⁴ 鸭 a⁴²⁴

[ia] 薄 pia²⁴ 麦 mia²⁴ 策 tɕ'ia⁴²⁴ 隔 kia⁵¹ 考 k'ia⁴⁴ 硬 ɳia²⁴

[ua] 花 fua⁵¹ 化 fua⁴²⁴ 华 ua³¹ 刮 kua⁴²⁴ 话 ua²⁴ 夸 k'ua⁵¹

[æ] 排 pæ⁵¹ 卖 mæ²⁴ 带 læ⁴²⁴ 柴 sæ³¹ 街 kæ⁵¹ 采 ts'æ⁴⁴

[iæ] 薄 piæ²⁴

[uæ] 坏 fuæ⁴²⁴ 洒 suæ⁴⁴ 乖 kuæ⁵¹ 歪 uæ⁵¹

[yæ] 作 tyæ⁴²⁴ 落 lyæ²⁴ 捉 tɕyæ⁵¹ 啄 tɕ'yæ⁴²⁴ 壳 hyæ⁴² 学 yæ³¹

[e] 逼 pe⁵¹ 脊 te⁵¹ 拿 ne⁴²⁴ 力 le³¹ 直 se²⁴ 也 e⁴⁴

[ie] 篾 mie²⁴ 借 tie⁴²⁴ 遮 tɕie⁵¹ 热 ɳie²⁴ 茄 kie³¹ 社 ɕie⁴⁴

[ue] 劈 p'ue⁵¹ 嘴 tue⁴⁴ 齐 sue³¹ 贵 kue⁴²⁴ 会 ue²⁴ 托 t'ue⁵¹

[ye] 虑 lye²⁴ 决 tɕye³¹ 打 kye⁴⁴ 血 hye⁵¹ 贺 ye²⁴

[ø] 跛 pø⁴⁴ 左 tø⁴²⁴ 糯 nø²⁴ 材 sø³¹ 改 kø⁴⁴ 开 hø⁵¹

[iø] 具 tɕiø⁵¹ 初 tɕ'iø⁵¹ 梳 ɕiø⁵¹

[o] 堡 po⁴⁴ 草 t'o⁴⁴ 熟 so²⁴ 摇 ŋo³¹ 竹 tso⁵¹ 到 lo⁴²⁴

[io] 出 tɕ'io⁵¹ 肉 n̠io²⁴ 岳 io³¹ 确 tɕ'io⁴⁴ 一 io⁵¹

[uo] 笔 puo⁵¹ 火 fuo⁴⁴ 侄 tsuo³¹ 绝 suo²⁴ 过 kuo⁴²⁴ 物 uo²⁴

[ɤ] 特 t'ɤ³¹ 责 tsɤ³¹ 测 ts'ɤ³¹ 革 kɤ³¹ 喝 hɤ⁵¹

[iɤ] 鱼 kiɤ⁵¹

[uɤ] 婆 puɤ³¹ 墨 muɤ³¹ 宽 fuɤ⁵¹ 掉 tuɤ²⁴ 合 uɤ⁴²⁴ 核 uɤ²⁴

[au] 泡 p'au⁴²⁴ 就 tau²⁴ 抖 lau⁴⁴ 周 tsau⁵¹ 愁 sau³¹ 狗 kau⁴⁴

[iau] 着 tɕiau⁴⁴ 窍 tɕ'iau²⁴ 效 ɕiau²⁴ 脚 kiau⁵¹ 油 iau³¹

[əe] 鸡 kəe⁵¹ 机 kəe⁵¹

[oe] 赔 poe³¹ 倍 p'oe⁴⁴ 妹 moe²⁴ 废 foe⁴²⁴

[iəu] 票 p'iəu⁴²⁴ 庙 miəu²⁴ 走 tiəu⁴⁴ 烧 siəu⁵¹ 桥 kiəu³¹ 尿 n̠iəu²⁴

[iu] 晓 ɕiu⁴⁴ 育 iu³¹

[yi] 朱 tɕyi⁵¹ 算 ɕyi⁴⁴ 锯 kyi⁴²⁴ 去 hyi⁴²⁴ 玉 yi²⁴

[ẽ] 平 pẽ³¹ 命 mẽ²⁴ 盾 tẽ²⁴ 清 t'ẽ⁵¹ 整 tsẽ⁴⁴ 镜 kẽ⁴²⁴

[iẽ] 骗 p'iẽ⁴²⁴ 田 tiẽ³¹ 贱 siẽ²⁴ 诊 tɕiẽ⁴⁴ 奸 kiẽ⁵¹ 盐 iẽ³¹

[uẽ] 半 puẽ⁴²⁴ 晕 fuẽ⁵¹ 断 tuẽ²⁴ 闰 nuẽ³¹ 斤 tsuẽ⁵¹ 裙 kuẽ³¹

[yẽ] 军 tɕyẽ⁵¹ 蠢 tɕ'yẽ⁴⁴ 人 n̠yẽ³¹ 劝 ɕyẽ⁴²⁴ 院 yẽ²⁴ 丸 yẽ³¹

[əẽ] 根 kəẽ⁵¹ 很 həẽ⁴⁴ 痒 əẽ³¹ 恩 əẽ⁵¹

[oẽ] 分 poẽ⁵¹ 粪 poẽ⁴²⁴ 问 moẽ²⁴ 蚊 moẽ³¹

[an] 办 pan⁴²⁴ 反 fan⁴⁴ 胆 lan⁴⁴ 衫 san⁵¹ 岩 ŋan³¹ 限 an²⁴

[ian] pian⁴⁴

[uan] 壬 nuan²⁴ 针 tsuan⁵¹ 婶 suan⁴⁴ 烦 uan³¹ 棺 kuan⁵¹

[in] 冰 pin⁵¹ 宁 n̠in³¹ 侵 ts'in²⁴ 进 tɕin²⁴ 芹 kin³¹ 应 in⁴²⁴

[yn] 熏 ɕyn⁵¹ 永 yn⁴⁴ 泳 yn²⁴

[aŋ] 棒 paŋ⁴⁴ 方 faŋ⁵¹ 藤 taŋ³¹ 凳 laŋ⁴²⁴ 蒸 tsaŋ⁵¹ 肯 haŋ⁴⁴

[iaŋ] 忘 miaŋ⁴²⁴ 奖 tiaŋ⁴⁴ 争 tɕiaŋ⁵¹ 上 ɕiaŋ²⁴ 养 iaŋ³¹ 粳 kiaŋ⁵¹

[uaŋ] 荒 fuaŋ⁵¹ 广 kuaŋ⁴⁴ 矿 k'uaŋ⁴²⁴ 洪 uaŋ³¹ 旺 uaŋ²⁴

[yaŋ] 塘 tyaŋ³¹ 当 lyaŋ⁴²⁴ t'yaŋ⁵¹ 林 lyaŋ²⁴ 闻 tɕyaŋ⁴⁴ 缸 kyaŋ⁵¹ 阴 yaŋ⁵¹

[oŋ] 房 poŋ³¹ 宗 toŋ⁵¹ 穷 tsoŋ³¹ 桶 t'oŋ⁴⁴ 空 hoŋ⁴²⁴ 供 koŋ²⁴

[ioŋ] 凶 ɕioŋ⁵¹ 雄 ɕioŋ³¹ 勇 ioŋ⁴⁴ 用 ioŋ⁴²⁴ 绒 ioŋ³¹

[m̩] 不 m̩³¹

[n̩] 蜈~ie³¹：蜈蚣 n̩³¹

[ŋ̍] 五 ŋ̍⁴⁴

说明：

①梧州话 49 个韵母由 11 个元音和 3 个辅音构成。11 个元音是[i、u、y、a、e、ə、o、ø、æ、ɤ、ẽ]，3 个辅音是[m、n、ŋ]。除[ə]外其他元音都能自成音节。做韵头的是[i、ə、u、o、y]，做韵尾的是[i、u]和[n、ŋ]。[m、n、ŋ]都可以自成音节。

②没有舌尖元音构成的韵母。极个别的读成舌尖元音韵母的字其实是借用的官话音，而不是土话本身的。

③[e]在单元音中是标准元音[e]，在[ie、əe、oe、ue、ye]中的实际音值舌位要低些，更接近[E]。

④[iəu]中的韵尾[u]读得较松，[iu]中的韵尾[u]读得较紧。

⑤[əe、əẽ]在与舌根音声母相拼时，[ə]要比央元音[ə]稍高稍后。而[ueĭ]中的[ə]就是央元音。

⑥[ẽ、iẽ、uẽ、yẽ、əẽ、oẽ]这些韵母里主要元音鼻化色彩很浓，[an、ian、uan]这些韵母的舌尖鼻音韵尾也很明显，这两类韵母区分得十分清楚。

⑦[oŋ、ioŋ]中的[ŋ]尾比较稳固，而[aŋ、iaŋ、uaŋ、yaŋ]中的[ŋ]尾不太稳固，有的发音人会将个别字音的韵尾读成舌尖鼻音[n]，有的还会把韵母[yaŋ]读成鼻化韵母[yã]，但是这些现象不普遍，本书仍记作[ŋ]尾。

（三）声调

梧州话声调有五个，轻声在外。

阴平　51　　多姑初西枝交尖深光|掐帖湿骨
阳平　31　　鹅财梨埋雷苗咸拦闻|夹筏藿则
上声　44　　古主腐洗老是丑网井|捏雪确
阴去　424　　菜兔细醉告跳富扇送|闸达割窄
阳去　24　　大步第柜帽闹寿饭共|腊炸压麦

说明：

①阴平是高降调，阳平是中降调。阴平的起点是梧州话声调调值的最高点，阴平和阳平的终点则是最低点。

②上声是较高的平调。

③阴去是曲折调，该调型的终点比起点稍低，实际调值为 423，在语流中比念单字音时，终点要低，本书记作 424。

④阳去为低升调。

⑤入声字今已全部读如其他调类，其中读阴平的居多，读阳平、阴去、阳去的次之，读上声的最少。

二、同音字表

（1）字表按梧州话音系排列，先以韵母为序，同韵的字以声母为序，声韵相同的字以声调为序。

（2）字下加双线"＝"的表示是文读音，加单线"－"的表示是白读音。一个字有几读而又不属于文白异读的，在字的右下角加注又音，例如：~裳 又 tɕiɤ44。

（3）方框"□"表示暂时写不出字的音节。

（4）注文中的"~"号代替所注的字，例如：下~降。

（5）多义字略加注释或举例词加以区别。

i

p [51]坝   [31]皮疲琵枇鼻肥   [44]比□折断匹   [24]被~子髀

p' [51]飞   [44]鄙庇篦   [424]屁

m [31]迷   [424]谜溺眯   [24]尾未味

t [51]椒   [44]挤子姊   [24]地

t' [424]砌

l [51]□薅   [31]离篱璃梨厘狸立□~莱：择菜   [44]李里理   [24]例厉励利痢

s [51]撕尸司丝思诗欺师狮   [31]匙迟祠时   [44]是氏死屎痔始   [424]世逝四肆示试式   [24]势豉市柿字寺事

tɕ [51]支枝   [31]蜘集极绩   [44]纸只指止趾址   [424]制契治志痣至   [24]既

tɕ' [44]齿   [424]翅

ȵ [31]宜仪   [44]你   [24]谊义议二耳

ɕ [51]私   [31]池瓷糍习   [44]启企   [424]弃肺士   [24]系

k [51]饥基机   [31]骑祁棋旗级脊   [44]己纪几~个季埂   [424]计继寄记   [24]徛

x [44]起喜   [424] 戏器气汽

ø [51]二   [31]移姨日益乙   [44]椅倚以   [424]器意亿音   [24]易难~肄忆

u

p [51]铺~设   [31]蒲菩卜葫捗   [44]补簿斧腐   [424]部布傅   [24]妇步扶父

p' [51]朴   [44]谱普辅   [424]铺店~

m [31]梧   [44]武   [24]墓暮雾

f [51]枯夫   [31]复佛   [44]苦府最   [424]裤库付富副   [24]互

t [51]租   [31]涂途图   [44]举祖冢   [424]做   [24]肚杜度

t' [51]粗   [31]徒屠秃   [44]土讨   [424]吐兔醋

n [44]努   [24]卤

l	[51]都~是	[31]卢炉芦录	[44]赌鲁肚堵处	[24]路
ts	[31]筑			
ts'	[31]畜			
s	[51]苏酥舒	[31]肃宿粟俗续	[24]素潄术	
k	[51]姑孤箍	[44]古估牯股鼓	[424]故雇顾	
k'	[424]库			
ŋ	[24]我			
ø	[51]幅虎	[31]吴胡湖壶瓠浮敷芋	[44]□~开：揭开	[24]户务

y

t	[51]蛆		
l	[31]律	[24]里吕	
tɕ	[51]猪居车据雏珠	[44]组阻举	
tɕ'	[31]厨曲	[44]楚处取拄	
ɲ	[31]鱼渔	[24]女	
ɕ	[51]虚书输帐	[31]徐除戍	[44]杵暑黍署许数动词戍 [24]箸住数名词竖蓄畜
k	[31]菊局	[44]举	[424]据句
k'	[31]曲		
ø	[51]如	[31]于余愚娱虞雨宇羽禹役疫	[44]语 [24]誉遇

a

p	[51]芭疤钯琶杷	[31]爬耙划拔筏罚	[44]把	[424]八泊	[24]霸伯
p'	[424]怕帕魄				
m	[31]麻蟆	[44]马码	[424]□披	[24]□大~：土匪抹袜□个	
f	[51]发法				
t	[24]□~碓：舂米				
t'	[424]塔				
l	[44]打	[424]答搭达拉捺辣	[24]瘌蜡腊		
ts	[51]渣钗	[31]杂铡	[424]诈榨炸闸札	[24]择	
ts'	[51]叉权差	[31]察	[424]插苴	[24]岔	
s	[51]沙纱杉	[31]茶查调~	[424]撒萨杀	[24]炸	
k	[51]家加痂佳	[31]夹柞	[44]假贾	[424]架价驾嫁阶甲搛	
k'	[51]掐卡				
ŋ	[31]牙芽衙	[44]哑	[424]砑	[24]瓦压	

x [51]虾 [424]吓 [24]瞎

ø [51]鸦丫 [31]<u>喉</u> [424]鸭<u>押</u> [24]<u>又夏</u>

ia

p [24]簸~箕薄白百柏

pʻ [424]拍

m [24]莫麦脉

tɕ [424]窄<u>摘</u>

tɕʻ [424]拆<u>泽</u>策册

ȵ [51]黏

k [51]隔 [424]格

kʻ [44]考

ŋ [424]轭 [24]额硬

x [424]客

ø [24]<u>夏</u>下~降

ua

f [51]花 [424]化

l [24]□污

k [51]瓜 [44]寡□一~米：一把米 [424]剐挂卦刮

kʻ [51]夸

ø [51]歪 [31]华画法获划 [424]挖 [24]话滑猾

æ

p [51]排 [31]牌□搽 [44]摆 [424]拜 [24]稗败

pʻ [44]庹 [424]派

m [31]埋 [44]买 [24]卖

t [24]大姐

tʻ [424]太 [24]态

n [44]奶

l [424]戴贷代带赖待 [24]癞□烫□躺

ts [51]斋 [44]宰 [424]债

tsʻ [51]差出~ [44]彩采睬

s [31]豺柴 [424]晒寨 [24]赛<u>泽</u>

k [51]街 [44]解~开 [424]界芥届戒 [24]械
ŋ [51]挨 [31]呆 [44]矮
x [31]咳
ø [31]鞋

iæ

p [24]雹薄

uæ

f [31]怀槐 [424]块快坏
s [44]洒
k [51]归乖 [424]怪
ø [51]歪 [424]恶

yæ

t [424]作
t' [51]朮苍~ [424]错
l [424]拉 [24]落乐
tɕ [51]捉
tɕ' [424]啄戳
ɕ [424]吸 [24]浊凿
k [51]各 [424]角牛~郭
x [424]壳
ø [31]学 [424]恶恨、恶 [24]鹤

e

p [51]悲逼壁 [424]贝闭 [24]币备痹
p' [51]劈
m [31]□~tue[44]：未出嫁的姑娘
t [51]积脊 [24]笛
t' [51]帖踢
n [424]拿 [24]娘
l [51]滴 [31]力 [24]历
ts [51]织 [24]值

ts' [51]尺

s [51]狮识惜昔锡色　　[24]直蛰席蛰竖

k [24]急

x [51]吃

ø [44]也

ie

p [51]鳖壁　　[31]别憋僻

p' [51]撇

m [51]摸　[44]□秕　[24]灭篾

t [51]接节截　[424]借　[24]碟蝶

t' [51]铁切　[424]斜撤

l [51]结　[24]劣

s [24]舌失

tɕ [51]遮摺织职只尺结　[424]蔗　[24]再

tɕ' [51]车□端　[44]赤扯

ȵ [51]爷　[31]耳　[44]捏　[24]聂业热孽月

ɕ [51]赊狮　[31]蛇自膝石　[44]写舍社　[424]泻　[24]谢射麝赦

k [51]揭　[31]茄　[424]蔗

ø [31]蛇　[24]野夜叶

ue

p' [51]批劈

f [51]灰亏　[44]毁　[424]费惠匪

t [31]题提蹄啼崽　[44]弟挤嘴　[424]崽祭醉　[24]第沓

t' [51]梯推催崔拖托　[31]寻　[44]体腿□找　[424]替涕递砌退脆赘翠撤褪

n [51]□揉　[31]泥尼疑□~ti³³: 蚂蚁　[424]小累　[24]内腻

l [51]低堆　[31]犁黎雷　[44]底抵礼垒　[424]帝对碓队兑　[24]类

ts [51]锥追　[424]最

ts' [51]吹

s [51]筛西犀稀衰施　[31]齐脐随葵谁锤槌　[44]在洗罪水　[424]细婿碎岁税薛[24]睡舌

k [51]规龟诀归　[44]诡鬼　[424]鳜桂贵　[24]柜

k' [44]跪

ø [51]煨 [31]危围违 [44]委伟苇 [424]回 [24]汇会卫为位魏

ye

t' [424]□击、捣蒜
l [24]虑
tɕ [31]决
tɕ' [424]□帽檐
k [44]扛
x [51]血
ø [24]贺

ø

p [44] 跛~足 [424]簸~一~剖
p' [51]坡 [424]破
m [51]模~子、~范摸 [31]磨~刀 [24]磨石~
t [31]台苔凫驮~肚、怀孕 [424]左再 [24]舵堆袋
t' [51]搓胎猜 [31]拖 [424]锉菜蔡
n [51]挪个一~人 [44]脑恼 [24]糯耐碍
l [51]多搓 [31]螺脶罗锣箩鸬鹭来 [44]朵颗裹
ts [424]啄
s [51]蓑梭腮 [31]才材财裁□~ti³³: 孩子 [44]锁所 [424]刷 [24]坐座
k [51]歌该棺 [31]他 [44]改矩秆 [424]盖割
ŋ [51]安鞍旱 [31]蛾鹅寒 [424]汉 [24]饿艾汗焊亥
x [51]开 [44]海蟹
ø [51]阿捂 [31]河何 [424]爱渴 [24]害

iø

tɕ [51]具蛛
tɕ' [51]初区啄
ɕ [51]锄梳蔬

o

p [51]波玻菠 [31]袍服 [44]保堡宝抱 [424]报 [24]薄~荷菢伏服□~tɕie³¹: 哽住了

第三章 语音的比较研究

p' [51]扑

m [51]魔摩 [31]毛 [24]木帽密蜜

t [51]糟朝今~ [31]□摔桃淘 [44]讨道早枣蚤 [424]绺系：~鞋带灶 [24]□丢独读毒

t' [51]遭操 [31]驼 [44]草 [424]蜕套糙

n [44]哪 [24]闹

l [51]罗刀涛 [31]劳牢捞[44]岛倒打~老□蘸 [424]到又 lv24 倒~水 [24]涝泪庐导蓝栏鹿六陆绿录

ts [51]拾卒族竹祝粥烛鹩

s [51]骚臊□~sẽ²⁴：干净熄缩叔俗 [31]曹潮粟 [44]造嫂 [424]扫~地 [24]扫~把 熟续赎

k [51]高膏篙杆谷 [31]鸽 [44]鸹稿秆 [424]告 [24]个~人

k' [51]科 [44]可烤 [424]靠磕

ŋ [31]熬摇

x [51]哭福 [44]好 [24]荷薄~

ø [51]屋 [31]毫 [24]号

io

tɕ [44]拣

tɕ' [51]出 [44]确

ȵ [31]弱 [44]□爪子 [424] □褶子 [24]日入肉

ø [51]二约 [31]岳

uo

p [51]钵 [44]北笔

p' [51]泼

f [51]扩 [44]火伙 [424]货

t [24]叠

t' [51]脱七漆

l [24]捋栗

ts [51]撮摘 [31]侄 [24]稠

ts' [51]出赤

s [51]湿虱 [44]雪 [24]绝十实

k [51]国骨 [31]括 [44]果 [424]过

k' [424]课

x　[31]謼

ø　[51]倭□坑　[31]和~气禾　[44]□喊　[24]祸和~面物握

ɤ

p'　[51]□洒

t'　[31]特

l　[31]肋

ts　[31]则责

ts'　[31]测侧

k　[31]革

k'　[51]可　[31]克

x　[51]喝黑

iɤ

tɕ　[44]□鸟　又 tɕiau⁴⁴

k　[51]<u>鱼</u>一~钱

uɤ

p　[31]婆符

m　[31]墨

f　[51]宽

t　[24]掉

ø　[424]合　[24]盒核乐

au

p　[51]褒包胞　[31]刨<u>浮</u>　[44]饱　[424]豹爆卜

p'　[51]泡抛　[31]跑　[424]炮泡

m　[31]茅猫谋矛　[44]卯亩朽　[24]貌某没

t　[31]<u>头</u>　[44]酒　[24]豆就

t'　[51]偷秋丘　[31]<u>求</u>□和　[44]悄　[424]透凑

n　[44]纽扭

l　[51]逗得德　[31]楼漏刘留硫琉立<u>笠</u>头□ma²⁴~：猴子　[44]斗一~抖陡篓□纠正柳　[424]□窠斗　[24]□刺流

ts　[51]周州洲　[31]<u>求</u>球　[44]九久韭舅　[424]罩咒救　[24]皂躁旧

ts' [51]抄钞超抽　[44]炒吵丑　[424]臭

s　[51]潲缲修搜收塞　[31]绸稠愁仇　[44]手首守　[424]嗽锈袖　[24]瘦受寿□蛮子贼

k　[51]交胶勾钩沟鸠　[44]搞狗　[424]教窖觉叫够

k' [51]考敲抠　[31]叩　[424]扣

ŋ　[31]牛　[44]咬藕呕　[424]沤

x　[51]黑刻一~　[44]口　[424]靠　[24]刻时~

ø　[31]侯喉　[44]□紫厚　[424]怄　[24]后候孝□越

iau

tɕ　[44]着~裳 又 tɕiv44 □~ni31：鸟

tɕ' [24]窍

n̻　[44]□皱

ɕ　[31]着　[24]孝效

k　[51]脚

ø　[51]妖邀　[31]谣瑶姚油游　[44]有友酉　[24]又右佑釉药

əe

k　[51]鸡机

oe

p　[51]杯碑披　[31]陪赔培被~害　[424]背辈□给　[24]背~书□棉花臂避

p' [51]削　[31]胚　[44]倍　[424]配佩

m　[31]梅煤媒妹霉楣□剥　[44]米每　[24]外妹美

f　[424]废

iəu

p　[31]瓢　[31]萍　[44]表 [24]暴

p' [51]飘漂　[424]票

m　[31]苗　[44]秒　[24]庙

t　[51]焦　[31]条调~羹　[44]走

t' [424]跳

l　[51]刁雕　[31]撩燎　[44]了□绊　[424]钓吊调　[24]料廖色

s　[51]消宵霄销硝烧嚣箫　[31]朝~代　[44]少多~　[424]笑少~年　[24]噍

tɕ　[51]召招　[424]赵照

tɕ' [51]锹　[424]翘

n̩ [24]尿

ɕ [424]秀锈　[24]嚼

k [51]骄娇　[31]桥　[44]绞狡搅较绕缴饺　[424]叫　[24]轿

k' [44]巧

ø [51]腰优　[31]窑舀邮　[424]要　[24]鹞

iu

l [31]□惹

ɕ [44]晓

ø [31]育

yi

tɕ [51]朱　[44]煮主

ɕ [51]输　[44]鼠薯墟算　[24]柱住

k [51]车~马炮　[424]锯

x [424]去

ø [24]玉

ẽ

p [51]宾兵　[31]贫凭平坪瓶　[44]丙饼柄　[24]病

p' [51]拼　[44]品　[424]算

m [31]明名　[44]敏　[24]命

f [24]奋

t [51]尖精睛　[31]甜亭停庭　[44]井　[424]郑　[24]店盾订定

t' [51]添清听厅青签　[31]晴　[44]请　[424]亲~家

n [31]能　[44]踮　[24]验念

l [51]丁钉叮　[31]廉镰帘磷灵零铃　[44]点件顶岭　[424]□提　[24]另

ts [51]正~月　[31]乘承　[44]整　[424]占正政　[24]赠证

ts' [51]称　[424]秤

s [51]认声星腥　[31]参人~先情戚　[44]醒　[424]性姓胜圣　[24]剩幸静净

k [51]兼羹京惊经　[31]~ky31: 蟾蜍检耿　[44]碱哽境景警颈　[424]禁敬镜　[24]件

k' [44]坎　[24]庆

ŋ [31]银赢　[44]染　[24]嵌

x [51]轻　[31]衡　[424]欠

第三章　语音的比较研究

∅	[51]兴~旺、高~英　[31]形　[44]影

iẽ

p	[51]鞭编边　[31]便　[44]贬扁匾　[424]变　[24]便
p'	[51]篇偏拼　[424]骗片
m	[31]棉绵免　[24]面
t	[51]煎　[31]田填　[44]剪典　[424]剑箭　[24]电殿垫
t'	[51]迁天千　[44]浅
l	[31]连联莲怜　[24]练炼
s	[51]仙鲜掀先　[31]前钱　[44]癣　[424]线扇　[24]贱善
tɕ	[31]症　[44]诊　[424]捡镇　[24]建健
tɕ'	[51]谦　[31]乾
ȵ	[51]研　[31]年
ɕ	[31]贤　[44]陕险显闪　[24]献
k	[51]奸坚[44]简笕　[424]见
x	[51]牵
∅	[51]阉焰烟　[31]炎盐檐严嫌　[44]演　[24]厌

uẽ

p	[31]盆盘□还原　[44]瓣本□给、赐　[424]半　[24]伴拌笨
p'	[51]潘　[24]判叛
m	[44]满　[31]门　[24]漫闷
f	[51]欢昏婚浑荤晕兄烘分　[44]混困　[24]喷
t	[51]钻　[31]团　[44]断　[424]浸尽　[24]断段缎
t'	[51]吞亲~戚村　[424]寸
n	[44]暖□~koŋ[424]：窟窿　[424]圆　[24]嫩壬闰润
l	[51]鸾墩端　[31]淋鳞轮菱　[44]短隐　[424]吨碓挺　[24]乱论
ts	[51]珍砧真巾斤筋鲸精贞侦　[31]勤　[44]紧近　[24]□~裳：缝衣服
ts'	[51]村椿春
s	[51]酸闩拴辛新身申伸孙升　[31]沉岑全泉宣传~达秦陈尘神辰存唇纯醇程成城　[44]选损笋省节~　[424]蒜信　[24]暂旋阵顺
k	[51]柑君干~湿肝官观　[31]拳权裙　[44]管卷滚菌赶　[424]灌擀棍
k'	[51]圈　[44]捆

ŋ　[24]嵌

x　[424]看

∅　[51]豌瘟　[31]含魂云　[44]碗稳　[424]暗　[24]运

yẽ

tɕ　[51]砖专军　[44]准　[424]转　[24]赚

tɕ'　[51]川穿　[44]蠢　[424]串

n̠　[31]人仁　[44]软忍　[24]愿认允

ɕ　[31]椽船句　[424]劝　[24]券

∅　[31]完丸园员铅元原源冤袁寅匀营　[44]远引　[424]印　[24]院县

əẽ

k　[51]跟根　[44]口往　[24]更~加

x　[44]很　[24]恨

∅　[51]恩　[31]姻痒

oẽ

p　[51]分　[44]粉　[424]粪　[24]份

m　[51]文　[31]民蚊闻　[24]问

an

p　[51]班斑扳般搬　[31]蚌矾　[44]板版粉　[424]办　[24]凡犯烦饭份

p'　[51]攀　[31]喷~嚏

m　[31]瞒馒　[24]慢

f　[51]藩翻番　[44]反　[424]贩　[24]范幻

t　[51]檀簪　[31]谈弹　[424]探弹　[24]淡但蛋

t'　[51]贪滩摊餐　[44]毯　[424]炭叹

n　[31]南男难

l　[51]单耽担~任丹　[31]篮兰栏拦[44]胆懒点　[424]担挑~旦　[24]烂

ts　[44]盏　[24]暂站车~栈

ts'　[51]口锅又tɕiaŋ⁵¹参　[31]惭残　[44]产铲

s　[51]裳三溅珊山删　[31]蚕　[424]散伞　[24]溅普

k　[51]甘间中~　[44]感敢减　[424]干~部　[24]监间~断

k'　[44]砍

ŋ　[31]岩寒韩颜咸　[44]眼[24]按硬
x　[51]坑 [31]函 [424]□骂
∅　[31]咸衔闲 [24]陷限苋

ian

p　[44]□赶
m　[424]□缺
f　[51]兄

uan

t'　[24]锻
n　[24]任壬
l　[44]躲
ts　[51]针枕金钦曾 [31] 琴 [424]□沟 [24]传~记
s　[51]心深 [44]婶审沈
k　[51]鳏关 [31]馆 [24]冠惯□扔　又 liəu24
k'　[31]款
∅　[51]弯湾 [31]顽环烦还 [24]万

in

p　[51]冰 [24]并
t'　[44]挺
l　[31]鲤
ts'　[24]侵
s　[31]秦
tɕ　[24]进尽
ȵ　[31]宁
ɕ　[31]刑
k　[31]芹
∅　[51]莺鹦樱 [31]迎 [424]应

yn

ɕ　[51]熏
∅　[44]永 [24]运孕泳

aŋ

p   [51]崩   [44]□㧎棒
m   [31]盲
f   [51]方   [44]哄   [424]访
t   [31]藤   [424]□~鱼：鲫鱼   [24]邓
l   [51]粒灯 [31]郎狼 [44]等   [424]凳   [24]浪
ts   [51]蒸
s   [51]撑   [31]偿层绳 [44]嗓   [424]□玩耍
k   [51] □一~款：一笔款   [44]港
x   [44]肯   [24]项
ø   [31]杭

iaŋ

p   [51]帮膀邦□赶 [31]旁螃   [44]榜绑
m   [31]忙芒   [44]网   [424]忘   [24]望梦
t   [44]将~来奖浆桨   [424]酱将大~
t'   [51]枪   [44]抢
l   [31]良凉量~长短粮梁梁 [44]两冷 [24]亮谅辆量数~
s   [31]墙   [44]想   [424]象像   [24]上
tɕ   [51]张章争睁   [44]蒋锦涨长生~仗掌 [424]帐账胀 [24]蹚下~
tɕ'   [51]疆   [31]祥详 [44]厂   [424]唱撑
ȵ   [24]让仰酿
ɕ   [51]参相箱厢湘商伤乡生甥 [31]场长~短常尝 [44]丈赏享饷省~长 [424]向
         [24]匠相~貌尚行~为、品~
k   [51]刚樟姜更~换粳庚   [31]强   [44]强勉~
x   [51]香   [44]响
ø   [51]秧   [31]养羊洋杨扬降投~   [44]养   [24]样项

uaŋ

f   [51]荒
k   [51]光   [44]广
k'   [424]况矿 [24]旷
ø   [31]黄簧皇蝗王洪红   [44]柱   [24]晃旺

yaŋ

t   [31]潭谭堂唐糖塘   [424]葬
t'   [51]汤仓苍菖窗   [44]坦
l   [51]当~时   [44]党朗□皱   [424]当~铺   [24]林
tɕ   [51]庄装桩
tɕ' [51]疮   [44]闯   [424]撞
ȵ   [31]酿
ɕ   [51]桑丧霜双   [31]藏~起来肠床   [24]状
k   [51]岗钢缸江   [44]讲杆   [424]杠   [24]降霜~
k'   [51]□抬
x   [51]糠汪
ø   [51]音阴缘韵英   [31]寅行一~横   [24]巷

oŋ

p   [51]枫   [31]防房朋彭棚篷逢   [424]放   [24]凤奉俸缝一条~
p'   [51]灰   [44]捧
m   [51]□~~：爷爷   [31]萌蒙[44]猛懵   [24]孟
t   [51]棕宗   [31]同铜筒桐   [44]董懂总   [424]粽   [24]动洞
t'   [51]聪通葱囪   [31]童   [44]桶统氽   [424]痛
n   [51]脓   [31]农浓闹
l   [51]东冬虫   [31]笼聋隆龙   [44]拢   [424]冻   [24]洞弄
ts   [51]虫忠终踪钟盅   [31]穷   [44]种一~肿   [424]中看~众种
ts' [51]充冲   [424]铳
s   [51]松   [31]虫从松~木：松树重~复   [44]重轻~   [424]送宋   [24]仲讼颂诵
k   [51]公工攻功弓宫恭   [44]巩   [24]虹贡共供
k'   [44]孔拱恐   [24]控
x   [51]轰风疯丰封峰蜂锋   [424]空
ø   [51]翁   [31]宏红冯   [424]瓮

ioŋ

l   [51]□蹲
ɕ   [51]胸凶   [31]熊雄
ø   [31]荣戎绒融茸容蓉   [44]拥勇   [424]用

m̩

m   [31]唔不

n̥　　　[31]□~ie³¹：蜈蚣

ŋ̍　　　[44]五伍午

第二节　平地瑶话音系

平地瑶话的代表方言点是江华县河路口镇老车村。

一、声韵调分析

（一）声母

平地瑶话声母包括零声母在内，共有 24 个。

p	pʻ	m	f
t	tʻ	n	l
ts	tsʻ	s	
tʂ	tʂʻ	ʂ	ʐ
tɕ	tɕʻ	ɲ	ɕ
k	kʻ	ŋ	h
∅			

下面按声母顺序分别举例：

[p]　　板 pi¹³　　百 pu⁴⁴　　牌 pa²¹　　飞 pæ⁴⁵　　比 pei¹³　　盆 poŋ²¹

[pʻ]　　剖 pʻu³³　　铺 pʻø⁴⁵　　帕 pʻo³³　　倍 pʻei¹³　　肺 pʻəu³³　　纺 pʻaŋ¹³

[m]　　慢 mi²⁴　　袜 ma²⁴　　毛 mɤ²¹　　饭 mæ³³　　命 miu²⁴　　网 maŋ⁴²

[f]　　回 fi⁴⁵　　粉 fu¹³　　血 fe⁴⁴　　坏 fæ²⁴　　封 faŋ⁴⁵　　发 fa⁴⁴

[t]　　弟 ti³³　　淡 tu⁴²　　大 ta²⁴　　重 tei⁴²　　店 tẽ²⁴　　邓 toŋ²⁴

[tʻ]　　滩 tʻi⁴⁵　　塔 tʻu⁴⁴　　跳 tʻe²⁴　　透 tʻəu³³　　天 tʻẽ⁴⁵　　桶 tʻoŋ¹³

[n]　　南 nu²¹　　奶 na⁴²　　旦 no³³　　闹 nəu²⁴　　二 næ²⁴　　暖 naŋ⁴²

[l]　　猪 li⁴⁵　　多 lɤ⁴⁵　　泪 la²⁴　　李 læ⁴²　　六 liəu²⁴　　同 loŋ²¹

[ts]　　字 tsɿ²⁴　　纸 tsɿ¹³　　争 tsi⁴⁵　　随 tsu²¹　　尖 tsẽ⁴⁵　　肠 tsaŋ²⁴

[tsʻ]　　瓷 tsʻɿ²¹　　车 tsʻu⁴⁴　　切 tsʻe⁴⁴　　草 tsʻɤ¹³　　臭 tsʻəu³³　　产 tsʻaŋ¹³

[s]　　婿 sɿ³³　　伞 si¹³　　水 su¹³　　许 so¹³　　船 sẽ²¹　　粽 soŋ⁴⁵

[tʂ]　　钟 tʂɿ⁴⁵　　肿 tʂɿ²⁴　　种 tʂɿ¹³　　樟 tʂaŋ⁴⁵　　共 tʂaŋ³³　　掌 tʂaŋ⁴⁵

[tʂʻ]	称 tʂʻɻ⁴⁵	秤 tʂʻɻ³³	唱 tʂʻaŋ³³				
[ʂ]	升 ʂɻ⁴⁵	常 ʂaŋ²¹	伤 ʂaŋ⁴⁵	赏 ʂaŋ¹³	上 ʂaŋ⁴²	尚 ʂaŋ²⁴	
[ʐ]	腰 ʐɻ⁴⁵	音 ʐɻ⁴⁵	云 ʐɻ²¹	熨 ʐɻ³³	药 ʐɻ²⁴	叶 ʐɻ⁴⁴	
[tɕ]	嘴 tɕi¹³	烛 tɕi⁴⁴	袖 tɕiu³³	酒 tɕiəu¹³	情 tɕiu²¹	丈 tɕiaŋ⁴²	
[tɕʻ]	徐 tɕʻi²¹	鹊 tɕʻia⁴⁴	秋 tɕʻiəu⁴⁵	听 tɕʻiu³³	抢 tɕʻiaŋ¹³	秦 tɕʻin²¹	
[ȵ]	硬 ȵi²⁴	难 ȵi²¹	弱 ȵio³³	业 ȵie⁴⁴	影 ȵiəu¹³	酿 ȵiaŋ²⁴	
[ɕ]	赎 ɕi²⁴	圩 ɕi⁴⁵	显 ɕio¹³	舌 ɕie¹³	仇 ɕiəu⁴⁵	写 ɕiu¹³	
[k]	鸡 ki⁴⁵	桥 ki²¹	跪 ku⁴²	蟹 ka¹³	救 kiu³³	官 kaŋ⁴⁵	
[kʻ]	气 kʻi³³	扣 kʻu³³	苦 kʻø¹³	货 kʻɣ³³	牵 kʻẽ⁴⁵	腔 kʻiaŋ⁴⁵	
[ŋ]	瓦 ŋu⁴²	矮 ŋa¹³	牙 ŋo²¹	鱼 ŋø²¹	咬 ŋəu⁴²	暗 ŋaŋ⁴²	
[h]	话 hu²⁴	起 hi¹³	开 ha⁴⁵	雨 hø⁴²	腐 hɣ¹³	孝 hiəu³³	
[ø]	椅 i⁴²	鸭 u⁴⁴	滑 ua⁴⁴	夜 io²⁴	县 uẽ²⁴	让 iaŋ²⁴	

说明：

①不送气的塞音声母在古全浊声母字中，尤其是低降调的阳平调音节中，有时略带浊感，但是并不普遍，且无辨义作用，本书仍记为不送气的清声母。

②唇齿擦音[f]有的发音人读来带有浊的气流，无辨义作用，本书记作[f]。

③[tɕ、tɕʻ、ɕ]在单元音韵母[i]前实际读音为舌叶音[tʃ、tʃʻ、ʃ]，但在其他齐齿呼韵母前仍为舌面前音。本书都记作[tɕ、tɕʻ、ɕ]。

④[k、kʻ、h]在韵母[i]的前面实际的音值有些靠前，但本书还是记为[k、kʻ、h]。

⑤喉擦音声母[h]，有的人发音部位前移读成[x]，无辨义作用，本书记作[h]，[x]是[h]的自由变体。

⑥零声母合口呼音节，如[ui]，实际音值常常是唇齿浊擦音[v]起头，本书记作零声母。

（二）韵母

平地瑶话韵母包括自成音节的[m̩][n̩][ŋ̍]在内，共有36个。

ɿ		
ʅ	i	u
a	ia	ua
o	io	
e	ie	ue
ø		
ɣ	iɣ	uɣ
æ		

ei   iu   ui
əu   iəu
ẽ   iẽ   uẽ
an
            in
aŋ   iaŋ   uaŋ
oŋ   ioŋ
əŋ
m̩   n̩   ŋ̍

下面按韵母顺序分别举例：

[ɿ] 斩 tsɿ⁴⁵ 秤 ts'ɿ³³ 升 sɿ⁴⁵ 匀 zɿ²¹ 食 zɿ²⁴ 一 zɿ⁴⁴ 种 tsɿ¹³

[ʅ] 真 tsʅ⁴⁵ 祠 ts'ʅ²¹ 指 tsʅ¹³ 溅 tsʅ⁴² 岁 sʅ³³ 胜 sʅ³³ 雪 sʅ⁴⁴

[i] 办 pi²⁴ 他 li¹³ 牲 si⁴⁵ 棋 ki²¹ 戏 hi³³ 柱 tsi⁴² 叶 i⁴⁴

[u] 北 pu⁴⁴ 退 t'u³³ 蜡 lu²⁴ 村 ts'u⁴⁵ 鼠 su¹³ 成 su²¹ 下 hu⁴²

[a] 摆 pa¹³ 买 ma⁴² 台 la²¹ 闸 tso⁴⁴ 街 ka⁴⁵ 害 ha²⁴ 菜 ts'a³³

[ia] 破 pia³³ 坡 p'ia²⁴ 鹊 tɕ'ia⁴⁴ 辖 ɕia²¹ 假 kia⁴²

[ua] 乖 kua⁴⁵ 拐 kua¹³ 块 k'ua³³ 卦 kua²⁴ 缺 k'ua⁴⁴ 挖 ua⁴⁴

[o] 舵 to²⁴ 脱 t'o⁴⁴ 茶 tso²¹ 赊 so⁴⁵ 诊 tso¹³ 嫂 so⁴² 嫁 ko³³

[io] 壁 pio⁴⁴ 邻 lio²¹ 祭 tɕio¹³ 引 ȵio⁴² 夜 io²⁴ 若 ȵio³³ 岳 io²¹

[e] 报 pe²¹ 热 ne²⁴ 雕 le⁴⁵ 栋 tse¹³ 尽 tse⁴² 截 ts'e⁴⁴ 信 se³³

[ie] 别 pie³³ 撤 tɕie³³ 聂 ȵie³³ 舌 ɕie¹³ 业 ȵie⁴⁴ 粤 ie³³

[ue] 葵 kue²⁴ 愧 k'ue³³ 月 ŋue⁴⁴ 为 ue²¹ 委 ue¹³ 伟 ue⁴²

[ø] 补 pø¹³ 吐 t'ø³³ 锄 tsø²¹ 邵 sø²⁴ 姑 kø⁴⁵ 五 ŋø⁴² 却 hø⁴⁴

[ɤ] 堡 pɤ¹³ 道 tɤ⁴² 摇 nɤ²¹ 扫 sɤ³³ 高 kɤ⁴⁵ 服 hɤ⁴⁴ 落 lɤ²⁴

[iɤ] □蹊了脚 tɕiɤ³³

[uɤ] 快 k'uɤ²⁴

[æ] 拜 pæ²⁴ 礼 læ⁴² 姐 tsæ¹³ 七 ts'æ⁴⁴ 鞋 hæ²¹ 衣 æ⁴⁵ 跨 kæ³³

[ei] 鼻 pei²⁴ 每 mei⁴² 题 t'ei²¹ 顶 lei¹³ 心 sei⁴⁵ 笑 sei³³ 劈 p'ei⁴⁴

[iu] 病 piu²⁴ 名 miu²¹ 钉 liu⁴⁵ 请 tɕ'iu¹³ 锡 ɕiu⁴⁴ 静 tɕiu⁴² 幼 iu³³

[ui] 关 kui⁴⁵ 横 ui²¹ 惯 kui³³ 万 ui²⁴

[əu] 被 pəu³³ 亩 məu⁴² 豆 təu²⁴ 斗 ləu¹³ 抄 ts'əu⁴⁵ 色 səu⁴⁴ 牛 ŋəu²¹

[iəu] 包 piəu⁴⁵ 苗 miəu²¹ 力 liəu²⁴ 酒 tɕiəu¹³ 壳 ɕiəu⁴⁴ 教 kiəu³³ 友 iəu⁴²

[ẽ] 边 pẽ⁴⁵ 面 mẽ²⁴ 能 nẽ²¹ 点 lẽ¹³ 贱 tsẽ²⁴ 省 sẽ⁴² 见 kẽ³³

[iẽ] 旋 liẽ³³ 钳 tsiẽ²¹ 谦 tɕ'iẽ³³ 贤 ɕiẽ²¹ 献 ɕiẽ²⁴ 演 iẽ⁴² 原 iẽ²¹

[uẽ]	准 tsuẽ⁴⁵	纯 suẽ²¹	劝 k'uẽ³³	远 uẽ⁴²	爱 uẽ²⁴	转 kuẽ²⁴
[an]	矾 fan³³	谈 t'an¹³	毯 t'an⁴²	赞 tsan²⁴	惭 ts'an³³	
[in]	民 min²¹	丁 tin³³	令 lin²⁴	经 kin⁴⁵	隐 in⁴²	任 in²⁴
[aŋ]	房 paŋ²¹	满 maŋ⁴²	段 taŋ²⁴	短 laŋ¹³	仓 ts'aŋ⁴⁵	共 tsaŋ³³	广 kaŋ¹³
[iaŋ]	龙 liaŋ²¹	拌 piaŋ⁴²	奖 tɕiaŋ⁴⁵	腻 niaŋ²⁴	相 ɕiaŋ³³	讲 kiaŋ¹³	容 iaŋ²¹
[uaŋ]	专 tsuaŋ³³	创 ts'uaŋ²⁴	王 uaŋ²¹	馆 kuaŋ¹³	款 kuaŋ⁴²
[oŋ]	方 poŋ⁴⁵	捧 p'oŋ¹³	动 toŋ⁴²	同 loŋ²¹	蚕 tsoŋ²¹	送 soŋ³³	缝 hoŋ²⁴
[ioŋ]	订 tioŋ²⁴	荣 ioŋ²¹	营 ioŋ²¹	我 ioŋ⁴²	雍 ioŋ³³
[əŋ]	盾 təŋ²⁴	论 ləŋ²⁴	仑 ləŋ²¹	尊 tsəŋ³³	很 həŋ⁴²	恨 həŋ²⁴
[m̩]	鹰 m̩⁴⁵	煤 m̩²¹	马 m̩⁴²	闻 m̩³³	梦 m̩²⁴
[n̩]	个 n̩⁴⁵	寅 n̩²¹	你 n̩⁴²	用 n̩²⁴
[ŋ̍]	银 ŋ̍²¹	忍 ŋ̍⁴²	义 ŋ̍²⁴

说明:

①平地瑶话36个韵母由12个元音和3个辅音构成。12个元音是[ɿ、ɿ、i、u、a、o、e、ø、ə、ɣ、æ、ẽ]。3个辅音是[m、n、ŋ]。除[ə]外其他元音都能自成音节。作韵头的是[i、u],作韵尾的是[i、u]和[n、ŋ]。[m、n、ŋ]都可以自成音节。

②[a、ua]中的[a]舌位靠后,特别是单韵母,实际音值是[ɑ]。

③[e]在[ie、ue]中实际音值更接近[ɛ]。

④[əu、iəu]中的韵尾[u],圆唇度较普通话略减,近似[ɯ],本书记作[u]。

⑤[ẽ、iẽ、uẽ]这三个韵母中的主要元音呈鼻化趋势,但有的发音人也会读成收[n]尾,鼻化色彩不明显,本书记作鼻化元音。

⑥[an、in、aŋ、iaŋ、uaŋ、oŋ、ioŋ、əŋ]中的[n]尾和[ŋ]尾都很稳固。

(三)声调

平地瑶话声调有七个,轻声在外。

阴平	45	资班吹胎遮初多秋边帮秧功
阳平	21	糍烦雷爬蛇徒箩皮流甜乾含
阴上	13	纸鼠水改祖杆底井茧短抢党
阳上	42	是懒冷跪社五老舅染蛋象奉
阴去	33	秤照炭贵盖帕跳布扣劝蒜酱
阳去	24	玉十住贼饭轿路糯就赚匠邓
入声	44	湿急骨插脱血帖黑锡服屋八

说明:

①阴平是高升调,阳平是低降调,升降的幅度都很小。阴平是平地瑶话中调值最高

的声调。

②阴上是低升调，阳上属高降调。

③去声也一分为二，阴去为中平调，阳去属低升调，但起点和终点都比阴上要高，记作[24]。

④入声自成调类，是较高的平调，调值与阴去比较接近，但还是有高低的差别，故一个记作[44]，一个记作[33]，以示区别。

二、同音字表

（1）字表按平地瑶话音系排列，先以韵母为序，同韵的字以声母为序，声韵相同的字以声调为序。

（2）字下加双线"="的表示是文读音，加单线"－"的表示是白读音。一个字有几读而又不属于文白异读的，在字的右下角加注又音，例如：栏又 li^{21}。

（3）方框"口"表示暂时写不出字的音节。

（4）注文中的"~"号代替所注的字，例如：角~钱。

（5）多义字略加注释或举例词加以区别。

ɿ

tʂ [45]斩蒸钟 [13]种~子 [33] 种~木 [24] 肿

tʂ' [45]称 [33]秤

ʂ [45]升

ʑ [45] 腰音阴烟缘姻 [21]匀云 [33] 焰熨 [24]易容~闰润药食蚀亿玉 [44]叶一

ɿ

ts [45]赘资姿招针煎珍真曾贞侦正~当终征口脓忠 [21]祁朝~代神松~iəu^{21}m̩^{42}：松树 [13]子制紫纸只~有姊梓旨指梓巳止口厚桦 [42]溅 [33]圳渠、沟溪照 [24]智技至字寺痔置治志忌潮绝 [44]摺侄质卒值职植

ts' [45]椿春 [21]瓷糍慈词祠嗣口撩 [13]口恨、凶、可恶此耻齿 [33]砌秩 [24]柿口瓣

s [45]身撕私师狮尸司丝思诗烧深钱身升 [21]匙时神唇 [13]史使市少多~笋 [42]是士柿 [33]婿世岁税皱少~年适 [24]氏示饲事十适顺胜剩式 [44]湿吸薛泄雪实

i

p [45]斑班般鞭 [13]板 [33]把~刀、痹毕必口~开：睁开 [24]毙办

p' [42]鄙 [33]庇

m [24]慢漫

第三章 语音的比较研究

f [45]红翻藩回 [21]烦 [42]犯反 [33]患

t [45]□~有：还有 [13]子 [33]弟的敌

t' [45]滩摊 [33]炭

l [45]猪取朱拉单兰弯 [21]拦 [13]他打 又pəu¹³ [42]懒 [33]□扯 [24]聚蓝干绿历经~ [44]择律率

ts [45]桩争 [13]挂主 [42] 苎柱 [24]住妓 [44]烛

ts' [45]铛炒菜锅

s [45]书参人~山笙生闩拴庄甥牲 [13]所鼠暑散分~、鞋带~了伞省~长 [42]薯 [24]赎 [33]竖戍芋 [44]粟

tɕ [45]差□~样：相似 [13]煮嘴仅盏蛊 [42]溅 [33]驻戒□坎占籍绩 [24]□砑平箸既系 [44]烛

tɕ' [21]徐 [13]铲 [33]处□划 契撑

ȵ [21]疑岩难~易 [42]女眼 [33]难困~ [24]毅硬

ɕ [45]须~li³³：胡~虚熙疥圩嚣丘禽 [21]闲□沿 [13]启 [42]什 [33]希稀习袭析 [24]陷苋 [44]戌粟□~so⁴⁴：休息

k [45] 鸡基机饥娇柑金今禁~山间奸斤筋军君更五~橙 [21]茄骑棋旗荞勤裙菊局 [13] 矩纪几紧 [42]倚季□~kiu²⁴：玩耍、逛近菌埂 [33]锯句计寄继记芹惊 [24]轿 [44]结急级决吉橘脚角一~钱极脊激

k' [45]欺 [33]区气汽 [24]器

h [45]墟输熏 [21]行走行~为 [13]起所喜 [42]喜 [33]戏□喊、叫

ø [45]□在医依饮妖 [21]如瑶宜移姨遗窑员 [42]也椅已 [33]□做虞以腌印日益应 [24]遇疫义意异任运 [44]叶乙易交~

u

p [45]疤披枫 [21]婆 [13]把一~ [33]辈背杷□~li⁴⁵：棉花 [24] 缚薄白 [44]钵北百伯柏

p' [42]谱 [33]脯剖 [24]配

m [42]牡 [44] □拍

f [45]分昏婚荤 [21]魂肥 [13]粉 [42]府腑 [33]芙睡复 [24]会开~负 [44]窟

t [42]淡 [33]督 [24] □抹春

t' [33]图退蜕 [44]塔

n [21]南男软 [24]嫩 [44] □给

l [45]摞墩 [21]雷栏又li²¹ 录轮 [13]胆□哨 [42]卤冷 [33]庐担碓对一~□餐拢吨用 [24]腊蜡 [44]答搭捏

ts [45]渣追槌□揸住、手覆钻正~月 [21]随锤□~kau¹³：棒层 [13]崽盏蜀整 [42]组罪[33]诸朱醉族 [24]座一~山注枕动词贼 [44]□压祝泽炙□肉

ts' [45]村催吹车□~衣：用机器做衣服 [21]储 [33]寸□~m̩²¹kØ⁴²：缝隙 [44]拆尺

s [45]□~pe³³：翅膀三杉出孙声赤 [21]除俗续伤 [13]水 [42]署首 [33]苏素诉塑舒续殊□红宿 [24]射释石□~hæ²¹下：腋下 [44]出术

k [45]家加瓜葵归肩 [13]假真~诡鬼 [42]跪 [33]价桂~林估贵棍拐~li³³：拐杖 [24]顾柜搅 [44] 鸽甲夹骨国割格隔

k' [45]亏 [33]酷扣

ŋ [42]瓦 [24]外额

h [45]虾花宽 [21]合 [42]下底下、下降 [33]胡 [24]化画话划 [44]阔客

ø [45]丫灰温 [21]围文 [13]哑稳 [42]舞鹉 [33]吴□~təu²¹kæ⁴⁵：饭锅诬困[24]悟户务任~位味外戊□赶越 [44]鸭押轭

a

p [45]跛拜□~e⁴⁴：疲倦 [21]爬排牌筏 [13]摆 [33]拜 [24]霸稗 [44]八

p' [21]拨 [13]派

m [21]埋 [42]买 [24]□ma²¹~：祖母卖袜

f [45] □~si²¹kæ³³：芋头 [24]罚 [44]法发

t [24]大

t' [45]胎弹~琴 [33]太 [44]踏

n [42]奶 [33]奈累 [24]耐

l [21]台抬来坛 [33]戴待代带 [24]那赖癞泪辣□~n³³：兄弟 [44]□~头发：剪头发

ts [45]灾斋□~ny¹³：叩头 [21]才材财裁豺杂 [33]载债 [24]炸再 [44]闸擦萨铡啄

ts' [45]搽猜钗差 [21]腮鳃 [13]彩□歪 [33]菜蔡 [24] 兆 [44]插

s [45]□~ti³³：孩子筛 [33]赛晒 [44]杀

k [45]该阶街揩光~秃秃 [13]改解~开蟹 [33]盖介界届 [24]械 [44]夹

k' [21]揩 [33]概

ŋ [45]挨 [21]呆 [13]矮

h [45]河开 [21]鞋 [13]海 [42]亥 [24]害会~不~ [44]掐瞎盒烟~

ø [44]狭

ia

p [33]破

p' [24]坡

l   [13]咳~ɕio⁴⁵：咳嗽

tɕ   [44]□涩

tɕ' [44]鹊

ȵ   [45]粘

ɕ   [21]辖

k   [42]假放~

ua

k   [45]乖   [13]拐~子□~li³³：青蛙   [33]怪挂   [24]卦   [44]刮括

k'   [33]块快   [24]会~计   [44]豁缺

ø   [13]柱   [24]华   [44]滑猾挖

o

p   [13]瓢   [33]菠玻   [24]薄~荷骂□~tɕie¹³：噎住了、卡住了   [44]泊迫

p'   [33]帕

m   [21]模~范穆   [13]□~~：姊姊   [33]魔目

t   [24]舵

t'   [33]驼褪   [44]脱

n   [33] 旦~久村   [44]得

l   [21]络乐快~笼   [33]罗   [24]搂落   [44]捋

ts   [45]渣遮   [21]茶查   [13]诊只一~   [33]蔗榨作正   [24]□揭   [44]摘

ts' [45]叉粗   [42]□骂   [44]策

s   [45]襄沙纱赊生   [21]蛇   [13]洒舍许   [42]社嗓   [33]唆

k   [45]姑   [33]架嫁郭确卦   [44] □一~米：一撮米握革

k'   [33]扩霍确   [24]课

ŋ   [21]牙芽衙

h   [45]稀   [21]获   [42]夏冠   [33]荷薄藿   [24]浩   [44]喝

ø   [45]□~li³³：山坳

io

p   [44]璧

l   [21]怜□~læ²⁴：清洁   [42]领

tɕ   [13]祭

tɕ' [13]迁

ȵ　[42]引　[33]弱虐
ɕ　[13]显
ø　[21]岳乐~队　[42]惹野　[33]若　[24]夜

e

p　[45]扁~了　[21]报　[13]□捧　[42]□~ly²¹ku⁴⁵：膝盖　[33]□用物堵　[44]鳖逼
p'　[44]撇
m　[44]□闭
f　[44]血
t'　[33]跳　[44]铁
n　[24]热　[44]孽
l　[45]雕□~早：早晨　[21]林□~田：耕地
ts　[45]椒　[13]拣　[42]尽　[44]接节鲫
ts'　[45]亲　[44]铡切截
s　[45]辛新　[33]信宿　[44]肃

ie

p　[33]别
tɕ　[24] 押伸
tɕ'　[13] 铲　[33]撤
ȵ　[33]聂　[44]业
ɕ　[13]舌　[33]薛
ø　[21]域　[33]粤也

ue

k　[45]闺　[42]轨　[33]桂~皮　[24]癸□稠
k'　[21] 葵　[33] □怕愧
ŋ　[44]月
ø　[21]为唯维　[13]委　[42]伟　[33]危威违　[24]月伪魏谓慰

ø

p　[21]蒲瓢　[13]补　[42]哺　[33]布□烫　[24]辅□~kəu¹³：口袋
p'　[45]铺~设　[33]铺店~
m　[24]木冒
t　[24]渡独读毒

第三章 语音的比较研究

t'	[13]土　[33]吐兔
n	[42]弩　[33]□褶子、皱纹
l	[45]屡　[21]徒□床　[13]赌□~kɤ⁴⁴：东西　[42]得　[33]炉鹭滚轮　[24]肚路露貌礼~鹿
ts	[45]租　[21]锄　[13]祖冢昨
ts'	[45]粗初　[33]醋曹□发抖　[13]楚
s	[45]梳疏　[21]韶　[13]数绍　[33]数　[24]邵
k	[45]姑箍　[13]古牯股鼓棒　[33]告固管　[44]谷
k'	[13]□搽苦　[33]库
ŋ	[21]鱼渔　[42]五伍午
h	[45]枯　[21]胡湖壶瓠猴□~pa⁴⁵lei¹³：燕子　[13]虎　[42]雨　[33]裤去~皮、来~号　[44]却哭
ø	[45]乌□喂　[44]恶屋

Y

p	[45]泡~li³³m⁴²：气泡　[21]浮　[13]斧保堡宝　[42]部簿账~抱　[33]簸~一~□~ki³³：里面报爆　[24]步
m	[21]磨~刀毛描　[42]□碎　[33]未□~tɕi³³：估计　[24]磨石~莫　[44]没默
t	[21]德　[42]□~ho⁴²：还有道~县　[33]做~田：耕地　[24]掉
t'	[45]拖　[21]滔　[13]讨　[33]套趟特
n	[21]锣□摇　[13]脑　[42]恼　[33]逆　[24]糯　[44]□浊
l	[45]多刀　[21]箩螺膈□怀桃淘劳牢涛　[13]倒导□砍　[42]老篓　[33]剁裹累liu²¹~：连累到道　[24]涝落　[44]□扎
ts	[45]糟朝　[21]槽侧　[13]锉早枣澡蚤爪凿　[42]左坐座~位~烂、破　[33]赵兆□拈责
ts'	[45]搓~衣：手工做衣服　[13]草　[33]错操造糙策册测　[44]错
s	[45]骚臊　[13]锁琐所□系：系鞋带嫂　[42]□~婆：媳妇　[33]酥扫　[24]脆　[44]索
k	[45]歌哥高膏糕篙　[21]跟革　[13]杆稿　[33]过告□~脑：抬头　[44]各
k'	[13]可楷考烤　[33]货靠犒□一~te³³：一阵子克　[44]鸽□~ ts'ɤ¹³：物件、东西刻鹤
ŋ	[21]鹅熬　[24]饿
h	[45]薅　[21]河~路口何符扶豪　[13]火伙腐傅好下打一~　[42]祸　[33]何付副痱复夏　[没~：忘记　[24]贺和号　[44]合□拔佛吓福幅伏服
ø	[21]禾和　[42]武　[24]务~江雾

iɤ

tɕ	[33]□踒了脚
tɕ'	[45]□~里：堂屋

uɤ

k	[24]□丢、扔
k'	[24]快

æ

p	[45]飞　[21]皮脾肥匹旁　[42]坝被　[33]被~子　[24]吠　[44]沸笔
m	[21]□昌　[13]□~断：折断　[42]□~ti³³：弟弟尾　[24]密蜜饭　[44]末
f	[24]坏
t	[13]蛰　[42]雉　[24]地
n	[21]疑　[24]二□好~：好久入　[44]旦
l	[45]吕□~t'ẽ⁴⁵：知道、熟悉　[21]离梨迟厘　[42]礼李里理鲤迟　[33]□~li³³kø⁴²：果子个挤□縿　[24]利厉痢立历~本：历书　[44]笠粒列烈裂栗
ts	[21]脐　[13]姐　[24]浸□痛　[44]眨
ts'	[33]刺　[44]七漆
s	[45]施　[13]死　[33]四肆
k	[45]哽　[13]屎　[33]跨髻老~：妈妈　[44]□耳~：耳朵
ŋ	[42]蚁
h	[45]□~no²¹：谁　[21]鞋凡　[42]□鸟嗓子　[24]□~kɤ³³：现在
ø	[45]衣

ei

p	[45]碑　[21]培陪赔□还原　[13]比表婊　[24]贝币背备鼻
p'	[45]批飘　[21]裴　[13]倍　[33]屁　[44]劈
m	[21]迷霉　[42]米每微　[33]秕子　[24]妹□~tsæ²¹：外面灭
f	[13]悔毁　[33]非辉徽　[24]废惠慧费汇
t	[42]重　[24]第弟对~错队□寻找
t'	[45]梯　[21]题　[33]替剃　[44]帖
n	[21]泥尼
l	[45]低刁　[21]犁条□虫　[13]底□~tsʅ⁴⁵：锥子抵鸟顶值 又 tsəu¹³　[33]钓吊调　[24]帝类料　[44]踢着~衣

ts	[21]柴齐 [42]捡 [24]最嚼
s	[45]消宵硝噍醮萧心 [21]西 [13]洗小 [33] 细□~so^{42}:静悄悄笑 [24]刷

iu

p	[45]兵[21]平评坪瓶凭 [13]丙饼 [24]病 [44]壁
p'	[45] 箅
m	[21]明名铭 [24]命
l	[45]钉 [21] □~læ^{24}:干净林□~ly^{33}:累亭灵零铃 [13] □一~衣:一件衣 [42] □叮冲 [33]□哪~mẽ^{21}kə^{24}:乞丐 [24]另
tɕ	[45]精睛 [21]情戚 [13]□古~:谜语井整 [42]静 [33]邪借袖储~liu^{33}:储蓄 [24]谢阵净席□~li^{33}:笛子
tɕ'	[45] 清轻青 [13]请 [33]斜听 [44]踢
ȵ	[21]宁 [24] □~m^{42}:妻子
ɕ	[45]星腥 [13]写醒 [33] 泻性姓 [44]惜锡
k	[45]京
∅	[21]约育 [42]永 [33]幼 [24]影

ui

k	[45]关 [33]惯
∅	[45]弯湾 [21]横顽环 [13]□~su^{13}:舀水 [42] □~屋:偏厦 [24]万

əu

p	[21]□煨□一~:一堆 [13]□打 又piəu^{44} [33]被 [24]掊□躲
p'	[45]趴 [33]肺复 [44]扑
m	[21]谋 [42]某亩
t	[21] 头 [42]巢又ləu^{42} [24]豆
t'	[45]偷 [33]透 [24]叹
n	[45]□浑浊 [13]拿□~li^{33}:坛子 [24]闹
l	[45]□蔫 [21]楼投头只□~m^{42}:藤子畜 [13]□挑、提、端焦斗一~ [42]蔸 [33]斗~争逗弹~子 [24]漏
ts	[45]州□蹲周 [21]愁 [13]□等待走守值 [42]攒 [33]痣咒 [24]奏就 [44]捉
ts'	[45]抄抽□托 [21]酬 [13]炒吵丑 [33]□~li^{33}:帽子凑绸臭□沓
s	[45]搜馊收 [13]手首 [42]试受 [33]潲揉怂 [24]兽寿授熟 [44] 色识缩叔
tʂ	[44]织

k	[45]勾沟钩鸠阄□~li³³：篮子　[13]狗　[33]够　[24]寇构
k'	[45]敲
ŋ	[21]藕牛　[42]咬
h	[13]口　[42]后有　[33]富　[24]候右　[44]黑
ø	[45]□浓、味厚□~li³³：杯子　[33]欧怄

iəu

p	[45]包胞标嫖□~水：喷水　[13]饱表　[42]暴豹绑　[24]雹　[44]剥竹
p'	[45]抛飘　[33]泡~面炮漂~白粉票
m	[45]秒　[21]茅猫苗　[42]卯
l	[45]溜　[21]刘流留榴硫　[13]□杀　[42]柳领岭　[33]颵　[24]力□沉淀六陆
s	[33]俗
tɕ	[45]郊胶　[13]剿酒　[33]纠饺　[24]究直　[44]集鱼
tɕ'	[45]秋　[44]筑
nʑ	[13]女影　[42]□~kæ³³：耳朵　[24]猎
ɕ	[45]修羞仇　[13]朽　[42]秀　[33]稍　[24]学绣锈宿　[44]法壳熄
k	[45]交缴　[21]求球　[13]绞搅九久韭颈　[42]□簸箕舅臼　[33]教窖救　[44]角牛~
k'	[13]巧
h	[33]孝
ø	[21]由油游犹萤　[42]酉友　[33]幼优忧邮尤幽浴　[24]柚又佑釉

ẽ

p	[45]边冰　[13]扁~担匾　[42]辫　[33]变　[24]办辩辨便~宜便方~
p'	[45]编篇偏　[13]品　[33]骗遍片　[24]聘
m	[21]眠　[42]免勉敏　[24]面~条篾
t	[33]登　[24]店电殿奠垫盾
t'	[45]添天
n	[21]年炎能　[13]捻　[42]染　[24]验念
l	[45]颠癫　[21]甜廉淋临连田填莲镰邻磷菱　[13]点典　[24]殓拎练炼□滴
ts	[45]尖煎砖粳　[21]钱前传~达陈承程　[42]剪~刀拯　[33]箭曾增僧等　[24]贱镇振震证症郑政
ts'	[45]侵千穿　[21]诚　[13]浅　[42]串逞　[33]曾~经称~呼　[24]□~li³³：钗趁衬
s	[45]仙鲜签先心生　[21]船辰臣乘　[13]沈审癣选肾　[42]省节~　[33]线扇申善　[24]胜圣盛

k	[45]羹 [21]捐 [13]俭简茧笕 [42]耿 [33]剑件见庚敬 [24]更~加
k'	[45]牵 [33] □丑歉欠
h	[21]衡
ø	[45]阉 [13]魇

iẽ

l	[33]旋转
ts	[21]钳
tɕ	[33]兼
tɕ'	[21]乾 [33]谦
ɕ	[21]嫌贤 [13]险 [24]羡献现
ø	[45]掩 [21]盐阎檐严然沿原援 [42]演 [33]厌延研怨袁 [24]谚愿院

uẽ

ts	[45]准
s	[21]纯 [24]训
k	[21]拳 [13]卷 [24]转券
k'	[45]圈 [21]权 [33]劝昆坤
ø	[45]冤 [21]完丸园亡 [42]远 [24]爰县

an

p'	[33]潘
f	[33]矾 [24]范
t	[33]丹 [24]旦元~但
t'	[13]谈 [42]毯 [33]檀
ts	[33]专 [24]暂赞
ts'	[33]参断
k	[24]监
h	[13]韩

in

p	[45]丙 [33]彬宾 [24]并
m	[21]民
t	[33]丁
t'	[21]停廷 [42]挺
l	[33]陵 [24]令

tɕ	[45]锦　[42]景警　[33]荆
tɕ'	[21]秦勤　[42]囗低　[33]卿　[24]庆
ɕ	[45]兴　[21]行品~甸形型刑　[33]欣　[24]杏幸
k	[45] 混₂经　[33]坚　[24]敬
k'	[21]琴
ø	[21]人仁寅　[42]隐永　[33]因殷樱莺鹦英　[24]任应

aŋ

p	[45]帮　[21]盘房搬防逢　[13]版榜　[42]伴　[33]扳半放
p'	[13]纺　[24]判
m	[45]馒　[21]蛮瞒忙芒蟒　[42]满网　[24]漫　[44]摸满~：叔叔
f	[45]荒慌方封　[21]簧妨　[42]谎　[24]凤　[44]盒一大~
t	[42]断　[33]蜕断　[24]弹子~段缎锻
t'	[45]贪汤通　[21]潭　[42]躺　[24]探荡
n	[42]暖
l	[45]端当应~　[21]蓝栏团鸾堂糖塘唐郎廊狼场谷~　[13]耽短挡　[42]囗漱蛋卵[33]当~作栋　[24]滥乱浪
ts	[45]中张庄装桩　[21]枕名词场一~戏城重~复　[13]长~大总　[33]壮战葬仗账[24]赚站车~占藏肠撞
ts'	[45]仓疮昌窗　[13]产闯厂　[42]惨　[33]铳　[24]畅倡
s	[45]双酸桑霜　[13]偿杀人~命　[33]算蒜　[44]撒
tʂ	[45] 章樟掌　[33]共
tʂ'	[33]唱
ʂ	[45]商伤　[21] 常尝裳　[13]赏　[42]上　[24]尚
k	[45]甘肝官棺观冠花~钢光很：很亮　[21] 杆一~笔：一支笔　[13]感敢减广港　[42]岗　[33]灌　[24]干~部虹
k'	[13]孔　[33]康
ŋ	[21]颜　[42]暗　[24]按案
h	[45]欢糠松~紧　[21]含凡衔行黄皇　[42]旱限项　[33]烘　[24]汗汉汗焊换
ø	[45]安鞍　[13]碗

iaŋ

p	[42]拌
l	[45] 张　[21]良凉量梁长~短龙　[13]辆两斤~　[42]两~个　[33]量帐胀　[24]亮谅
tɕ	[45]刚将~来浆奖将　[21]墙祥详　[13]蒋桨　[42]象像丈　[33]酱　[24]匠降下~

tɕʻ	[45]枪匡 将大~ [13]抢 [33]疆
ȵ	[21]瓤娘 [24]腻酿
ɕ	[45]相箱湘香乡 [21]降投~熊雄 [13]想享响 [33]相向 [24]饷□~li³³：院子
k	[45] 姜江恭 [13]讲 [24]供
kʻ	[45]腔 [21]强坚~ [24]强勉~
ø	[45]央秧 [21]羊洋烊杨 融容 [42]养痒 [24]让样

uaŋ

ts	[33] 专 [24]传~记状
tsʻ	[24]创
k	[21]滚~lv²¹：圆的 [13]馆 [42]款 [24]贯罐
kʻ	[24]旷况
ø	[21]王亡 [42]往 [33]枉 [24]旺

oŋ

p	[45]方崩分风 [21]盆朋棚彭逢 [13]本 [42]混₁奉 [24]份
pʻ	[45]蜂 [13]捧
m	[42]猛懵 [24]闷晕孟
t	[21]□~li³³kø¹³：洼 [42]董懂动 [33] □砍 [24]邓
tʻ	[13]桶 [42]筒 [24]统
n	[21]农
l	[45]东灯冬 [21]江~华同铜桐筒聋隆绒 [13] □~ɕi⁴⁵kie³³：为什么胆党 [42]拢 [33]巷凳冻 [24]弄
ts	[45]正~常棕 [21]蚕 [42]罩 [33]中 [24]众
tsʻ	[45]聪葱 [21]崇从 [33]充冲
s	[45]棕 [21]城程 [42]傻 [33]送 [24]宋诵颂讼
k	[45]㖊~li³³：㖊公~~：爷爷竿吞根工功 [13]拱 [42]巩 [33]宫躬 [24]贡共
kʻ	[13]孔 [42]恐 [24]控
·h	[45] □~桐：梧桐空 [21]咸宏冯 [13]肯 [42] □泼讽 [33]丰 [24]缝
ø	[45]恩 [33]缸翁瓮

ioŋ

t	[24]定订
tɕʻ	[33]框
ø	[21]赢荣营绒茸蓉庸 [42]我拥 [33]雍

       ŋ
t　　　[24]盾顿
t'　　 [24]拼
l　　　[21]仑　[24]论
ts　　 [33]尊
k'　　 [42]恳
h　　　[21]痕　[42]很　[24]恨

       m̩

m̩　[45]鹰文　[21]蛾梅煤媒门蚊闻蝇迷谜　[42]马码母木　[33]闻　[24]麦墨问脉闷梦

       n̩

n̩　[45]个一~人　[21]壬寅□茶很浓　[42]你　[24]用

       ŋ̍

ŋ̍　[21]人仁银　[42]忍　[24]义□要□尿

第三节　过山瑶话音系

一、两岔河片过山瑶话音系

两岔河片过山瑶话音系的代表方言点是江华县两岔河乡横江村。

1. 声母

两岔河过山瑶话有33个声母：

p	p'	b	m	m̩	f	w	
t	t'	d	n		l		ɬ
ts	ts'	dz			s	z	
tɕ	tɕ'	dʑ	ȵ		ɕ	ʑ	
k	k'	g	ŋ		h	ɦ	
ø							
nt'							
kw	k'w						

说明：

①保留有鼻冠塞音，但已经不完整，只剩下 [nt'] 一个。唇化声母也只有[kw][khw]，

例词很少。这两类声母都只出现在单数调中。

②浊塞音声母实际发音时常带有鼻音成分，例如，b读作[mb]，d读作[nd]，g读作[ŋg]。

③浊塞音、浊塞擦音、浊擦音声母可以在任何声调中出现。

④舌面前音主要出现在汉语借词中。

⑤送气音不多，多为汉语借词，且多出现在单数调中（1、3、5、7调）。

⑥有些零声母音节前带有轻微的摩擦，实际音值会在音节开头有半元音[j]和[w]。

声母例词：

p	pəei^{33} 毛	puə^{13} 手
pʻ	pʻian^{24} 骗子	pʻɔt^2 碰
b	boen^{24} 雪	biap^{21} 扇子
m	mie^{44} 草	maŋ^{21} 望
m̥	m̥oe^{44} 米	m̥aŋ^{24} 黑（天~）
f	fai^{24} 小	fuk^2 kʻie^{24} 福气
w	wien^{44} 碗	wie^{13} 尿
t	ta^{24} 父亲	tɔp^2 豆
tʻ	tʻao^{24} 到	tʻu^{31}dei^{21} 徒弟
d	die^{33} 布	doŋ^{13} 猪
n	nu^{44} 指	no^{21} 鸟
l	luei^{33} 衣	lai^{31} 犁
ɬ	ɬau^{24} 竹子	
ts	tsien^{44} 松鼠	tsaŋ^{31} 柴
tsʻ	tsʻam^{33} 多	tsʻen^{31}po^{21} 膝盖
dz	dzao^{24} 盐	dzuei^{21} 漂亮
	suaŋ^{33} 河	siep^2 ntʻo^{33} 长大
z	ziao^{21} zun^{21} 旋风	
tɕ	tɕiai^{33} 鸡	tɕiuə^{31} 伯母
tɕʻ	tɕʻiəu^{33} 揪	tɕʻyn^{31} tsuan^{24} 群众
dʑ	dʑiaŋ^{24} 秤	dʑyn^{21} 裙子
ȵ	ȵie^{33} 泥巴	ȵien^{31} 吃
ɕ	ɕyn^{33} 耳环	ɕioŋ^{31} 熊
ʑ	ʑiao^{24} 风	ʑie^{21} 野
k	ken^{33} 虫	kaŋ^{31} 肠子
kʻ	kʻak^5 力气	kʻai^{21}ton^{33} 养子

g	giəu²⁴ 剪刀	gai²¹ 瘦
ŋ	ŋim³³ 种子	ŋoŋ³¹ 牛
h	həu²⁴ 裤	hei³¹ 移动
ɦ	ɦei²⁴ 戏	ɦiuŋ³¹ 王
ø	iet⁵ 一	ioŋ³¹ 羊
ntʻ	ntʻaŋ²⁴ 饭	ntʻa³¹kyaŋ³³ 月亮
kw	kwiəu²⁴ 剡	
kʻw	kʻwiəu²⁴ 搅	

2. 韵母（120个）

两岔河过山瑶话有[a、e、i、u、o、ɔ、ə、y、æ、ø、ɿ、ẽ]12个元音，除[ə、æ、ø] 3个元音不单独作韵母之外，其他元音均可单独作韵母。有-i、-u、-ə、-m、-n、-ŋ、-p、-t、-k 9个韵尾，有-i、-u、-o- 3个介音。由元音、介音、韵尾组成了120个韵母。

i、iu、im、in、ip、it、ik、ia、iai、iau、iam、ian、iaŋ、iap、iat、iak、ie、iei、iem、ien、iep、iet、iek、io、iom、ion、ioŋ、iou、iui、iuə、ioe、ioə、iəp

e、ei、em、en、eŋ、ep、et、ek、ẽ、eːp、eːt

æn、æt

a、ai、au、am、an、aŋ、ap、at、ak

o、ou、om、on、oŋ、op、ot、ok、oe、oei、oen、oaŋ、oə

ɔ、ɔi、ɔp、ɔt

u、ui、uo、un、uŋ、ut、uk、ua、uai、uam、uan、uaŋ、uak、uaik、ue、uei、uen、uet、uek、uə、uən、uin、uoe、uon、uoŋ、uit、uik、uək、uɔi

y、yi、ye、yn、yan、yen、yaŋ

ə、əe、əei、əum、ən、əp、əup

m̩、n̩、ŋ̍、ŋ̍'

ɿ

说明：

①元音[o]和[ɔ]对立。

②个别元音里仍保留有音位上的长短对立，例如：[ep]和[eːp]、[et]和[eːt]，但长元音的读法只在极少数音节中残存。

③[ie、ye]中[e]的实际音值舌位要低，更接近[ɛ]。[ou、iou]中的[o]实际音值是[ə]。

④塞音韵尾-p、-t、-k齐备，但也有一些字音的塞音韵尾丢失了，只是读得很短促。

⑤有的韵母主要出现在汉语借词中，例如：[ɿ、ẽ]。

⑥清鼻音[ŋ̊]有明显的送气成分，声带振动微弱，能自成音节。
韵母例词：

i	i⁴⁴moə¹³ 兄弟	iu	tiu⁴⁴ 酒
im	fai²⁴fim³³ 小心	in	tsin⁴⁴ 井
ip	hip⁵ 吮吸	it	ts'it⁵ 尺子
ik	dik⁵ 踢	ia	n̠ia³¹ 牙齿
iai	tɕiai³³ 鸡	iau	n̠iau³³ 抓
iam	dʑiam⁴⁴ 血	ian	n̠ian³¹tsei⁴⁴ 银子
iaŋ	diaŋ²⁴ 树	iap	biap²¹ 扇子
iat	pao²⁴miat⁵ 逃跑	iak	tsem³¹zie²¹miak⁵ 沉下去
ie	dʑie¹³ 弟媳	iei	oŋ²⁴n̠iei³³fiu³³a⁴⁴ 肿消了
iem	tɕiem³¹ 手镯	ien	mien³¹ 人
iep	tiep⁵ 滴（油）	iet	tiet⁵tuk⁵ 值得
iek	kiek⁵pet² 黑白	io	kai³³n̠io³¹ 蜘蛛
iom	n̠iom³³ 拿	ion	dʑion²⁴ 发抖
ioŋ	hai²⁴n̠ioŋ²¹ 什么	iou	giou²⁴ 剪刀
iui	n̠iui²¹tsei⁴⁴ 日子	iuə	tɕiuə³¹ 伯母
ioe	bau²¹n̠ioe²⁴ 疙瘩	ioə	uə⁴⁴n̠ioə¹³ 里边
iəp	tsiəp² 十	e	la³¹pe³³ 石头
ei	dei²¹ 地	em	kem³¹ 山
en	ken³¹ 门	eŋ	t'eŋ²⁴ 帮助
ep	dzep⁵ 扎	et	het⁵ 吓唬
ek	pek⁵ 逼	ẽ	pẽ³³ 兵
e:p	tse:p² 燎	e:t	dze:t⁵ 裂缝
æn	næn³³ 母亲	æt	fæt⁵ 法术
a	ta³³ 外公	ai	gai⁴⁴ 屎
au	pau⁴⁴ 房子	am	dzam⁴⁴ 整
an	t'an²⁴ 木炭	aŋ	dzaŋ²¹ 字
ap	ap⁵ 鸭	at	mat¹³ 袜子
ak	lak⁵sen³³boŋ⁴⁴ 肋骨	o	lo¹³ 老
ou	tsou⁴⁴ 煮	om	p'om³³ 肺
on	ton³³ 儿子	oŋ	dzoŋ³³ 歌

op	pop⁵ 埋	ɔt	kao³¹k'ot⁵ 蛋壳
ok	pet²kok⁵ 八角	oe	doe²¹ 红薯
oei	k'ie²⁴moei²⁴ 气味	oen	dam⁴⁴moen⁴⁴ 半夜
oaŋ	moaŋ²⁴ 听	oə	moə³¹ 小姑子
ɔ	dzɔ¹³ 鼓	ɔi	gyen²¹dzɔi²¹ 棺材
ɔp	dɔp⁵ 皮	ɔt	p'ɔt² 碰
u	ts'u⁴⁴ 谷粒	ui	pui³¹ 棉花
uo	uo⁴⁴ 那	un	tsun²⁴ 沟
uŋ	kuŋ³³ 虹	ut	fut⁵ 戌
uk	fuk²k'ie²⁴ 福气	ua	kua³³ 瓜
uai	k'uai²⁴k'uai³¹ 快快	uam	uam⁴⁴ 水
uan	suan³³ 河	uaŋ	suaŋ¹³ 被子
uak	kuak⁵ 刮（~垢）	uaik	suaik⁵ 刷子
ue	pue⁴⁴ 屁	uei	kuei³³ 背篓
uen	p'uen²⁴uam³³ 喷水	uet	p'uet⁵dao³³kan⁴⁴ 扫帚
uek	ts'uek⁵lo²¹ 洪水	uə	puə¹³ 手
uən	boŋ²¹buən⁴⁴ 毛雨	uin	k'uin²⁴ 劝
uoe	fuoe³³ 鱼鳃	uon	k'uon²⁴ 喘
uoŋ	muoŋ³¹taŋ²⁴ 蚊帐	uit	suit⁵ts'en³³ 涮锅
uik	tuik⁵ 脱落（头发）	uək	kuək⁵tɕia³³ 国家
uɔi	tuɔi²⁴ 碓	y	pi³¹ɕy³³ 必须
yi	tɕyi¹³ 陡	ye	kye²⁴nt'iaŋ²⁴ 过年
yn	tɕyn²¹ 裙子	yan	yan³¹in³³ 原因
yen	kyen³³hei²⁴ 关系	yaŋ	tɕyaŋ³³ 弓
ə	tə³¹ 擂钵	əe	t'əe³³ 梯子
əei	nəei²⁴ 花蕾	əum	mie⁴⁴ləum²¹ 草原
ən	uai²⁴lən³¹ 滑轮	əp	lai³¹dəp⁵ 脏
əup	səup² 冬瓜	m̩	m'⁴⁴tu⁴⁴min³¹ 不要走
n̩	n'⁴⁴doŋ²¹ 不同	ŋ̍	ŋ'⁴⁴tu⁴⁴ȵiaŋ²¹ 谦虚
ŋ̍'	ŋ¹³ 五	ɹ̩	tso²⁴sɹ²¹ 做工

3. 声调

声调有 8 个。

调类	调值	例词	例词
1	33	pei³³ 毛	die³³ 布
2	31	piaŋ³¹ 花	dzien³¹ 勤快
3	44	tsam⁴⁴ 淡	doŋ⁴⁴ 钝
4	13	təu¹³ 火	gye¹³ 举
5	24	fəu²⁴ 富	dzan²⁴ 散
6	21	tai²¹ 死	zie²¹ 稠
7	5	siep⁵ 快	dop⁵ 皮
8	2	tsut² 凿	luk² 绿

说明：

①前 6 调为舒声调，后两调为促声调，塞音韵尾一般出现在 7 和 8 两个调上，这两个调读得短而急促。

②平调 44 和 33 区分很细微。

③降调 31 和 21 的差别也不大，但发音人和记音人都能感觉到它们的不同。

二、湘江片过山瑶话音系

湘江片过山瑶话音系的代表方言点是江华县湘江乡中央冲村。

1. 声母

湘江过山瑶话有 31 个声母：

p	p'	b	m	m̥	f	v	
t	t'	d	n		l		ɬ
ts	ts'	dz			s	z	
tɕ	tɕ'	dʑ	ɲ̥		ɕ	ʑ	
k	k'	g	ŋ		h	ɦ	
ø							
nt'							

说明：

①浊塞音和浊塞擦音的浊感突出，而少数浊擦音的浊擦色彩不很明显，且例词极少。

②送气音不多，多为汉语借词，且多出现在单数调中（1、3、5、7 调）。

③无唇化声母，两岔河瑶语中读唇化声母的字在湘江瑶语中读成舌面前清塞擦音。

声母例词：

p	piaŋ³¹ 花	pa⁵ 笔
p'	p'a²⁴ 手巾	p'oŋ³³ 锄头
b	bien³³ 辫子	bao²¹ 水稻
m	muaŋ³³ 听	miaŋ³¹ 舅妈
m̥	m̥ei⁴⁴ 藤子	m̥ian³³ 面
f	fei²⁴ 四	fo⁴⁴ 锁
v	vien⁴⁴ 碗	kua³³viaŋ³¹ 黄瓜
t	təu³³ 火	tai⁴² 来
t'	t'oŋ³³ 汤	t'i³³ 叼
d	dien³³ 果子狸	doŋ²⁴ 钝
n	nao³³ 舅父	nai²¹ 问
l	lao³³ 焦	lo³¹ 锣
ɬ	ɬau²⁴ 竹子	
ts	tsəu⁴⁴ 坟墓	tsun²¹ 追
ts'	ts'oŋ⁴⁴ 撞	ts'i³³ 车
dz	dzu³³ 鼓	dzun²⁴ 钻
s	siaŋ³³ 簸箕	səu⁴⁴ 站
z	ziao²¹ zun²¹ 旋风	
tɕ	tɕiai⁴² vei²¹ 机会	tɕiaŋ⁴⁴ 指
tɕ'	tɕ'iəu³¹ 球	tɕ'ia²⁴bəu²¹ 跨步
dʑ	dʑiəu²⁴ 锯	dʑie²¹ 稠
ȵ	ȵia³¹ 牙齿	ȵien⁴⁴ 哭
ɕ	ɕiao⁴²dzoŋ³³ 孝歌	ɕyəŋ³¹ 雄
ʑ	ʑiəu²⁴dzu²¹ 磨刀	
k	kan²⁴ 汉族	kui³³ 背篓
k'	k'u⁴⁴ 好	k'ue⁵ 洞
g	goŋ³³ 含	gaŋ²¹ 塘
ŋ	ŋua³³ 瓦	ŋin⁴² 烟
h	hen²⁴ 骂	hi⁴⁴ 野
ɦ	ɦie²¹ 鞋	ɦiəu²¹ 芋头
ø	oŋ³³ 祖父	yaŋ³³ 秋
nt'	nt'iəu²⁴ 肚子	nt'ik⁵ 铁

2. 韵母（87 个）

湘江过山瑶话有[a、u、i、o、e、y、ə、ɿ、ẽ]9 个元音，除[ə]以外其余的元音都能单独作韵母。有-i、-u、-ə、-n、-ŋ、-t、-k 7 个韵尾。有-i-、-u-、-o-、-ə- 4 个介音，共同组成 87 个韵母。

a、ai、au、an、aŋ、at、ak

u、ua、ue、ui、uai、uei、un、uan、uen、uəŋ、uin、uŋ、uaŋ、uoŋ、uəŋ、ut、uk、uak、uet

i、ia、ie、io、iu、iai、iei、iau、iəu、iuə、in、ian、ien、ion、iŋ、iaŋ、ieŋ、ioŋ、iəŋ、iat、it、ik、iat、iet、iuk

o、oe、oi、oai、oei、on、oen、oən、oŋ、oəŋ、ot、ok
e、ei、en、eŋ、ẽ、et、ek
y、ye、yi、yn、yan、yen、yaŋ、yəŋ
əe、əu、ən、əŋ、əuŋ、ət、ək
ŋ'
ɿ

说明：
①元音[u]和[o]对立。
②[ie、ye]中[e]的实际音值是[ɛ]。[oəŋ、əŋ]中的[ə]实际音值是[ɤ]。
③[au、iau]中的韵尾要比[əu、iəu]的圆唇度更大。
④鼻音韵尾只有[-n、-ŋ]两个，[-m]尾脱落了。塞音韵尾也不太完整，保留有-t、-k尾，-p尾已经脱落，脱落后只在声调上还剩下短促的特点。
⑤一些韵母主要出现在汉语借词中，例如：[ɿ、ẽ]。
⑥清化鼻音[ŋ']有明显的送气成分，声带振动微弱，能自成音节。

韵母例词：

a	la³¹ pie³³ 石头	uəŋ	pʻuəŋ⁴⁴ 捧
ai	kai⁴⁴ 腰	ut	fut⁵ 戌
ao	ŋao³³ 弯	uk	lat² tsuk⁵ 蜡烛
an	tao⁴² an²⁴ 上午	uak	suak⁵ lui³³ 涮衣服
aŋ	daŋ³³ 香	uet	suet² di⁴² pʻa²⁴ 抹布
at	sat⁵ 蜈蚣	i	fi⁴⁴ 写
ak	ak⁵ 鸭	ia	bia²¹ pia⁴⁴ 拄拐棍
u	ku⁴⁴ 狗	ie	tɕie²⁴ fiu²¹ 记号
ua	ŋua³³ 瓦	io	ȵio²¹ pun⁴⁴ 奶粉
ue	pue⁴⁴ 屁	iu	tɕiu³¹ 伯母
ui	tsʻui³³ 催	iai	poŋ³¹ ȵiai⁴² 卤门
uai	ŋuai²¹ 蒿子	iei	tɕiei⁴² koŋ³¹ 虾
uei	muei²⁴ tu²¹ 味道	iao	biao²¹ pu³³ 右手
un	ȵin⁴² kʻun³³ 项圈	iəu	ȵiəu⁴⁴ 爪子
uan	tuan³³ 儿子	iuə	dei²¹ tɕiuə³¹ 地基
uen	uen⁴² 水	in	lin³¹ 水田
uən	di²¹ mao³¹ puən³³ piəu⁴⁴ 蓖麻	ian	tɕian³³ 筋
uin	fiuin³³ kao⁴⁴ 绕道	ien	tsʻien³³ 亲热
uŋ	fuŋ⁴⁴ 挑选	ion	sin³³ dzion²⁴ 发抖
uaŋ	kuaŋ³¹ 扔	iŋ	fie²¹ diŋ²¹ 鞋垫
uoŋ	muoŋ⁴² taŋ²⁴ 蚊帐	iaŋ	siaŋ³³ 胡须

ieŋ	pieŋ²⁴ 偏	eŋ	dzeŋ³³ 撑
ioŋ	ku⁴⁴ dzioŋ²⁴ 狗吠	ẽ	hɔ³¹ sẽ³³ tɕia³³ 小伙子
iəŋ	piəŋ⁴⁴ sao²¹ 吹口哨	et	pet⁵ 伯父
it	dzit⁵ 尺子	ek	k'ek⁵ 客人
ik	dik⁵ 踢	y	mien²¹ y²⁴ 名誉
iat	nt'ao³¹ ɲiat⁵ 竹节	ye	fuei²¹ tɕye⁴⁴ 小孩
iet	iet⁵ 一	yi	tɕyi³³ 陡
iuk	iuk⁵ 热	yn	tɕyn³¹ 裙子
o	no²¹ 鸟	yan	gyan²¹ 县
oe	moe³¹ toŋ⁴² 蜂蜜	yen	pu³¹ tɕyen³¹ 拳头
oi	oi²⁴ tuŋ³³ 喂猪	yaŋ	bin²¹ yaŋ⁴² 猴子
oai	in²⁴ koai³³ 应该	yəŋ	tɕyəŋ³³ 弓
oei	lui³¹ moei³³ 袖子	ə	hə⁵ 喝
on	diaŋ²¹ non²¹ 树叶	əe	əe³¹ 鞋
oen	moen²¹ 碎	əu	si³¹ pəu³³ 师傅
oən	uen⁴² oən⁴⁴ 烫水	ən	ts'ən⁴² tsui³¹ 大腿
oŋ	toŋ⁴² 糖	əŋ	dəŋ²¹ 桩子
oəŋ	diaŋ²¹ moəŋ³³ 扁担	əuŋ	ŋəuŋ⁴² 牛
ot	tsot⁵ 捉	ət	dət⁵ 皮肤
ok	ok⁵ 肉	ək	hək⁵ 喝
e	e⁴⁴ 椅子	ŋ̍	ŋ̍³³ 五
ei	nei⁴² 他	l̩	sl̩³³ siaŋ⁴⁴ 思想
en	ken⁴² 门		

3. 声调

声调有 8 个。

调类	调值	例词	例词
1	33	naŋ³³ 蛇	gai³³ 干
2	31	ɲia³¹ 芽儿	dzao³¹ 玩
3	44	pəu⁴⁴ 斧头	dziəu⁴⁴ 早
4	42	min⁴² 去	daŋ⁴² moen⁴⁴ 半夜
5	24	ku²⁴ 祖母	dzi²⁴ 松鼠
6	21	sao²¹ 哨子	fien²¹ 闲
7	5	tɕiat⁵ 涩	ŋak⁵ 压
8	2	tsiet² 十	luk² 六

说明：

①前 6 调为舒声调上，后两调为促声调，塞音韵尾一般出现在 7 和 8 两个调上，这两个调读得短而急促。

②平调 44 和 33 不容易区分。

③第 2、4、6 调均为降调，但下降的幅度和起讫点都有细小的差别。第 6 调 21 略有下降，几近平声。

第四节　语音的比较研究

梧州话、平地瑶话和过山瑶话的语音比较主要从以下四个方面来进行。

一、音节结构

梧州话、平地瑶话和过山瑶话在音节的构成上有着很多的相似之处。它们的音节都是由 C（consonant）、V(vowel)和 T(tone)一起组成的。构成音节的辅音有些是三种方言共有的，如：[p、p'、m、f、t、t'、n、l、ts、ts'、s、tɕ、tɕ'、ȵ、ɕ、k、k'、ŋ、h、ø]。平地瑶话还多了舌尖后辅音[tʂ、tʂ'、ʂ、z]，过山瑶话中的辅音则更有特色，更为丰富，它有浊辅音，例如[b、d、dz、z、dʐ、dʑ、ʑ、ɦ、w、v]；有清化鼻音[m̥、ŋ̊]；有鼻冠塞音[nt']；有唇化的复辅音[kw、k'w]。元音也有大多数是三者相同的，例如：[i、u、a、o、e、ə、ø、ẽ、æ]，还有些元音是各自所特有的，平地瑶话有元音[ɿ]，没有元音[y]；梧州话没有舌尖元音；平地瑶话、梧州话有元音[y]，过山瑶话却没有；过山瑶话有元音[o]和[ɔ]的对立，平地瑶话、梧州话就没有。做韵头、韵尾的元音、辅音也不完全一致，平地瑶话做韵头的是[i、u]，做韵尾的是[i、u]和[n、ŋ]；梧州话做韵头的是[i、ə、u、o、y]，做韵尾的是[i、u]和[n、ŋ]；过山瑶话做韵头的是[i、u、o]，做韵尾的是[i、u、ə、m、n、ŋ、p、t、k]。从贯穿音节的声调方面相比，调型上，平调、升调和降调是三种方言里都能见到的，过山瑶话和平地瑶话的升调和降调起伏都不大。曲折调是梧州话特有的，而短促的调型是过山瑶勉语才有的。调类上，过山瑶话、平地瑶话要比梧州话多，过山瑶话和平地瑶话的调值较为接近，有些调类的调值区分很细微也是它们共同的特点。总之，从音节的构成成分上来看，梧州话、平地瑶话、过山瑶话三者同多于异，梧州话、平地瑶话之间的共同点又较过山瑶话要多。

我们再来看看梧州话、平地瑶话和过山瑶话中音节的构成方式，其常见的音节结构形式和例词列举见表 3-1：

表 3-1　梧州话、平地瑶话和过山瑶话音节结构形式比较表

	梧州话	平地瑶话	过山瑶话
VT	y³¹ 雨	u⁴⁴ 鸭	i³³ 二
VVT	uo²⁴ 祸	ui²¹ 环	au⁴⁴ 妻子
VVVT	iau⁵¹ 妖	iəu²⁴ 又	iuə⁴⁴ 热
VCT	oŋ³¹ 冯	aŋ¹³ 碗	ip⁵ 腌
CVT	si⁴⁴ 是	hu⁴⁵ 花	do²¹ 姐姐
CVVT	tɕ'io⁵¹ 出	tsei²¹ 柴	tsao³¹ 脚
CVVVT	piəu²⁴ 瓢	ɕiəu²⁴ 学	tuei²⁴ 尾巴
CVCT	lan²⁴ 烂	t'oŋ⁴² 筒	kem³³ 山
CVVCT	tyaŋ³¹ 塘	kiaŋ⁴⁵ 姜	ȵiom²¹ 染
CCVT			nt'o³³ 大
CCVVT			kwie²⁴ 过
CCVVVT			k'wiəu²⁴ 搅拌
CT	ŋ⁴⁴ 五	n̩⁴² 你	m̩⁴⁴ 不
VVCT	ioŋ⁴²⁴ 用	uaŋ²¹ 王	iaŋ³¹ 走
CCVCT			nt'aŋ²⁴ 饭

从上表中我们可以看到，过山瑶话因为有了鼻冠塞音和唇化辅音，使得其音节的结构形式多出了好几种类型，但这些类型的音节数量并不多，所以三种方言中常见的音节结构形式还是大致相同的，只是过山瑶话里元音后的辅音还可以是塞音和双唇鼻音，因而有些结构类型中它的具体音节数量要多一些。此外，梧州话、平地瑶话里 VT、VVT、VVVT、VCT、VVCT、CT 这些类型的音节数量则比过山瑶话多，过山瑶话绝大部分的音节开头都必须有辅音。

二、声母、韵母和声调的组合关系

1. 声母和韵母

（1）平地瑶话的声韵配合关系如表 3-2。表中把韵母分成开齐合撮四类，声母分成七组。空格表示声韵不相配合。带圆圈数码的表示写不出的字。

表 3-2　平地瑶话声韵配合关系表

	开口呼	齐齿呼	合口呼	撮口呼
p、p'、m、f	逼排冒凤	鞭庀慢反	辈谱牡负	
t、t'、n、l	大脱脑李	弟摊　刘	淡退男雷	
ts、ts'、s	债醋手	钳①暑	组寸纯	
tʂ、tʂ'、ʂ、ʐ	蒸秤升音			
tɕ、tɕ'、ȵ、ɕ		烛抢弱陷		
k、k'、ŋ、h	改股咬恨	记琴　戏	瓜块外化	
∅	屋	椅	味	

从表中可以看到各组声母和韵母的配合关系有以下特点：

①[p、p'、m、f]拼开口呼、齐齿呼、合口呼三呼，不拼撮口呼。[f]拼齐齿呼时，只拼[i]韵。

②[t、t'、l]拼开口呼、齐齿呼、合口呼三呼，不拼撮口呼。拼合口呼时只拼[u]韵。[n]拼开、合，不拼齐、撮，拼合口呼时只拼[u]韵。

③[ts、ts'、s]拼开口呼、齐齿呼、合口呼三呼，不拼撮口呼。拼齐齿呼时，[ts']只拼[i]韵，[ts]只拼[i]韵和[iẽ]韵，[s]只拼[i]韵和[iəu]韵。

④[tʂ、tʂ'、ʂ、z]只拼开口呼，不拼齐齿呼、合口呼、撮口呼。

⑤[tɕ、tɕ'、ȵ、ɕ]只拼齐齿呼，不拼开口呼、合口呼、撮口呼。

⑥[k、k'、h]拼开口、齐齿、合口三呼，不拼撮口呼。[ŋ]拼开口呼、合口呼，不拼齐齿呼、撮口呼。[h]拼合口呼时只拼[u]韵。[ŋ]拼合口呼时只拼[u]韵和[ue]韵。

⑦[ø]拼开口、齐齿、合口三呼，不拼撮口呼。

（2）梧州话的声韵配合关系如表 3-3 所示。表 3-3 把韵母分成开齐合撮四类，声母分成六组。空格表示声韵不相配合。

表 3-3　梧州话声韵配合关系表

	开口呼	齐齿呼	合口呼	撮口呼
p、p'、m、f	钯坡木反	比屁迷	补谱门荒	
t、t'、n、l	脊拖奶灵	地铁　料	祖秃泥轮	堂错　虑
ts、ts'、s	杂秤晒	侵死①	斤吹素	
tɕ、tɕ'、ȵ、ɕ		纸拆热乡		猪穿阉吸
k、k'、ŋ、h	家砍汗好	旗巧硬响	古跪嵌藿	菊曲　血
ø	鞋	姨	话	学

从表中可以看到各组声母和韵母的配合关系有以下特点：

①[p、p'、m]拼开口呼、齐齿呼、合口呼，不拼撮口呼。[m]拼合口呼时，只拼[u]韵和[uẽ]韵。[f]拼开口呼、合口呼，不拼齐齿呼、撮口呼。

②[t、t'、l]拼开、齐、合、撮四呼。[n]拼开、合，不拼齐、撮。

③[ts'、s]拼开口呼、齐齿呼、合口呼，不拼撮口呼。[ts]拼开、合，不拼齐、撮。[ts']拼齐齿呼时，只拼[in]韵。

④[tɕ、tɕ'、ȵ、ɕ]拼齐、撮，不拼开、合。

⑤[k、k'、h]拼开、齐、合、撮四呼。[k']拼撮口呼时，只限于[y]韵和[yaŋ]韵。[h]拼合口呼时，只限于[uo]韵。[ŋ]拼开口呼、齐齿呼、合口呼，不拼撮口呼。拼齐齿呼时，只限于[ia]韵。拼合口呼时，只限于[uẽ]韵。

⑥[ø]拼开、齐、合、撮四呼。

---

① [ts'i⁴⁵]的意义是菜锅。

（3）过山瑶话的声韵配合关系见表3-4。表中有"√"的地方表示声母、韵母能够相拼，空白处表示不能相拼。

表3-4 过山瑶话声韵配合关系表

	a	ai	au	am	an	aŋ	ap	at	ak	e
p	√	√	√	√	√	√		√	√	√
pʻ	√	√			√	√				√
b	√	√	√			√				√
m	√	√		√	√	√		√	√	√
m̥										
f	√	√	√	√	√	√		√		
w	√	√								
t	√	√	√	√	√	√	√			
tʻ		√	√		√	√	√			
d		√	√	√		√			√	
n		√	√		√	√			√	
l	√	√	√	√	√	√	√	√		
ts	√	√	√	√	√	√			√	√
tsʻ	√	√								
dz		√	√	√	√	√			√	
s	√	√	√		√		√		√	√
z										
tɕ										
tɕʻ										
dʑ										
ȵ										
ɕ										
ʑ										
k	√	√	√	√	√	√	√	√	√	√
kʻ		√	√	√	√	√			√	
g	√	√	√		√	√	√	√		√
ŋ	√	√	√	√	√			√		√
h	√	√	√		√				√	√
ɦ	√									√
ø	√	√	√		√		√		√	
ntʻ	√			√	√	√			√	
kw										
kʻw										

续表

	ei	em	en	eŋ	ep	et	ek	ẽ	e:p	e:t
p	√		√	√		√		√		
pʻ										
b	√		√			√				
m	√		√	√		√		√		
m̥										
f	√		√							
w	√		√	√		√				
t	√									
tʻ	√			√						
d	√									
n			√							
l	√		√							
ts	√	√	√	√	√	√			√	
tsʻ	√		√			√	√	√		
dz	√		√	√		√				√
s	√		√			√	√	√		
z										
tɕ										
tɕʻ										
dʑ										
ɲ										
ɕ										
ʑ										
k	√	√	√	√			√			
kʻ			√				√			
g			√							
ŋ	√	√	√	√						
h	√	√	√		√					
ɦ	√		√				√			
ø	√		√							
ntʻ	√		√							
kw										
kʻw										

续表

	i	iu	im	in	ip	it	ik	ia	iai	iau
p	√	√		√						
pʻ	√	√		√						√
b				√						√
m		√		√						
m̥										
f	√	√	√	√						
w	√			√						
t	√	√	√							
tʻ	√	√		√	√					
d	√	√		√			√	√		
n										
l	√	√	√	√						√
ts	√	√		√	√	√				
tsʻ		√	√	√	√	√				
dz			√	√						
s	√		√	√						√
z										
tɕ				√				√	√	√
tɕʻ		√						√		
dʑ	√	√								√
ȵ	√		√	√		√		√	√	√
ɕ				√						√
ʑ		√		√						√
k	√	√	√	√	√	√		√		
kʻ	√			√						
g			√	√	√					
ŋ	√		√	√			√			
h					√	√				
ɦ	√	√		√						
ø	√	√	√	√	√			√		√
ntʻ										
kw										
kʻw										

续表

	iam	ian	iaŋ	iap	iat	iak	ie	iei	iem	ien
p		√	√				√			√
pʻ		√								
b				√			√			√
m		√	√		√	√	√			√
m̥		√								√
f							√			√
w			√				√			√
t		√					√			√
tʻ		√								√
d		√	√				√		√	√
n										
l		√	√						√	
ts		√	√				√		√	√
tsʻ			√				√			√
dz										
s		√	√				√		√	√
z										
tɕ	√	√	√	√			√		√	√
tɕʻ		√					√	√	√	
dʑ	√		√	√			√			√
ȵ		√	√		√	√	√	√	√	√
ɕ		√					√			
ʑ			√				√			
k							√		√	
kʻ							√			
g							√			
ŋ			√				√			
h										
ɦ										
ø		√	√				√		√	√
ntʻ			√				√			√
kw							√			
kʻw										

续表

	iep	iet	iek	io	iom	ion	ioŋ	iou	iui	iuə
p								√		
p'								√		
b								√		
m								√		
m̥										
f		√						√		
w		√								
t	√	√						√		
t'										
d								√		
n										
l	√						√	√		
ts		√						√		
ts'	√	√						√		
dz										
s	√	√						√		
z										
tɕ				√	√		√	√		√
tɕ'				√			√	√		
dʑ					√	√	√	√		√
ɲ		√		√	√	√	√	√	√	
ɕ							√			
ʑ								√		√
k		√	√					√		
k'								√		
g								√		
ŋ								√		
h										
ɦ								√		
ø		√		√		√	√	√		√
nt'								√		
kw								√		
k'w								√		

续表

	ioe	ioə	iəp	ɔ	ɔi	ɔp	ɔt	o	ou	om
p							√	√	√	√
p'							√		√	√
b								√	√	
m								√	√	
m̥										
f								√	√	
w										
t				√		√		√	√	√
t'								√	√	
d						√		√	√	√
n								√	√	√
l								√	√	√
ts		√						√	√	√
ts'								√	√	
dz				√	√			√	√	
s								√	√	
z										
tɕ										
tɕ'										
dʑ										
ȵ	√	√								
ɕ										
ʑ										
k						√		√	√	√
k'								√	√	
g								√		√
ŋ								√	√	
h						√		√	√	√
ɦ								√	√	√
ø						√		√		√
nt'						√		√		√
kw										
k'w										

续表

	on	oŋ	op	ot	ok	oe	oei	oen	oaŋ	oə
p	√	√	√	√		√	√	√	√	√
pʻ		√		√					√	
b	√	√	√	√			√	√	√	
m		√				√	√	√	√	√
m̥							√			
f		√								
w										
t	√	√				√	√	√		
tʻ		√								
d	√	√	√	√		√	√	√		
n	√	√					√			
l		√		√	√					
ts		√		√	√	√				
tsʻ		√				√				
dz		√				√		√		
s		√	√	√		√				
z										
tɕ										
tɕʻ										
dʑ										
ȵ										
ɕ										
ʑ										
k	√	√	√			√	√	√		
kʻ		√				√	√	√		
g		√					√	√		
ŋ		√				√				
h	√	√								
ɦ	√	√					√			
ø	√	√				√	√			
ntʻ		√		√				√		
kw										
kʻw										

第三章 语音的比较研究

续表

	u	ui	uo	un	uŋ	ut	uk	ua	uai	uam
p	√	√		√	√	√	√			
p'	√	√								
b		√		√		√				
m	√	√		√	√					
m̥										
f	√	√		√	√	√	√			
w										
t	√			√	√		√			
t'	√	√			√					
d				√						
n	√			√	√					
l	√			√	√					
ts	√	√		√	√	√	√			
ts'	√	√	√	√	√					
dz	√			√		√				
s	√	√		√						
z				√						
tɕ										
tɕ'										
dʑ										
ȵ										
ɕ										
ʑ										
k	√	√		√	√			√	√	
k'	√			√	√			√	√	
g		√		√				√	√	
ŋ								√	√	
h	√	√						√		
ɦ	√	√		√	√					
∅	√			√	√			√	√	√
nt'	√						√			
kw										
k'w										

续表

	uan	uaŋ	uak	uaik	ue	uei	uen	uet	uek	uə
p		√			√	√				√
pʻ					√		√	√		
b		√								√
m		√								√
m̥										
f						√				√
w										
t	√					√				
tʻ						√				
d						√				√
n										
l	√					√				√
ts		√				√		√		√
tsʻ					√	√		√	√	
dz					√	√				
s		√		√	√	√		√		√
z										
tɕ										
tɕʻ										
dʑ										
ȵ										
ɕ										
ʑ										
k		√	√			√	√			√
kʻ	√	√			√	√		√		
g										
ŋ										
h		√								√
ɦ		√					√			
ø	√	√					√			√
ntʻ										
kw										
kʻw										

续表

	uən	uin	uoe	uon	uoŋ	uit	uik	uək	uɔi	y
p										
p'										
b	√									
m					√					
m̥										
f			√							
w										
t							√		√	
t'										
d										
n										
l								√		
ts								√		
ts'										
dz										
s					√					
z										
tɕ										
tɕ'										
dʑ										
ɲ										
ɕ										√
ʑ										
k								√		
k'		√		√						
g										
ŋ										
h										
ɦ		√								
ø								√		
nt'										
kw										
k'w										

续表

	yi	ye	yn	yan	yen	yaŋ	ə	əe	əei	əum
p								√		√
pʻ										
b									√	
m										
m̥								√		
f										
w										
t							√	√	√	
tʻ								√		
d									√	
n									√	
l										√
ts							√			
tsʻ										
dz										
s										
z										
tɕ	√	√		√	√					
tɕʻ		√	√							
dʑ		√	√							
ȵ										
ɕ			√							
ʑ										
k		√		√	√	√	√			
kʻ		√						√		
g				√		√				
ŋ										
h										
ɦ										
ø			√	√	√			√		
ntʻ										
kw										
kʻw										

续表

	ən	əp	əup	æn	æt	m̩	n̩	ŋ	ŋ'	ɿ
p					√					
p'										
b										
m										
m̥										
f					√					
w										
t		√								
t'										
d		√								
n				√						
l	√									
ts										√
ts'										√
dz										
s			√							√
z										
tɕ										
tɕ'										
dʑ										
ɲ										
ɕ										
ʑ										
k										
k'										
g										
ŋ										
h										
ɦ										
ø		√				√	√	√	√	
nt'										
kw										
k'w	√									

从表中可以看到各组声母和韵母的配合关系有以下特点：

①以[a]开头的韵母不能与舌面前辅音声母[tɕ、tɕʻ、dʑ、ȵ、ɕ、ʑ]相拼，也不拼唇化辅音声母[kw、kʻw]，其他声母多数都能相拼。

②以[e]开头的韵母不能与舌面前辅音声母[tɕ、tɕʻ、dʑ、ȵ、ɕ、ʑ]相拼，也不拼唇化辅音声母[kw、kʻw]，其他声母多数都能相拼。拼声母[ntʻ]的只有[ei、en]。[eːp、eːt]只拼舌尖前声母。

③以[i]开头的韵母与各组声母相拼的都有，但拼唇化辅音声母[kw、kʻw]的只有少数几个韵母。此外，与塞音尾韵母相拼的声母数要比鼻音尾、元音尾韵母少，鼻音尾韵母中以[m]为韵尾的韵母拼合能力又较[n] [ŋ]差。还有一些三合的元音韵母所拼声母也很少。

④以[ɔ]开头的韵母通常只与塞音声母相拼，而且音节非常少。

⑤以[o]开头的韵母不能与舌面前辅音声母[tɕ、tɕʻ、dʑ、ȵ、ɕ、ʑ]相拼，也不拼唇化辅音声母[kw、kʻw]，其他声母多数都能相拼。

⑥以[u]开头的韵母不能与舌面前辅音声母[tɕ、tɕʻ、dʑ、ȵ、ɕ、ʑ]相拼，也不拼唇化辅音声母[kw、kʻw]，其他声母多数都能相拼。与塞音尾韵母、鼻音尾韵母相拼的声母数比元音尾韵母少得多。

⑦以[y]开头的韵母只拼舌面前辅音声母[tɕ、tɕʻ、dʑ、ȵ、ɕ、ʑ]、舌根塞音声母[k、kʻ、g]和零声母，而且音节数量极少。

⑧以[ə]开头的韵母不能与舌面前辅音声母[tɕ、tɕʻ、dʑ、ȵ、ɕ、ʑ]相拼，其他则多拼塞音声母，音节数也不多。

⑨以[æ]开头的韵母只有两个，[æn]只拼舌尖鼻音[n]，[æt]只拼双唇声母[p、f]。

这里，我们还对声母、韵母的出现频率进行了统计。根据现有材料统计，过山瑶话声母韵母相拼，产生826个音节，各声母、韵母音节出现的频率相差很大。在声母方面，出现频率最高的是ø，能与54个韵母相拼，详见表3-5：

表3-5 过山瑶话声母拼合韵母频率表

声母	相拼韵母数	声母	相拼韵母数	声母	相拼韵母数
ø	54	b	30	ntʻ	19
k	53	f	30	n	17
p	48	dz	25	dʑ	14
ts	48	g	25	w	13
s	41	ȵ	24	tɕʻ	12
t	39	ŋ	24	ɕ	8
m	37	ɦ	24	ʑ	7

续表

声母	相拼韵母数	声母	相拼韵母数	声母	相拼韵母数
ts'	37	p'	23	m̥	4
l	34	h	23	kw	2
d	33	t'	22	k'w	2
k'	33	tɕ	20	z	1

在韵母方面，125个韵母中，没有能与所有声母相拼的韵母，相拼声母数最多的韵母是 iou。详见表3-6：

表3-6 过山瑶话韵母拼合声母频率表

韵母	相拼声母数	韵母	相拼声母数
iou	25	in	24
ie	23	ai、aŋ	22
an、o	21	au	20
ei、en、ou	19	a、u、un	18
aŋ、i、ien	17	iu、iaŋ、oe	16
ian	15	om、uei	14
am、ak、ui、uŋ	13	uə	12
e、im、iau	11	uaŋ	10
iem、iet、on	9	eŋ、et、ok、oei	8
at、ip、ioŋ、ot	7	ap、ia、ɔp、op、ua、ue、əe	6
ek、it、ut、uk、uai、uet、ye	5	em、ẽ、iep、io、iuə、oen、oaŋ、uan、uak、yn、əei	4
iap、ion、yan、yen、yaŋ、ə、l̩	3	ep、ik、iai、iam、iat、iak、iei、iom、ɔ、ɔt、oə、uen、uin、əŋ、ə、um、ən、əp、əup、æt	2
e:p、e:t、iek、iui、ioe、ioə、iəp、ɔi、ɔm、uo、uam、uek、uən、uoe、uon、uoŋ、uit、uik、y、yi、æn、m̩、n̩、ŋ̍、ŋ̍'、l̩̊	1		

（4）三种方言声韵配合关系的比较。梧州话、平地瑶话、过山瑶话在声母、韵母的配合上有许多相同之处，例如：每一种方言一般各类元音开头的韵母几乎都能与零声母相拼；舌尖前辅音声母一般都能和以[i]开头的韵母相拼；舌面前辅音、舌根辅音声母一般都与以[i]开头的韵母相拼，梧州话、过山瑶话中还能与以[y]开头的韵母相拼。但是，每种方言又有各自的特色，过山瑶话声母、韵母的数量都比梧州话、平地瑶话多，所以声韵的拼合关系也就更加复杂，尤其是双唇鼻音尾韵母和塞音尾韵母都与声母拼合，这

是梧州话、平地瑶话没有的；平地瑶话没有以[y]开头的韵母，有舌尖后辅音声母与韵母相拼，这又不同于梧州话、过山瑶话；梧州话里与以[y]开头的韵母相拼的辅音声母较平地瑶话、过山瑶话都要多。

2. 声母和声调

（1）在声母和声调的组合上，平地瑶话主要的规律有：

①[m、n、ȵ、ŋ]四个浊鼻音声母的阴平字很少，如"挨 ŋa⁴⁵""秒 miəu⁴⁵""馒 maŋ⁴⁵""□(浑浊) nəu⁴⁵""年 nẽ⁴⁵"。

②送气的辅音声母与阴调类组合的音节要比与阳调类组合的音节多很多，前者约有112个音节，后者约有48个（入声调类除外）。

③[tʂ]组、[tɕ]组声母与入声调类组合的音节很少，[tʂ]组仅有2个，[tɕ]组仅有10个，如织 tʂəu⁴⁴、叶 zʅ⁴⁴、烛 tɕi⁴⁴、业 ȵie⁴⁴、锡 ɕiu⁴⁴等。

④不送气的塞音、塞擦音和擦音与声调组合的能力要比送气的塞音、塞擦音和鼻音强，如[ts、s]比[tsʻ]多，[k、h]比[kʻ、ŋ]多。

⑤边音[l]和零声母[ø]与声调的组合能力也很强。

（2）在声母和声调的组合上，梧州话主要的规律有：

①[m、n、ȵ、ŋ]四个浊鼻音声母的阴平字也很少，数量较平地瑶话稍多一点，有18个字，而且多数是口语常用字。例如："黏 ȵia⁵¹""魔 mo⁵¹""旱 ŋø⁵¹""挨 ŋæ⁵¹""脓 noŋ⁵¹"，等等。

②送气的辅音声母与阴调类组合的音节要比与阳调类组合的音节多很多，前者约有104个音节，后者约有56个（上声调类除外）。

③不送气的塞音、塞擦音和擦音与声调组合的能力要比送气的塞音、塞擦音和鼻音稍强。但这种组合能力的强弱差别没有平地瑶话那么大。例如：[ts、s]比[tsʻ]多，[p、f]比[pʻ、m]稍多。

④边音[l]和零声母[ø]与声调的组合能力也很强。

（3）在声母和声调的组合上，过山瑶勉语主要的规律有：

①浊辅音声母能与各调类组合，但浊辅音声母领有的词大多数是双数调的，如"平 bē³¹""淘 do³¹""猪 doŋ¹³""鱼 bao¹³""下 ʑie²¹""塘 gaŋ²¹""绿 luk²""嚼 dʑiəu²¹"，等等。

②[ntʻ、m̥、kw、kʻw]通常与单数调拼合，如"闻 ntʻom⁴⁴""高 ntʻaŋ³³""米 m̥oe⁴⁴""搅拌 kʻwiəu²⁴""翅膀 ntʻak⁵"，等等。

③送气声母一般与单数调相拼，并且送气声母与声调的组合能力比不送气的清音、浊音和擦音都要弱，如"累 kʻəu⁴⁴""偏 pʻian³³""床 tsʻəu²⁴""尺 tsʻit⁵""套子 tʻao²⁴tsei⁴⁴"，等等。

④零声母[ø]能与各调类相拼合。

在声母和声调的组合上，平地瑶话、梧州话的规律比较接近，而过山瑶勉语则区别较大，但三者也有些相似之处，例如，送气声母、鼻音声母与声调的组合能力比其他声母要弱一些；零声母很活跃，通常各种调类都能拼合。

3. 韵母和声调

（1）在韵母和声调的组合上，平地瑶话主要的规律有：

①鼻化元音韵母不跟入声调相拼，鼻音尾韵母一般也不拼入声调类，只有几个例外，如"摸 maŋ⁴⁴""盒 faŋ⁴⁴""撒 saŋ⁴⁴"。

②自成音节的辅音[m̩、n̩、ŋ̍]都不拼阴上和入声两个调类。

③部分韵母不与阴平调拼合，例如：[ia、io、ie、ue、an、uaŋ、ioŋ、əŋ、iẽ]。

④还有一些不能拼合的韵母和声调，例如：[ua、an]不拼阳平；[in、ioŋ、əŋ]不拼阴上；[n̩、ie]不拼阳上；[ui]不拼入声。

⑤[iɤ、uɤ]分别只拼阴去、阳去，不和其他调类拼合。

（2）在韵母和声调的组合上，梧州话主要的规律有：

①韵腹为[ɤ] [æ]的韵母与声调的组合能力不强，例如，[ɤ]不拼上声、阴去、阳去；[iɤ]不拼阳平、阴去、阳去；[uɤ]不拼上声；[iæ]不拼阴平、阳平、上声、阴去；[uæ]不拼阳去；[yæ]不拼上声。

②有些韵母领有的音节很少，所拼声调自然有限，例如，[əe]只拼阴平；[iu]只拼阳平、上声；[ian]只拼上声、阴去；[m̩、n̩]只拼阳平；[ŋ̍]只拼上声。

③此外，还有一些不能拼合的情况，例如，[ia]不拼阳平；[iau]不拼阴去；[yi]不拼阳平；[yn]不拼阳平、阴去；[ioŋ]不拼阴去；[əẽ]不拼阴去。

（3）在韵母和声调的组合上，过山瑶话主要的规律有：

①舒声韵和促声韵与声调的搭配有不同特点，通常舒声韵和1、2、3、4、5、6调搭配，促声韵和7、8调搭配。

②自成音节的辅音[m̩、n̩、ŋ̍、ŋ̍']领有的词很少，而且限于一两个调类，例如，"不要走 m̩⁴⁴tu⁴⁴min³¹""不同 n̩⁴⁴doŋ²¹""谦虚 ŋ̍⁴⁴tu⁴⁴ɲian²¹""五 ŋ̍'¹³"。

③少数三合元音韵母、鼻音尾韵母和塞音尾韵母与声母、声调的组合能力都很弱，只有一两个调类能拼。例如，[eːt]只拼第8调，[iui]只拼第6调，[uoe]只拼第1调，[uon]只拼第5调，[uoŋ]只拼第2调，等等。

由于韵母和声调的组合规律性并不强，我们只能看到一些大致的相同点，例如，都有很多韵母和声调不能拼合的现象，只是具体的情况不太相同；都有极少数韵母与声调的组合能力很弱，拼合出的音节数量很少，如梧州话的[ɤ] [æ]，平地瑶话的[iɤ、uɤ]，过山瑶话的少数鼻音尾韵母、塞音尾韵母和元音尾韵母。我们还能看到在韵母和声调的组合上，梧州话和平地瑶话更为接近，而过山瑶话则独具特色。

三、语流音变

1. 变调

梧州话、平地瑶话和过山瑶话均有连读变调的情况，但都不复杂。

（1）平地瑶话的连读变调现象不多，主要有亲属称谓词中的变调和轻声。

①亲属称谓词的变调。一些亲属称谓词是重叠式的合成词，两个音节相同，声调都是阳去或阴上时，前一个音节会发生变化，变成阳平或阴去。例如：

曾祖母　po$^{24/21}$ po^{24}　　祖母　ma$^{24/21}$ ma^{24}

父亲　　ta$^{24/21}$ ta^{24}　　　妹妹　mei$^{24/33}$ mei^{24}

姐姐　　tsæ$^{13/21}$ tsæ^{13}

如果同是阴平或阳上调时，就不会变调，例如：

祖父　koŋ^{45} koŋ^{45}　　叔父　　maŋ^{42} maŋ^{42}

叔母　mo^{42} mo^{42}

②轻声。常见的轻声字是名词后缀、助词等，例如：

鞋　ha^{21}·li　　袜子　ma^{24}·li　　帽子　tsʻəu^{33}·li　　领子　lio^{42}·li

知道　læ^{45}·li　认得　səu^{33}·li　　找着了　tei^{24} lɣ^{24}·e

做买卖的　　　i^{33} si^{45} i^{33}·kɣ

有些轻声字是轻不轻读两可的，例如：

肚子　lø^{13}·li 或 lø^{13} li^{33}　　肠　tsaŋ^{24}·li kəu^{13} 或 tsaŋ^{24} li^{44} kəu^{13}

轻声的音高未加区别，但其实际音值是阴平、阳去和入声字后面的轻声音值稍高。

此外，平地瑶话中也有一些不成规律的变调现象，数量很少，比如："左"原调值为42，但在"左手、左撇子、左边"这些词里会有变化，分别是"左手tsɣ$^{42/33}$ səɣ^{13}""左撇子tsɣ$^{42/33}$ ko^{21} pʻe^{44}""左边tsɣ$^{42/33}$ pẽ^{45}"。再如，"年"原调为21，但在"今年、明年、去年、后年"等词中都读45，就是因为前一音节"今""明"是45调，"年"受其同化，读成45调，其他词也因内部感染都读45调。可是在"每年、年初、年中、年底、上半年、整年"等词中仍读21。

（2）梧州话里调类并不多，但有的调值起伏很大，到了语流中自然会发生变化。因此梧州话的连读变调很普遍，变调[33]是新调值。

①阴平变调示例：

阴平 + 阴平　　星星　sẽ$^{51/33}$ sẽ^{51}　　山腰　san$^{51/33}$ iəu^{51}

阴平 + 阳平	丫环	ia⁵¹ᐟ³³ uan³¹		
阴平 + 上声	清早	tʻẽ⁵¹ᐟ³³ to⁴⁴	鹧鸪	tso⁵¹ᐟ³³ ko⁴⁴
阴平 + 阴去	冬至	loŋ⁵¹ᐟ³³ tɕi⁴²⁴	菠菜	po⁵¹ᐟ³³ tʻø⁴²⁴
阴平 + 阳去	霜降	ɕyaŋ⁵¹ᐟ³³ kyaŋ²⁴	吃晚饭	xe⁵¹ᐟ³³ ie²⁴

②阳平变调示例：

阳平 + 阴平	楼房	lau³¹ᐟ³³ õ⁵¹	零工	lẽ³¹ᐟ³³ koŋ⁵¹
阳平 + 阳平	麦芽糖	ma²⁴ᐟ³³ ŋa³¹ᐟ³³ tyaŋ³¹		
阳平 + 上声	淘米	to³¹ᐟ³³ moe⁴⁴	黄酒	uaŋ³¹ᐟ³³ tao⁴⁴
阳平 + 阴去	还价	uan³¹ᐟ³³ ka⁴²⁴		
阳平 + 阳去	楼上	lau³¹ᐟ³³ ɕiaŋ²⁴	停业	tẽ³¹ᐟ³³ ȵie²⁴

③上声变调示例：

上声 + 阴平	着裳	tɕiau⁴⁴ᐟ³³ san⁵¹		
上声 + 上声	打摆子	la⁴⁴ᐟ³³ pæ⁴⁴ ti⁴⁴	保本	po⁴⁴ᐟ³³ puẽ⁴⁴
上声 + 阴去	打卦	la⁴⁴ᐟ³³ kua⁴²⁴		
上声 + 阳去	藕叶	ŋau⁴⁴ᐟ³¹ ie²⁴	老满	lo⁴⁴ᐟ³¹ man²⁴

④阴去变调示例：

阴去 + 阴平	鸭公	a⁴²⁴ᐟ³³ koŋ⁵¹	晒裳架	sæ⁴²⁴ᐟ³³ san⁵¹ ka²⁴
阴去 + 阳平	鸭婆	a⁴²⁴ᐟ³¹ po³¹	裤头带	fu⁴²⁴ᐟ³³ tau³¹ læ⁴²⁴
阴去 + 阴去	圆凳	nuẽ⁴²⁴ᐟ³³ laŋ⁴²⁴	八角	pa⁴²⁴ᐟ³³ kyæ⁴²⁴

⑤阳去变调示例：

阳去 + 阴平	月初	ȵie²⁴ᐟ³¹ tɕʻiø⁵¹	蜡烛	la²⁴ᐟ³¹ tso⁵¹
阳去 + 阳平	树苗	mo²⁴ᐟ³¹ miəu³¹	后门	au²⁴ᐟ³³ moẽ³¹
阳去 + 上声	下种	ia²⁴ᐟ³¹ tsoŋ⁴⁴	扫秆	so²⁴ᐟ³³ kø⁴⁴
阳去 + 阴去	木炭	mo²⁴ᐟ³¹ tʻan⁴²⁴	面镜	miẽ²⁴ᐟ³¹ kẽ⁴²⁴
阳去 + 阳去	腊月	la²⁴ᐟ³¹ ȵie²⁴	被面	pi²⁴ᐟ³¹ miẽ²⁴

梧州话每一个调类都有变调现象，通常是前一音节发生变化，变调后都读阳平31或新调值33。也有极少数音节连读时是后面的音节产生音变，如"山上san⁵¹ ɕiaŋ²⁴ᐟ³³""下面ia²⁴ miẽ²⁴ᐟ³¹"。"日"字原调为31，如"日子ȵio³¹ti⁴⁴"，但在音节末尾有时会变成51，"今天、明天、昨天、后天"等词中的"天"都用"日"，读51调。还有的前后两个音节同时变调，如"大哥tæ²⁴ᐟ³¹ fuẽ⁵¹ᐟ³¹""画押ua²⁴ᐟ³¹ a⁴²⁴ᐟ³¹"。不过，这些远没有前一音节变调那么普遍。

（3）在复音词或词组中，过山瑶话的第1、3、4、5、7调的音节出现在另一个音节的前面时，往往会发生变调，通常变读为第2、6、8调，其变调形式分述如下：

①44调变读31调的，例如：

uam⁴⁴ 水

uam⁴⁴ tsun²⁴→uam³¹ tsun²⁴ 水渠　　uam⁴⁴ kʻəu²⁴→uam³¹ kʻəu²⁴ 水库

②33 调变读 31 调的，例如：

ken³³　虫

ken³³ tsuei²⁴→ken³¹ tsuei²⁴ 臭虫　　ken³³ kim³¹→ken³¹ kim³¹ 蝎子

③24 调变读 21 调的，例如：

diaŋ²⁴　树

diaŋ²⁴ kon³³→diaŋ²¹ kon³³ 树根　　diaŋ²⁴ piəu⁴⁴→diaŋ²¹ piəu⁴⁴ 果子

④13 调变读 31 调的，例如：

doŋ¹³　猪

doŋ¹³ ȵie¹³→doŋ³¹ ȵie¹³ 母猪　　doŋ¹³ ton³³→doŋ³¹ ton³³ 猪仔

⑤24 调变读 31 调的，例如：

həu²⁴　裤子

həu²⁴ loŋ²¹→həu³¹ loŋ²¹ 裤裆　　həu²⁴ tsao²⁴→həu³¹ tsao²⁴ 裤腿

⑥5 调变读 2 调的，例如：

ok⁵　肉

ok⁵ ȵiem¹³ → ok² ȵiem¹³ 生肉　　ok⁵tsuə³¹ → ok²tsuə³¹ 熟肉

⑦44 调变读 21 调的，例如：

dziam⁴⁴　血　　　dziam⁴⁴ tɕian³³ → dziam²¹ tɕian³³　血管

2. 同化

（1）[a⁴⁴]是过山瑶话里表示动作完成的助词，相当于汉语的"了"。它跟在不同音节的后面，受到前面音节末尾音素的同化，会发生不同的音变，在音节前增加另外的音素，有的与前音节末尾音素相同，有的发音部位相同，这有点像汉语普通话里语气词"啊"的音变。例如：

oŋ²⁴　ȵiei³³　fiu³³　a⁴⁴　肿消了　　　　　不变；
boŋ²¹ tin³¹　ŋa⁴⁴　雨停了　　　　　　　增加声母[ŋ]；
fuŋ³³ ŋa⁴⁴　松了　　　　　　　　　　　增加声母[ŋ]；
peŋ²¹ ŋa⁴⁴　病了　　　　　　　　　　　增加声母[ŋ]；
puə¹³ tai³¹　ia⁴⁴　手僵了　　　　　　　增加元音[i]；
dzan²⁴　la³¹　散了　　　　　　　　　　增加声母[l]；

[tɕien⁴⁴]是过山瑶话里表示动作正在进行的助词，相当于汉语的"着"，它跟在双唇鼻音韵尾音节后，会受到同化，韵尾也变成双唇鼻音，例如：gom³³　tɕien⁴⁴ → gom³³ tɕiem⁴⁴　含着。

此外，清声母和浊声母音节连读时偶有前面清声母被同化而出现浊化的现象。例如：

pot⁵ dəu⁴⁴ → bot⁵ dəu⁴⁴　　打赌

pot⁵ ɦuin³³ → bot⁵ ɦuin³³　　旋转

（2）梧州话、平地瑶话里语流中声母、韵母同化的情况很少见，只有极个别的音节会有变化，例如，梧州话的"咸鸭蛋ŋan³¹ a⁴²⁴ tan²⁴→ŋan³¹ ŋa⁴²⁴/³³ tan²⁴"。岭东梧州话的辅音声母[s]，在韵母[ø]前时其实际音值的发音部位会前移，接近齿间擦音[θ]，例如"坐θø²⁴""锁θø⁴⁴"等。平地瑶话表示"要"的音节原读[ŋ²⁴]，但如果后面音节的声母是发音部位较靠前的辅音时，常常会变读成[n²⁴]，如："要账 n²⁴ tsa³³"。"哪"本来读"liu⁴⁵"，但在"哪里"中受到后面元音的同化而改变了元音，声调也发生了变化，读成"lia⁴² a³³"。声调同化的也有一些，例如，梧州话的"相貌 ɕiaŋ⁴²⁴ mao²⁴ → ɕiaŋ²⁴ mao²⁴"。

此外还有极个别异化的例子，如平地瑶话中，"这里"一词"这"本该读"ia⁴⁵"，但因为后面的"里"也是单元音音节"a³³"，于是前面的"这"就发生异化，丢掉元音[a]，变读成"i⁴⁵"，"这里"就变成了"i⁴⁵ a³³"。"那里"本应该读"a²⁴ a³³"，后面音节发生异化，变成"a²⁴ ua³³"。

在语流音变方面，平地瑶话的音变情况相对而言要简单得多，梧州话和过山瑶话则复杂一些，尤其是有多种形式的连读变调。连读变调通常都发生在前面的音节身上，变调后也都是读中平或中、低降调。不管音变形式如何不同，三种方言的出发点是一致的，都是遵循着经济、省力的原则，自然而然地调整了音高，改换了音色。

四、音韵特点

江华梧州话、平地瑶话是汉语方言，江华过山瑶话有着大量的汉语借词，因此，我们可以把江华的梧州话、平地瑶话和过山瑶勉语放在一起，分析比较这三者的音韵特点。同时，我们还把周边的永州土话拿来进行对比，永州土话的语料来自谢奇勇的博士学位论文《湘南永州土话音韵比较研究》，文中提到的"永州土话"不包括江华的方言，只是指谢文中除江华白芒营以外的其他永州土话方言点。

（一）声母音韵特点的异同

1. 古全浊声母的今读

汉语的古全浊声母是並、奉、定、从、邪、澄、崇、船、禅、群、匣 11 母，我们从各声母中选取了一些常用的代表字如表 3-7 所示。所列方言点是梧州话的岭西大石桥乡鹧鸪塘村和岭东码市镇锦陂村，平地瑶话的河路口镇老车村（七都话）和白芒营镇大山脚村（八都话），过山瑶话的两岔河乡横江村和湘江乡中央冲村。表中有两点需要说明，一是有的字音在有些方言点里换用了另外的字音来表示，表中仍然标示出来，并在旁边加注汉字；二是过山瑶话表达某些汉字时不是使用与该字对应的字音，而是用另外的音，为便于比较也将其标示出来。此外，表中的斜杠表示两种字音都有。

表 3-7　並母字比较字表

		鹧鸪塘	锦陂	老车	大山脚	横江	中央冲
婆	果合平	puɣ^{31}	po^{21}	pu^{21}	pu^{31}	ȵie^{13}	ȵie^{33}
爬	假开平	pa^{31}	pa^{31}	pa^{21}	piu^{31}	pa^{31}	pa^{42}
部	遇合上	pu^{424}	pu^{24}	pɣ^{42}	pu^{33}	pəu^{21}	pəu^{21}
步	遇合去	pu^{24}	pu^{24}	pɣ^{42}	pi^{45}	bəu^{21}	bəu^{21}
牌	蟹开平	pæ^{31}	pai^{31}	pa^{21}	pæ^{31}	pai^{31}	pai^{42}
陪	蟹合平	poe^{31}	poe^{31}	pei^{21}	pei^{31}	pui^{31}	pui^{42}
倍	蟹合上	p'oe^{44}	p'oe^{424}	p'ie^{13}	p'ie^{33}	pui^{21}	pui^{21}
皮	止开平	pi^{31}	pi^{31}	pæ^{21}	po^{33}	dɔp^{5}	dət^{5}
脾	止开平	pi^{31}	pi^{31}	pæ^{21}	po^{33}	pei^{33}	pan^{33}
被~子	止开上	pi^{24}	pi^{44}	pæ^{42}	po^{33}	suaŋ^{13}	suaŋ^{13}
抱	效开上	po^{44}	po^{44}	pɣ^{42}	po^{33}	k'am^{33}	nt'o^{44}
瓢	效开平	piəu^{31}	piu^{51}	po^{13}	piɣ^{31}	koŋ^{24}	biu^{21}
辫	山开上	puẽ^{44}	pin^{44}	pẽ^{42}	p'i^{33}	bin^{13}	bin^{13}
盘	山合平	puẽ^{31}	pun^{31}	paŋ^{31}	paŋ^{31}	pien^{31}	pien^{31}
盆	臻合平	puẽ^{31}	pun^{31}	poŋ^{31}	pən^{31}	pien^{44}	pun^{31}
白	梗开入	pia^{24}	piæ^{31}	pu^{24}	pu^{45}	pet^{2}	pet^{2}
棚	梗开平	poŋ^{31}	poŋ^{31}	poŋ^{31}	pən^{31}	buaŋ^{21}	buaŋ^{21}
平	梗开平	pẽ^{31}	pen^{31}	piu^{21}	pin^{31}	pẽ^{31}	pen^{31}
病	梗开去	pẽ^{24}	pen^{24}	piu^{24}	pin^{45}	pẽ^{21}	pen^{21}
瓶	梗开平	pẽ^{31}	pen^{31}	piu^{21}	pin^{31}	pen^{31}	pen^{31}

並母字梧州话、平地瑶话今都读不送气清塞音[p]，只有"倍"读成送气清塞音[p']。而过山瑶话今多数也读不送气清塞音[p]，但还有少数读成浊塞音[b]，如"步、辫、棚"，或是读成了别的音。

如表 3-8 所示，奉母字梧州话、平地瑶话和过山瑶话今读都仍旧保留了重唇的读法，梧州话读[p]，锦陂有少数读轻唇[f]；平地瑶话多数也读[p]，少数读[h]或[f]，"饭"字老车和大山脚声母都读[m]，也是重唇音，过山瑶话"饭"字读鼻冠塞音声母；过山瑶话今多读浊声母[b]，有的字则用了别的音。

表 3-8 奉母字比较字表

		鹧鸪塘	锦陂	老车	大山脚	横江	中央冲
扶	遇合平	pu²⁴	fu³¹	hγ²¹	tən³³	ntʻo⁴⁴	pa⁴⁴
腐	遇合上	pu⁴⁴	pu²⁴	hγ¹³	fu²¹	pəu²¹	pəu³³
肥	止合平	pi³¹	pi³¹	pæ²¹	fa³¹	gun²¹	gun²¹
浮	流开平	pau³¹	fəu³¹	pγ²¹	po³¹	biəu²¹	biəu²¹
饭	山合去	pan²⁴	pan²⁴	mæ³³	mo³¹	ntʻaŋ²⁴/bien⁴²	ntʻaŋ²⁴bien⁴²
罚	山合入	pa³¹	fæ³¹	fa²⁴	fæ⁴⁵	pai³¹	pai³¹
份	臻合去	poẽ²⁴	poen⁴²⁴	poŋ²⁴	pen¹³	bun²¹	buen²¹
房	宕合平	paŋ²¹	paŋ³¹	paŋ³¹	ao²⁴屋	boŋ²¹	pao⁴⁴
奉	通合上	poŋ²⁴	foŋ²⁴	poŋ⁴²	faŋ³³		

如表 3-9 所示，定母字梧州话和平地瑶话今读绝大部分都读不送气塞音[t]，老车的七都话有部分读成边音声母[l]，梧州话鹧鸪塘村和大山脚的八都话也有个别字读[l]，如"代"。大山脚八都话的"条"和"停"声母读[tɕ]，这和其他点都不同，还有"蛋"读[k]声母，与过山瑶话相同。过山瑶话除部分同梧州话和平地瑶话一样也读不送气塞音[t]外，还有部分读浊声母[d]，两岔河横江读浊声母的更多，例如："铜、独"等为浊声母，而湘江中央冲却不是。过山瑶话"淡"声母很特别，读成了[ts]。此外还有些字读成了另外的音，如"藤"。

表 3-9 定母字比较字表

		鹧鸪塘	锦陂	老车	大山脚	横江	中央冲
大	果开去	tæ²⁴	tai²⁴	ta²⁴	tie⁴⁵	ntʻo³³	ntʻu³³
徒	遇开平	tʻu³¹	tu³¹	lø²¹	tγ³³	tʻu³¹	tu⁴²
台	蟹开平	tø³¹	tø³¹	la²¹	tæ³¹	tie³¹	ti³¹
代	蟹开平	læ⁴²⁴	tø²⁴	la³³	læ³³	doei²¹	doei²¹
弟	蟹开上	tue⁴⁴	təe⁴⁴	ti³³	tei³³	dei²¹	ntʻai²⁴
第	蟹开去	tue²⁴	təe⁴²⁴	tei²⁴	tei⁴⁵	tei²¹	tei²¹
地	止开去	ti²⁴	ti²⁴	tæ²⁴	ta⁴⁵	dei²¹	dao³³
淘	效开平	to³¹	to³¹	lγ²¹	to³¹	to³¹	tu⁴²
道	效开上	to⁴⁴	to²⁴	tγ⁴²	to³³	to²¹	tu⁴²
条	效开平	tiəu³¹	tiu³¹	lei³¹	tɕiγ³¹	tiu³¹	tiu³¹
头	流开平	tau³¹	tau³¹	ləu³¹	təu³¹	tao³¹	tao⁴²
豆	流开去	tau²⁴	tau²⁴	təu²⁴	təu⁴⁵	təp²	təu²
淡	咸开上	tan²⁴	tan²⁴	tu⁴²	tən³³	tsam⁴⁴	tsan⁴⁴
碟	咸开入	tie²⁴	tie³¹	tei⁴⁴	tei²⁴	tiep²	ti²
蛋	山开去	tan²⁴	tan²⁴	laŋ⁴²	kəu³³	kao²⁴	kao²⁴
田	山开平	tiẽ³¹	tin³¹	lẽ³¹	tei³¹	lin³¹	lin³¹
电	山开去	tiẽ²⁴	tin²⁴	lẽ⁴²	tei⁴⁵	din²¹	din²¹

续表

		鹧鸪塘	锦陂	老车	大山脚	横江	中央冲
殿	山开去	tiẽ²⁴	tin²⁴	tẽ²⁴	tei⁴⁵	din²¹	din²¹
团	山合平	tuẽ³¹	tun³¹	laŋ²¹	taŋ³¹	dun²¹	dun²¹
塘	宕开平	tyaŋ³¹	tioŋ³¹	laŋ²¹	taŋ³¹	gaŋ²¹	gaŋ²¹
糖	宕开平	tyaŋ³¹	tioŋ³¹	laŋ²¹	taŋ³¹	toŋ³¹	toŋ⁴²
藤	曾开平	taŋ³¹	taŋ³¹	ləu²¹	tən³¹	m̥oe³³	m̥ei³³
停	梗开平	tẽ³¹	ten³¹	t'in²¹	tɕin³¹	tin³¹	tin³¹
动	通合上	toŋ²⁴	toŋ⁴⁴	toŋ⁴²	tən³³	doŋ¹³	dəŋ³³
铜	通合平	toŋ³¹	toŋ³¹	loŋ³¹	tən³¹	doŋ²¹	təŋ²¹
独	通合入	to²⁴	to²⁴	tø²⁴	tao⁴⁵	do²¹	tu²¹
读	通合入	to²⁴	to²⁴	tø²⁴	tao⁴⁵	tok²	tok²
毒	通合入	to²⁴	to²⁴	tø²⁴	tao⁴⁵	tok²	tok²

如表 3-10 所示，从母字梧州话今都读擦音[s]或[ɕ]，鹧鸪塘的"就"读[t]，"族"读[ts]。"蹲"字读另外的字音，锦陂"蹲"声母为[ŋ]，与过山瑶话相近，只是韵尾鼻音稍有不同。表示"干净"时锦陂也与其他点不同；平地瑶话和过山瑶话今都读不送气的塞擦音[ts]或[tɕ]，过山瑶话还有部分读浊的塞擦音[dz]，个别读[dʐ]。"在"为零声母，这与老车的七都话相同，过山瑶话的"层"读成了另外的音。

表 3-10　从母字比较字表

		鹧鸪塘	锦陂	老车	大山脚	横江	中央冲
坐	果合上	sø²⁴	sø²⁴	tsʏ⁴²	tsʏ³³	tsuei¹³	tsuei³³
席	假开去	se²⁴	se²⁴	ɕiu⁴⁴	tei³³	tsi³¹	tsei³¹
财	蟹开平	sø³¹	sø³¹	tsa²¹	tsæ³¹	tsoe³¹	tsue³¹
材	蟹开平	sø³¹	sø³¹	tsa²¹	tsæ³¹	dzɔi²¹	dzuai²¹
在	蟹开上	sue⁴⁴	sø⁴⁴	i⁴⁵	tsæ³³	iem³³	ien³³
齐	蟹开平	sue³¹	səe³¹	tsei²¹	tsei³¹	dzoe²¹	dzue²¹
罪	蟹合上	sue⁴⁴	sui⁴⁴	tsu⁴²	tsuæ³³	dzui²¹	dzui²¹
字	止开去	si²⁴	si²⁴	tsɿ²⁴	tsɿ⁴⁵	dzaŋ²¹	dzaŋ²¹
就	流开去	tau²⁴	sau²⁴	tsəu²⁴	tɕiəu³³	tɕiu²¹	tsu²¹
蚕	咸开平	san³¹	san³¹	tsoŋ²¹	tsən³¹	tsam²¹	tsan²¹
钱	山开平	siẽ³¹	sin³¹	tsẽ²¹	tsei³¹	tsin²¹	tsin²¹
前	山开平	siẽ⁵¹	sin³¹	tsẽ²¹	tsei³¹	tsin²¹	tsin²¹
全	山合平	suẽ³¹	sun³¹	tsẽ²¹	tsuei³¹	dzen²¹	dzen²¹

续表

		鹧鸪塘	锦陂	老车	大山脚	横江	中央冲
蹲	臻合平	lioŋ⁵¹	ŋaŋ⁵¹	tsəu⁴⁵		ŋam⁴⁴	ŋan⁴⁴
崭	宕开入	ɕyæ²⁴	siɵ²⁴	tsɤ¹³	tsɤ⁴⁵	dzu²¹	tsəu³¹
墙	宕开平	siaŋ³¹	siaŋ³¹	tɕiaŋ²¹	tɕiaŋ³¹	tsin³¹	tsin³¹
嚼	宕开入	ɕiəu²⁴	ɕiɵ⁵	tsei²⁴		dziu²¹	dzi²¹
层	曾开平	saŋ³¹	saŋ³¹	tsu²¹	tɕi³¹	iem³¹	dzaŋ²¹
贼	曾开入	sau²⁴	sa⁵	tsu²⁴	tsəu⁴⁵	tsa³¹	tsa³¹
情	梗开平	sẽ³¹	sen³¹	tɕiu²¹	tɕin⁴⁵	tsin³¹	tsin³¹
净	梗开去	sẽ²⁴	nen³¹	tɕiu²⁴	tɕin³³	dzen²¹	dzen²¹
族	通合入	tso⁵¹	so²⁴	tsu³³	tsu³¹	tsu³¹	tsu³¹

如表3-11所示，邪母字梧州话今读擦音[s]或[ɕ]，只有鹧鸪塘"斜"读[t']；平地瑶话和过山瑶话今多读不送气的塞擦音[ts]或[tɕ]，"斜"字都读送气声母，"习"字都读擦音声母。过山瑶话"旋"读浊声母[dz]，有的是另外的音，如"谢、袖"。

表3-11 邪母字比较字表

		鹧鸪塘	锦陂	老车	大山脚	横江	中央冲
斜	假开平	t'ie⁴²⁴	se²¹	tɕ'iu³³	tɕ'iu³³	k'en²⁴	ts'ie¹³
谢	假开去	ɕie²⁴	se²⁴	tɕiu²⁴	ɕiu³³	tsie²¹	pəu⁴² no³³
袖	流开去	sau⁴²⁴	sau²⁴	tɕiu³³	tɕiəu⁴⁵	luei³¹ moe¹³	luei³¹ moei¹³
习	深开入	ɕi³¹	sa⁵	ɕi³³	ɕi³³	si³¹	si³¹
旋	山合平	suẽ²⁴	sun²¹	lie³³	tɕye¹³	dzun²¹	dzun²¹
象	宕开上	siaŋ⁴²⁴	ɕiaŋ⁴²⁴	tɕiaŋ⁴²	ɕiaŋ³³		
松~树	通合平	soŋ⁵¹	soŋ⁵¹	tsʅ²¹iəu²¹m⁴²	tɕyi³¹ mao⁴⁵	tsoŋ²¹ diaŋ²⁴	tsəŋ²¹ diaŋ²⁴

如表3-12所示，澄母字梧州话今绝大部分读擦音[s]或[ɕ]，极少数读不送气塞擦音[ts]或[tɕ]，"撞"读送气塞擦音[tɕ']；平地瑶话和过山瑶话今绝大部分读不送气的塞擦音[ts]或[tɕ]，平地瑶话老车七都话有个别澄母字读边音声母[l]，如："迟、长"，还有一些字音较特殊，如："重"和过山瑶话接近，"稠、虫、浊"等读另外的字音，也不同于过山瑶话。大山脚八都话澄母字"锤、仗"读不送气塞音[t]；过山瑶话读浊声母的为数很少，如"柱、绸、赚"，还有些字音不是相应的汉字的读音，如"虫、浊、长"等。

如表3-13所示，崇母字梧州话今多读擦音[s]或[ɕ]，读不送气塞擦音的极少。平地瑶话和过山瑶话今多读不送气塞擦音[ts]或[tɕ]，平地瑶话"床"读音很特别，"床"是其本字。这在江永城关和桃川也有类似的读音。过山瑶话"柴"为浊声母，"锄"读另外的音。

表 3-12　澄母字比较字表

		鹩鸪塘	锦陂	老车	大山脚	横江	中央冲
茶	假开平	sa³¹	ɕia²¹	tso²¹	tsu³¹	tsa³¹	tsa⁴²
箸	遇合去	ɕy²⁴	ɕy²⁴	tɕi²⁴		tsəu³¹	tsəu³¹
柱	遇合上	ɕyi²⁴	ɕy²⁴	tsi⁴²	tɕio³³	diəu²¹	diəu²¹
住	遇合去	ɕyi²⁴	ɕy²⁴	tsi²⁴	tɕio⁴⁵	iem³³/tsəu²¹	ien³³
迟	止开平	si³¹	si³¹	læ²¹		tsai³¹	an²⁴ 晏
治	止开去	tɕi⁴²⁴	tɕi⁴²⁴	tsɿ²⁴	tsɿ²⁴	tsɿ²⁴	tsɿ²⁴
锤	止合平	sue³¹	sui³¹	tsu²¹	to³³	tsuei³¹	tsuei³¹
绸	流开平	sau³¹	tɕiau¹	tsʻəu³³	tɕiəu³¹	tɕʻiu³¹	tsʻəu³¹
稠	流开平	sau³¹	sau³¹	kuei²⁴		ʑie²¹	dʑie²¹
赚	咸开去	tɕyẽ²⁴	tsan²⁴	tsan²⁴	tsue³³	dzoen²¹	tsuan²¹
沉	深开平	suẽ³¹	san³¹	lv²⁴ 落	tɕi³¹	tsem³¹	tsen⁴²
传	山合平	suẽ³¹	tsʻun³¹	tsẽ²¹	tsue³¹		
阵	臻开去	suẽ²⁴	tsən⁴²⁴	te³³	tɕi³³	tsan²¹	tsian²¹
侄	臻开入	tsuo³¹	tsəe²⁴	tsɿ⁴⁴	tɕi⁴⁴	tsi³¹	tsi³¹
长	宕开平	ɕian³¹	ɕian³¹	lian²¹	tɕian³¹	ntʻao⁴⁴	ntʻao²⁴
肠	宕开平	ɕyan³¹	ɕion²⁴	tsan²⁴	tsan⁴⁵	kan³¹	kan⁴²
仗	宕开上	tɕian⁴⁴	tɕian⁴²⁴	tsan³³	tan³³	tsan²⁴	tsan²⁴
丈	宕开去	ɕian⁴⁴	ɕian⁴⁴	tɕian⁴²	tɕian³³	tsoŋ¹³	tsuŋ³³
撞	江开去	tɕʻyan⁴²⁴	tɕʻion⁴²⁴	tsan²⁴	tsan⁴⁵	tsʻoŋ²⁴	tsʻoŋ⁴⁴
浊	江开入	ɕyæ²⁴	tɕio⁵	ny⁴⁴		go²¹	gu²¹
直	曾开入	se²⁴	tɕiə⁵	tɕiəu²⁴	tɕiəu⁴⁵	tsat²	tsa²
虫	通合平	soŋ³¹	soŋ³¹	lei²¹m⁴²	li³¹	ken³³	ken³³
重	通合上	soŋ⁴⁴	ɕioŋ²⁴	tei⁴²	tɕi³³	ntʻie⁴⁴	ntʻe⁴⁴

表 3-13　崇母字比较字表

		鹩鸪塘	锦陂	老车	大山脚	横江	中央冲
锄	遇合平	ɕiø⁵¹	ɕiø⁵¹	tsø²¹	tsao³¹	pʻoŋ³³	kəu²¹
柴	蟹开平	sæ³¹	sai³¹	tsei²¹	tɕiə³¹	dzu²¹	dzu²¹
事	止开去	si²⁴	si²⁴	sɿ²¹	sɿ⁴⁵	si²¹	si²¹
愁	流开平	sau³¹	sau³¹	tsəu²¹	tsəu³¹		
炸	咸开入	sa²⁴	sæ⁵	tsa²⁴	tsu³³	tsep⁵	tsei²
铡	山开入	tsa³¹	tɕia⁵	tsʻe⁴⁴	tsæ²⁴	kak⁵	dza²¹
床	宕开平	ɕyan³¹	ɕion³¹	lau²¹	tao³¹	tsʻəu²⁴	tsʻəu²⁴
状	宕开去	ɕyan²⁴	tɕian⁴²⁴	tsuan²⁴	tsan⁴⁵	tsoŋ²¹	tsoŋ²¹

如表 3-14 所示，船母字梧州话和平地瑶话今都读擦音[s]或[ɕ]，只有表示吃东西的"食"读音特殊，梧州话声母读[h]，平地瑶话读[z]；船母字过山瑶话则很混杂，擦音[s]居多，塞擦音[ts]也有，还有浊声母。有的还读成了另外的音，如"舌"。

表 3-14　船母字比较字表

		鹧鸪塘	锦陂	老车	大山脚	横江	中央冲
蛇	假开平	ɕie³¹	ɕie³¹	so²¹	ɕiu⁴⁵	lan³³	naŋ³³
射	假开去	ɕie²⁴	ɕie²⁴	su²⁴	ɕiu⁴⁵	ɕie²⁴	fi²⁴
舌	山开入	ɕie²⁴	si²⁴	ɕie¹³		bie²¹	bie²¹
船	山合平	ɕyē³¹	ɕiøn³¹	sē²¹	ɕye³¹	dzaŋ²⁴	dzaŋ²⁴
神	臻开平	suē³¹	sən³¹	sɿ²¹	ɕi³¹	sen³¹	sen³¹
实	臻开入	suo²⁴	səe²⁴	sɿ⁴⁴	sɿ⁴⁵	tsiet²	tsie²
唇	臻合平	suē³¹	sən³¹	sɿ²¹	ɕyi³¹		
顺	臻合去	suē²⁴	ɕiøn²⁴	sɿ²⁴	ɕyi⁴⁵	sun²¹	sun²¹
术 技~	臻合入	su²⁴	ɕiø⁵¹	su⁴⁴	su³³	su²¹	su³³
剩	曾开去	sē²⁴	sen²⁴	sɿ²⁴	ɕi⁴⁵	tseŋ²¹	tseŋ²¹
食 吃	曾开入	he⁵¹	he⁵¹	zɿ²⁴	zɿ²⁴	ȵien³¹	ȵien³¹
食 粮~	曾开入	se²⁴	se²⁴	sɿ²¹	sɿ²¹	tsi³¹	tsei³¹
赎	通合入	so²⁴	so⁵	si²⁴	ɕi⁴⁵	tsuə³¹	tsuə³¹

如表 3-15 所示，禅母字梧州话和平地瑶话今都读擦音[s]或[ɕ]，只有"承、城"例外读塞擦音；而过山瑶话有半数读不送气塞擦音[ts]，半数读擦音[s][f]或[h]，只有"城"两处都读送气塞擦音，横江的"成"读浊声母。还有的读成另外的音，如"睡、薯"等。

表 3-15　禅母字比较字表

		鹧鸪塘	锦陂	老车	大山脚	横江	中央冲
社	假开上	ɕie⁴⁴	ɕie²⁴	so⁴²	ɕiu³³	sie²⁴	sie²⁴
薯	遇合去	ɕy⁴⁴	ɕy⁴⁴	si⁴²	ɕio²¹	doe²¹	doe²¹
是	止开上	si⁴⁴	si⁴⁴	sɿ⁴²	sɿ³³	tsei¹³	tsei³³
豉	止开去	si²⁴	si²⁴	sɿ³³	sɿ³³	tsei²¹	tsei²¹
市	止开上	si²⁴	si²⁴	sɿ¹³	sɿ³³	he²¹	hei³³
睡	止合去	sue²⁴	sui³¹	fu³³	fən³³	poe²⁴ goŋ²¹	pue²⁴ dzioŋ²¹
仇	流开平	sau³¹	sau³¹	ɕiəu⁴⁵	ɕiəu³¹	siəu³¹	siəu³¹
寿	流开去	sau²⁴	sau²⁴	səu²⁴	ɕiəu⁴⁵	siəu²⁴	siəu²⁴
十	深开入	suo²⁴	sa²⁴	sɿ²⁴	sɿ⁴⁵	tsiəp²	tsiet²
善	山开上	siē²⁴	sin⁴⁴	sē³³	ɕyi³³	sian²¹	nəŋ²⁴
常	宕开平	ɕiaŋ³¹	saŋ³¹	ʂaŋ²¹	ɕiaŋ³¹	tsan³¹	tsan³¹
尝	宕开平	ɕiaŋ³¹	ɕiaŋ³¹	ʂaŋ²¹	ɕiaŋ²¹	sei²⁴ 试	sei³³ 试
上	宕开上	ɕiaŋ²⁴	ɕiaŋ⁴⁴	ʂaŋ⁴²	ɕiaŋ³³	fao²⁴	fao²⁴

续表

		鹧鸪塘	锦陂	老车	大山脚	横江	中央冲
承	曾开平	tsʻẽ³¹	sæn³¹	tsẽ²¹	ie⁴⁵ 认	sẽ³¹	sẽ³¹
成	梗开平	suẽ³¹	sen³¹	su²¹	ɕiən³¹	dzeŋ²¹	tsiaŋ²⁴
城	梗开平	suẽ³¹	sen³¹	tsaŋ²¹	ɕiən³¹	tsʻen³¹	tsʻen³¹
石	梗开入	ɕie³¹	se³¹	su²⁴	ɕiu⁴⁵	tsi²¹	tsi²¹
熟	通合入	so²⁴	so⁵	səu²⁴	ɕiəu⁴⁵	tsuə³¹	tsuə³¹

如表 3-16 所示,群母字梧州话和平地瑶话今多数读不送气塞音[k],少数读不送气塞擦音[ts]或[tɕ],大山脚八都话还有少数字声母读[t],如"茄、桥、轿、求、强";而过山瑶话则相反,绝大部分读不送气塞擦音[ts]或[tɕ],读不送气塞音[k]的只是少数几个,如"茄、跪、柜、轿"。"跪、件、勤、裙"等读浊声母,"近"读另外的音。

表 3-16 群母字比较字表

		鹧鸪塘	锦陂	老车	大山脚	横江	中央冲
茄	果开平	kie³¹	kie³¹	ki²¹	ty³¹	kie³¹	tɕi³¹
渠	遇合平	ɕy³¹	kø31	tsɿ³³		tsun²⁴	
骑	止开平	ki³¹	ki³¹	ki²¹	tsɿ³¹	tɕie³¹	ke⁴²
技	止开上	tsɿ²⁴	tɕi⁴²⁴	tsɿ²¹	tsɿ³³	tsɿ²⁴	tsɿ²⁴
棋	止开平	ki³¹	ki³¹	ki²¹	ki²¹	tɕie³¹	tɕie³¹
旗	止开平	ki³¹	ki³¹	ki³¹	ki²¹	tɕie³¹	tɕie⁴²
跪	止合上	kʻue⁴⁴	kuəe²⁴	ku⁴²	kua³³	kuei²¹	gue²¹
柜	止合去	kue²⁴	kuəe⁴²⁴	ku²⁴	kua⁴⁵	kuei²¹	kuei²¹
桥	效开平	kiəu³¹	kiu³¹	ki²¹	ty³¹	tɕiəu³¹	tɕiəu³¹
轿	效开去	kiəu²⁴	kiu²⁴	ki²⁴	ty⁴⁵	kiu²¹	tɕiu³¹
求	流开平	tsau³¹	tɕiau³¹	kiəu²¹	təu³¹	tɕiəu³¹	tɕiəu⁴²
旧	流开去	tsau²⁴	tɕiau²⁴	ly⁴² 老	lo³³ 老	tɕiəu²¹	tɕiəu²¹
件	山开上	lẽ⁴⁴	kin⁴⁴	kẽ³³	kei³³	kin²¹	dzun²¹
拳	山合平	kuẽ³¹	køn³¹	kuẽ²¹	kue³¹	tɕyen³¹	tɕyen³¹
勤	臻开平	tsuẽ³¹	tɕiən³¹	ki²¹	kʻin³¹	dʑien³¹	tɕien³¹
近	臻开上	tsuẽ⁴⁴	tɕiən²⁴	ki⁴²	tɕi³³	fat⁵	fat⁵
菌	臻合上	kuẽ⁴⁴	tɕøn⁴²⁴	ki⁴²	tɕyi³³	tɕiəu³¹	tɕiəu³³
裙	臻合平	kuẽ³¹	koen³¹	ki²¹	tɕyi³¹	dzyn³¹	tɕyn³¹
强	宕开平	kiaŋ³¹	kiaŋ³¹	kʻiaŋ²¹	taŋ³¹	tɕioŋ³¹	tɕioŋ³¹
穷	通合平	tsoŋ³¹	tɕioŋ³¹	kʻø¹³ 苦	kʻao²¹ 苦	tɕiom³¹	tɕiəŋ³¹

如表 3-17 所示，匣母字梧州话今多读为零声母，少数几个读擦音，如"画、盒、还、魂、横"，读鼻音[ŋ]的只有"旱、汗"，读不送气塞音的只有"共"；平地瑶话今读绝大部分为擦音，[ɕ、h、f]都有。个别的为零声母，如"坏、会、滑、县、横"。有些字音很特别，如"厚""红"都读成了另外的音。老车七都话的"红"读音与过山瑶话很接近；匣母字过山瑶话今读多为浊擦音声母[ɦ]和[w]，清擦音声母很少。"下"声母为[z]或[dz]，"县"声母为[g]。还有一些字读另外的字音，如"河、湖、胡、含、咸、活、滑、红"等。

表 3-17　匣母字比较字表

		鹧鸪塘	锦陂	老车	大山脚	横江	中央冲
河	果开平	ø³¹	ŋø³¹	ha⁴⁵	hæ⁴⁵	suan³³	suən³³
下	假开去	ia²⁴	a²⁴	hu⁴²	fu³³	zie²¹	dzi²¹
夏	假开去	a²⁴	a²⁴	ho⁴²		ha²¹	ha³¹
壶	遇合平	u³¹	u³¹	hø²¹	hao³¹	həu³¹	həu³¹
湖	遇合平	u³¹	u³¹	hø²¹	hao³¹	dai²¹	təŋ³¹
胡~子	遇合平	u³¹	u³¹	ɕi⁴⁵须	hao³¹	sian³³	sian³³
害	蟹开去	ø²⁴	ø²⁴	ha²⁴	hæ⁴⁵	ɦɔe²¹	ɦɔe²¹
鞋	蟹开平	æ²¹	ai³¹	ha³¹	hæ³¹	ɦie²¹	ɦie²¹
会~不~	蟹合去	ue²⁴	ɕio²⁴晓	ha³¹	uæ⁴⁵	ɦai²¹	wi³¹
坏	蟹合去	fuæ⁴²⁴	uai²⁴	fæ²⁴	uæ⁴⁵	wai²¹/ɦu⁴⁴	wai²¹/ɦu⁴⁴
画名词	蟹合去	ua³¹	fa⁴²⁴	hu²⁴	fu⁴⁵	fa²⁴	faŋ²⁴
画动词	蟹合去	ua³¹	fa⁴²⁴	hu²⁴	fu⁴⁵	wa²⁴	wa²⁴
话	蟹合去	ua³¹	ua³¹	hu²⁴	fu⁴⁵	wa²⁴	wa²⁴
号~子	效开去	o²⁴	o²⁴	hɤ²⁴	ho⁴⁵	ɦio²¹	ɦio²¹
厚	流开上	au⁴⁴	au⁴⁴	tsʅ¹³	tɕi³¹	ɦio²¹	u³³
含	咸开平	uẽ³¹	an³¹	han²¹	han³¹	gom³³	goŋ³³
盒	咸开入	uə³¹	ho⁵	faŋ⁴⁴	fu⁴⁵	kʻok⁵	hok²
咸	咸开平	an³¹	an³¹	hoŋ²¹	hən³¹	dzai²¹	dzai²¹
嫌	咸开平	iẽ³¹	in³¹	ɕiẽ³¹	ɕiei³¹	kẽ³¹	kẽ³¹
旱	山开上	ŋø⁵¹	øn⁴⁴	haŋ⁴²	han³³	ɦian²¹	ɦian²¹
汗	山开去	ŋø²⁴	øn²⁴	haŋ²¹	han⁴⁵	ɦian²¹	an²¹
闲	山开平	an³¹	an³¹	ɕi²¹	ɕi³¹	ɦien²¹	ɦien²¹
活	山合入	saŋ⁵¹生	ui²⁴	si⁴⁵生	fɤ⁴⁵	naŋ³¹	naŋ³¹
滑	山合入	ua²⁴	uæ⁵	ua⁴⁴	uæ⁴⁵	baŋ²¹	bian²¹

续表

		鹧鸪塘	锦陂	老车	大山脚	横江	中央冲
还~有	山合平	tɕie24	ha31	ty42ho42	hei31	fio21	fio21
县	山合去	yẽ24	øn24	uẽ24	ue45	gyan21	gyan21
恨	臻开去	xəẽ24	ən24	həŋ24	hen24	hen24	nao44 恼
魂	臻合平	uẽ31	fun31	fu21	fuən31	wen31	wen31
黄	宕合平	uaŋ31	uaŋ31	haŋ31	haŋ31	wiaŋ31	wiaŋ31
皇	宕合平	uaŋ31	uaŋ31	haŋ21	haŋ31	fioŋ31	hoŋ42
降投~	江开平	iaŋ31	iøŋ31	ɕiaŋ21	ɕiaŋ31	ɕiaŋ31	ɕiaŋ31
学	江开入	yæ31	iə24	ɕiəu24	ɕiəu45	fio21	hu21
横	梗合平	yaŋ31	fun31	ui21	yi31	wen31	wen42
红	通合平	oŋ31	oŋ31	so33	ɕiu24	si5	si5
共	通合去	koŋ24	koŋ24	koŋ24	tan33	koŋ24	koŋ24

从以上声母比较字表的分析中我们可以看出，江华梧州话古全浊声母不论平仄，今读为不送气清音，只有少数例外读送气。古並母、奉母、定母、群母今读不送气清塞音，古从母、邪母、澄母、崇母、船母、禅母今读清擦音，匣母今为零声母；平地瑶话古全浊声母不论平仄今读塞音、塞擦音时读为不送气的清音，今读擦音时也是清擦音，也有少数送气的例外。古並母、奉母、定母、群母今读不送气塞音，古从母、邪母、澄母、崇母今读不送气清塞擦音，古船母、禅母、匣母今读清擦音；过山瑶话较为复杂，汉语古並母、奉母、定母字在过山瑶话里今也读不送气的清塞音，古从母、邪母、澄母、崇母、船母少数、禅母半数、群母字在过山瑶话里今读不送气的清塞擦音。从汉语古全浊声母的演变方式看，平地瑶话和过山瑶话较为一致，梧州话则是另一类型。将三者与周边的湘南土话进行比较，我们发现三者都可以归入不送气①型（谢奇勇，2003），梧州话、平地瑶话、过山瑶话和邻近的江永城关、江永松柏、江永桃川、道县祥霖铺、道县小甲、双牌理家坪、新田南乡等地一样，古全浊声母字今读清塞音、塞擦音时基本上都是不送气，属于典型的不送气型。平地瑶话和过山瑶话古全浊声母的这种演变趋势既是受周边方言影响所致，也是服从于自身音位系统的结果，过山瑶话中本来就是送气塞音、塞擦音和擦音都不多，浊声母演变时自然会朝着主流方向走。此外，平地瑶话在古全浊声母演变方面呈现出与过山瑶话相似的状况，我们可以看到它们之间隐藏着一些联系。梧州话有所不同的是古从、澄、崇、船母今读不是清塞擦音，而是清擦音。我们也能从周边各县找到演变方式相同的方言点，如道县的寿雁。梧州话清擦的演变方式则可能是不送气清塞擦音进一步脱落前面的塞音蜕变而成的。

还有一个重要的现象不能忽视，那就是中古汉语全浊声母字被借到过山瑶话中之后，全浊声母被保留了下来。11 类古全浊声母字中每一类都有字音保留浊音声母，以上各表中共列举出 203 个古全浊声母字，仍保留浊声母的有 53 个，占 38.3%。各声母仍读浊声母的字多少的程度稍有不同，最多的是匣母，塞音声母又较塞擦音声母要多些。事实上，过山瑶话保留浊声母的现象很普遍，不光是古全浊声母字中有，次浊、全清、次清声母字中都有，而且数量不小，尤其是许多全清声母字今也读浊声母，现举例如下：

（1）汉语的次浊声母是明、微、泥、来、日、疑、云、以 8 母，在过山瑶话中现在仍然多数读成浊的鼻音、边音和擦音。

汉字	汉字中古音	横江	中央冲
帽	效开一去号明	moə²¹	mao²¹
你	止开三上止来	moei²¹	mue⁴²
尿	效开四去啸泥	wie²⁴	wi³³
瓦	假合二上马疑	ŋua²⁴	ŋua³³
染	咸开三上琰日	n̪iom²¹	n̪iom²¹
样	宕开三去漾以	n̪ioŋ²¹	n̪ioŋ²¹
蜡	咸开一入盍来	lat⁵	lat²
蚊	臻合三平文微	muŋ³¹	muŋ³³
硬	梗开二去映疑	ŋen²¹	ŋen²¹
雾	遇合三去遇微	məu³¹	məu³¹
袜	山合三入月微	mat¹³	ma²
两	宕开三上养来	loŋ¹³	loŋ³³
王	宕合三平阳云	wiaŋ³¹	wiaŋ³¹

（2）汉语的帮、非、端、精、知、庄、章、见、影；心、生、书、晓 13 母是全清声母，全清声母字在过山瑶话里今多数仍读不送气的清塞音、塞擦音，但读浊声母的也很多，这是很特别的。

汉字	汉字中古音	横江	中央冲
嘴	止合三上纸精	dzuei²¹	dzuei²¹
醉	止合三去至精	gui³³	gui³³
争	梗开二平耕庄	dzen³³	dzen³³
猪	遇合三平鱼知	doŋ¹³	tuŋ³³
叫	效开四去啸见	ziəu²¹	ziəu²¹
臊	效开一平豪心	dziao³³	dziao³³

汉字	汉字中古音	横江	中央冲
鸟	效开四上筱端	no²¹	no²¹
甘	咸开一平谈见	gam³³	kan³³
尖	咸开三平盐精	dzim²¹	dzin²¹
干	山开一平寒见	gai³³	gai³³
整	梗开三上静章	dzam⁴⁴	tsoŋ⁴⁴
按	山开一去翰影	ŋat⁵	ŋa⁵
碗	山合一上缓影	wien⁴⁴	wien⁴⁴
挖	山合二入黠影	wiet⁵	wiet⁵
灶	效开一去号精	dzo²⁴	dzu²⁴
光	宕合一平唐见	gyaŋ³³	giaŋ³³
底	蟹开四上荠端	die⁴⁴	du⁴⁴
戏	止开三去置晓	ɣei²⁴	ɣei²⁴
举	遇合三上语见	gye¹³	soŋ³³
早	效开一上晧精	dziəu⁴⁴	dziəu⁴⁴
稀	止开三平微晓	ɣiəu²⁴	hei³³
棺	山合一平桓见	gyen²¹	kyai⁴²
枕	深开三上寝章	dzoŋ³¹	dzəŋ²¹
夹	咸开二入洽见	dʑiap⁵	dʑiat⁵
锯	遇合三去御见	dʑiəu²⁴	dʑiəu²⁴
秕	止开三上旨帮	bai²¹	bai²¹
化	假合二去祃晓	wa²⁴	wa²⁴
店	咸开四去㮇端	din²¹	din²¹
恩	臻开一平痕影	ŋen³³	ŋen³³
散	山开一上旱心	dzan²⁴	dzan²⁴
碱	咸开二上赚见	dzai²¹	dzi³³

（3）汉语的次清声母是滂、敷、透、清、彻、初、昌、溪 8 母。这 8 母的字在过山瑶话里反映形式较为复杂，其中有部分今读为浊声母。

汉字	汉字中古音	横江	中央冲
拍	梗开二入陌滂	bet⁵	bet⁵
撑	梗开二平庚彻	dzeŋ³³	dzeŋ³³
秤	曾开三去证昌	dziaŋ²⁴	dziaŋ²⁴
开	蟹开一平哈溪	goei³³	gue³³

汉字	汉字中古音	横江	中央冲
擦	山开一入曷清	dzak⁵	dza⁵
踢	梗开四入锡透	dik⁵	dei⁵
菜	蟹开一去代清	lai²¹	lai²¹
去	遇合三去御溪	min³¹	min³¹
丘	流开三平尤溪	liəu²⁴	liəu²⁴
浅	山开三上獮清	liaŋ⁴⁴	liaŋ⁴⁴
天	山开四平先透	luŋ³³	luŋ³³
村	臻合一平魂清	laŋ¹³	laŋ³³
吃	梗开四入锡溪	ȵien³¹	ȵien³¹
哭	通合一入屋溪	ȵiem⁴⁴	ȵien⁴⁴
痛	通合一去送透	mun³³	mun³³

今天的过山瑶话中之所以还会出现这么多的浊声母，主要原因应该是语音演变的历史规律促使浊声母得以保留。从汉语中借过去的古全浊声母字，一直留在了过山瑶的语言中。同时，古苗瑶语本身就有浊音存在，古苗瑶语的鼻冠塞音、塞擦音声母有三种：不吐气的清的塞音、塞擦音，吐气的清的塞音、塞擦音和浊的塞音、塞擦音。现代瑶语方言中的浊塞音、塞擦音声母就是古苗瑶语鼻冠塞音、塞擦音声母演化来的，而江华过山瑶话中仍然保留有极少数的鼻冠塞音，例如："大 ntʻo³³""肝 ntʻan³³""闻 ntʻom⁴⁴"，还有个别的复辅音声母，例如："搅拌 kʻwiəu²⁴""剜 kwiəu²⁴"。这就是说过山瑶话声母在经历了丢失鼻冠音、化繁为简的过程后，变成了今天存在大量浊声母的局面，特别是全清、次清声母字也读浊音声母。

2. 非组部分字读重唇音

梧州话、平地瑶话和过山瑶话都有非组读轻唇音的字保留重唇音读法的音韵特点，下面举例说明，如表 3-18 所示。（部分奉母字已在上面奉母字比较字表中列出，这里不再重复。）

表3-18 非组字读重唇音比较例字表

		鹧鸪塘	锦陂	老车	大山脚	横江	中央冲
斧	遇合上	pu⁴⁴	mu³¹	py¹³	ku²⁴	pəu⁴⁴	pəu⁴⁴
傅	遇合去	pu⁴²⁴	fu²⁴	hy¹³	fu³³	tie²⁴	pəu²⁴
辅	遇合上	pʻu⁴⁴	pʻu⁴⁴	pø²⁴			
武	遇合上	mu²⁴	mu⁴⁴	y⁴²	u³³	u⁴⁴	hu³¹
雾	遇合去	mu²⁴	u²⁴	y²⁴	u⁴⁵	məu³¹	məu³¹

续表

		鹧鸪塘	锦陂	老车	大山脚	横江	中央冲
肺	蟹合去	ɕi⁴²⁴	fi⁴²⁴	p'əu³³		p'om³³	p'oŋ³³
吠	蟹合去			pæ²⁴		dzioŋ²⁴	dzioŋ²⁴
飞	止合平	p'i⁵¹	fi⁵¹	pæ⁴⁵	po⁴⁵	dai²⁴/buei³³	dai²⁴buei³³
痱	止合去	pe²⁴	poe²⁴	hγ³³		tɕiaŋ³¹	p'əu²⁴
尾	止合上	mi²⁴	mi⁴⁴	mæ⁴²	mo³³	tuei⁴⁴	tue⁴⁴
味	止合去	mi²⁴	mi²⁴	u²⁴	ua⁴⁵	moei²⁴	muei²⁴
富	流开去	fu⁴²⁴	fu⁴²⁴	həu³³		fəu²⁴	pu⁵
副	流开去	fu⁴²⁴	fu²⁴	hγ³³		pəu²¹	fəu²⁴
凡	咸合平	pan²⁴	fan³¹	hæ²¹		pan³¹	
反	山合上	fan⁴⁴	fan⁴⁴	fi⁴²	fi²¹	pien⁴⁴	pien²⁴
筏	山合入	pa³¹	fa³¹	pa²¹			
万	山合去	uan²⁴	uan²⁴	ui²⁴	ui²⁴	wan²¹/man⁴²	wan²¹ man⁴²
袜	山合入	ma²⁴	mæ²⁴	ma²⁴	mæ⁴⁵	mat¹³	ma²
分	臻合平	poẽ⁵¹	foen⁵¹	poŋ⁴⁵	pen⁴⁵	pun³³	pun³³
粪	臻合去	poẽ⁴²⁴	poen⁴²⁴	pæ¹³	po³³	puən²⁴	puən²⁴
文	臻合平	moẽ⁵¹	moen³¹	m̩²¹	uən³¹	wen³¹	wen³¹
问	臻合去	moẽ²⁴	moen²⁴	m̩²⁴	mən⁴⁵	nai²¹	nai²¹
放	宕合去	poŋ⁴²⁴	paŋ⁴²⁴	paŋ³³	paŋ³³	poŋ²⁴	puŋ²⁴
防	宕合平	poŋ³¹	paŋ³¹	paŋ²¹	paŋ³¹	buŋ³¹	buŋ³¹
网	宕合上	miaŋ⁴⁴	mioŋ⁴⁴	maŋ⁴²	maŋ³³	muŋ¹³	muŋ¹³
望	宕合去	miaŋ²⁴	mioŋ²⁴	liəu³³ 看	uaŋ⁴⁵	maŋ²¹	eŋ²⁴
风	通合平	hoŋ⁵¹	hoŋ⁵¹	poŋ⁴⁵	pən⁴⁵	ziau²⁴	ziau²⁴
梦	通合去	miaŋ²⁴	moŋ²¹	m̩²⁴	mən⁴⁵	bei²⁴	bei²⁴
伏	通合入	po²⁴	fo⁵	hγ⁴⁴	fu⁴⁵	bu³¹	bu³¹
封	通合平	hoŋ⁵¹	hoŋ⁵¹	faŋ⁴⁵	fən⁴⁵	puaŋ³³	puəŋ³³
捧	通合上	p'oŋ⁴⁴	p'oŋ⁴⁴	p'oŋ¹³	p'ən²¹	p'oaŋ⁴⁴	p'uəŋ⁴⁴

　　从上表以及前面的奉母字比较字表里我们可以看出，三种方言都明显地留存有"古无轻唇音"的痕迹，所列 40 个非组字中，鹧鸪塘有 31 个读重唇音，3 个读[f]，2 个读[h]，1 个为零声母。锦陂 21 个读重唇音，14 个读[f]，2 个读[h]，2 个为零声母。老车 25 个读重唇音，8 个读[h]，3 个读[f]，4 个为零声母。大山脚 18 个读重唇音，8 个读[f]，6 个为零声母，1 个读[k]，1 个读[t]。横江 26 个读重唇音，读[n、tɕ、dz、z、f、w、ɡ、ntʂ']各 1 个，2 个读[t]，1 个为零声母。中央冲 27 个读重唇音，读[n、t、h、dz、z、f、w、ɡ]各 1 个，1 个为零声母。鹧鸪塘读重唇音的最多，而过山瑶话则还有不少的读浊的重唇音

声母。可见，梧州话、平地瑶话和过山瑶话在非组保留重唇读法这一方面较为一致。

3. 端组部分字读[l]

端组字的声母读成声母[l]的现象在汉语湘南土话中很多见，主要是江永城关、江永松柏、江永桃川、新田北乡等地较多，道县祥霖铺、双牌理家坪等地有极个别用例。江华的梧州话、平地瑶话和过山瑶话又如何呢？举例见表3-19：

表 3-19　端组字读[l]比较例字表

		鹧鸪塘	锦陂	老车	大山脚	横江	中央冲
多	果开平	lø^{51}	lø^{51}	ly^{45}	ly^{45}	ts'am^{33}	ts'an^{33}
朵一~	果合上	lø^{44}	lø^{44}		ny^{21}	to^{44}	to^{44}
朵耳~	果合上	ȵie^{31} lø^{44}	ȵie^{31} lø^{44}	ȵiəu^{42} kæ^{44}	ȵio^{33} ko^{33}	pu^{21} noŋ^{21}	mu^{21} noŋ^{42}
躲	果合上	luan^{44}	lø^{44}	pəu^{24}		pin^{24}	pin^{24}
剁	果合去		lø^{424}	ly^{33}	to^{24}	kak^{5}	to^{24}
赌	遇合上	lu^{44}	lu^{44}	lø^{13}		dəu^{24}	dəu^{44}
戴	蟹开去	læ^{424}	tø^{424}	la^{33}	læ^{33}	doŋ^{24}	dəŋ^{24}
带	蟹开去	læ^{424}	tai^{424}	la^{33}	læ^{33}	tɔ^{21}	tɔ^{21}
低	蟹开平	lue^{51}	ləe^{51}	lei^{45}	lei^{45}		
底	蟹开上	lue^{44}	ləe^{44}	lei^{13}	lei^{21}	die^{44}	du^{44}
帝	蟹开去	lue^{424}	ləe^{424}	lei^{24}	lei^{33}	tie^{24}	ti^{24}
堆	蟹合平	lue^{51}	loe^{51}	lu^{45}	luæ^{45}	duei^{33}	dui^{33}
对	蟹合去	lue^{424}	loe^{424}	lu^{33}	luæ^{33}	toei^{24}	toe^{24}
碓	蟹合去	lue^{424}	loe^{424}	lu^{33}	luæ^{33}	tuei^{24}	tue^{24}
刀	效开平	lo^{51}	lo^{51}	ly^{45}	lo^{45}	dzu^{21}	dzu^{21}
到	效开去	lo^{424}	lo^{424}	ly^{33}	lo^{33}	t'ao^{24}	t'ao^{24}
吊	效开去	liəu^{424}	tiu^{424}	lei^{33}	liy^{33}		
斗一~	流开上	lau^{44}	lau^{44}	ləu^{13}	ləu^{21}	tau^{44}	tau^{44}
斗~争	流开去	lau^{424}	lau^{424}	ləu^{33}	ləu^{33}		
答	咸开入	la^{424}	la^{5}	lu^{44}	lu^{24}	tap^{5}	tap^{5}
胆	咸开上	lan^{44}	lan^{44}	lu^{13}	lən^{21}	tam^{44}	tan^{44}
点	咸开上	lẽ^{44}	lin^{44}	lẽ^{13}	lei^{21}	tim^{44}	tin^{44}
单	山开平	laŋ^{51}	lan^{51}	li^{45}	li^{45}	tan^{31}	tan^{31}
旦	山开去	lan^{424}	lan^{424}	no^{33}			
短	山合上	luẽ^{44}	lun^{44}	laŋ^{13}	laŋ^{21}	laŋ^{44}	naŋ^{44}
墩	臻合平	luẽ^{44}	lən^{51}	lu^{45}	lən^{45}		
党	宕开上	lyaŋ^{44}	lioŋ^{44}	loŋ^{13}	lən^{21}	taŋ^{44}	taŋ^{44}
灯	曾开平	laŋ^{51}	laŋ^{51}	loŋ^{45}	lən^{45}	taŋ^{33}	taŋ^{33}

续表

		鹧鸪塘	锦陂	老车	大山脚	横江	中央冲
凳	曾开去	laŋ424	laŋ424	loŋ33	lən33	taŋ24	taŋ24
得	曾开入	lau51	la5	no44	lu24	tuk5	tuk5
顶	梗开上	lẽ44	len44	lei13	lin45		
滴	梗开入	le51	le5	lẽ24	lei31	tiep5	tiet5
东	通合平	loŋ51	loŋ51	loŋ45	lən45	toŋ33	təŋ42
冬	通合平	loŋ51	loŋ51	loŋ45	lən45	toŋ33	təŋ42
他	果开平	kø31	kø31	li13	ly31	ɲin31	nei42
台	蟹开平	tø31	tø31	la21	tæ31	tie31	ti31
代	蟹开平	læ424	tø24	la33	læ33	doei21	doei21
涛	效开平	lo51	lo51	ly21	lo31		
导	效开去	lo24	lo44	ly13	lo33		

江华的梧州话和平地瑶话都有端组字读成声母[l]的现象，一般来说，读为声母[l]的端母字较多，而定母字很少，透母字就只是极个别了。具体情况是《汉语方言调查字表》里所收96个端母字中读成声母[l]的鹧鸪塘有58个，锦陂有60个，老车七都话有52个，大山脚有59个。146个定母字中读成声母[l]的都不多，例如，鹧鸪塘的"代、队、兑、涛、导、逗、达"7个，老车七都话的"徒、屠、台、抬、代、提、兑、桃、淘、涛、导、条、调音~、调~动、投、逗、谭、甜、蛋、田、填、团、堂、唐、塘、糖、藤、亭、同、铜、桐、筒"32个。透母字读[l]的，平地瑶话只有"他、挑"，鹧鸪塘有"贷 læ424"，锦陂有"塔 læ5"，这些读[l]的透母字都各有来由，"他"与过山瑶话很接近。"挑"在平地瑶话中与表示"提、拿"等意义的词共用一个音节"ləu13"。"贷"和"塔"可能与字形近似的词"代""答""搭"也读[l]有关；端组字在过山瑶话中除"田、短"等个别外，很少变读为[l]，而是仍然读舌尖前音，这一表现与前两者大不相同。端组以外的字也只有极少数的读[l]，例如："菜 lai33"。相反的，倒是有极个别的汉语来母字在过山瑶话里声母读[t]，例如："来 tai31""篮 tan33"。

另外，老车平地瑶话还有少数知组字也读[l]，例如：

猪 li45　帐 liaŋ33　胀 liaŋ33　着~衣 lei33　择 li44
场 laŋ21　长 liaŋ21　转 liẽ33　张 liaŋ45　值 lei13

其他声母读[l]的也有，例如：

精母：焦 ləu13　挤 læ33　清母：取 li33
从母：聚 li24　　　　　　邪母：旋 liẽ33
初母：测 li44　　　　　　崇母：床 lao21
章母：朱 li45　　　　　　昌母：扯 li33

见母：干 li²⁴　　滚 lø³³　　溪母：觑 liəu³³　　咳 lia²⁴

大山脚平地瑶话还有云母、以母字也读声母[l]的现象，例如：匀 lyi³¹、云 lyi³¹、运 lyi²⁴。

我们注意到端组和泥组声母在发音部位上都是舌头音，在古声母的分类中也一直是同属端系，从汉语方言声纽自身历史发展的角度来说，同类声母相通的可能性是有的，端组读同泥组。再加之西南官话对土话影响极大，湘南地区西南官话多数是泥母混入来母，所以出现了今天这样的局面，端组部分字今读边音声母。梧州话和平地瑶话这一变化没有波及过山瑶话，过山瑶话同样是按自己的发展轨道在走，瑶人与外界交流时使用的西南官话和与之临近的客家话里都没有端泥相混的现象，因此，瑶族的过山瑶话也就仍然把相应的汉语端组字的字音读成舌尖前声母。而其他声母为何也读边音声母则还有待深入探究。

4. 精组、知组、照组、见组部分字读如端组

在湘南的很多永州土话中精组、知组、照组、见组的塞音、塞擦音都有部分字读如端组的[t]和[tʻ]，知组读[t]和[tʻ]的点较多，如新田南乡、新田北乡、宁远平话、蓝山太平、道县小甲、江永城关、东安花桥等地。精组、照组、见组也读[t]和[tʻ]的点较少，如道县祥霖铺、永州岚角山、东安花桥、江永松柏、江永城关等地。新田的南乡和北乡还有泥母字读[t]的情况。现在我们来看江华这三种方言的情况。

梧州话主要是精组字读如[t]和[tʻ]，《汉语方言调查字表》所收 113 个精组字中鹧鸪塘有 43 个读[t]，锦陂有 82 个读[t]。87 个清母字中鹧鸪塘有 43 个读[tʻ]，锦陂有 55 个读[tʻ]。在调查到的精母和清母字中锦陂梧州话差不多都读[t]和[tʻ]，只有"奏、赞、取、参、灿、从"等极少的几个字不读，而鹧鸪塘梧州话相对来说要少些。具体情况举例见表 3-20：

表 3-20　梧州话精组读如端组例字表

例字	中古音	鹧鸪塘	锦陂	例字	中古音	鹧鸪塘	锦陂
左	果开上精	tø⁴²⁴	tø⁴⁴	遭	效开平精	to⁵¹	to⁵¹
搓	果开平清	tʻø⁵¹	tʻø⁵¹	早	效开上精	to⁴⁴	to⁴⁴
锉	果合去清	tʻø⁴²⁴	tʻø⁴²⁴	操	效开平清	tʻo⁵¹	tʻo⁵¹
姐	假开上精	tæ²⁴	tai²⁴	草	效开上清	tʻo⁴⁴	tʻo⁴⁴
借	假开去精	tie⁴²⁴	te⁴²⁴	糙	效开去清	tʻo⁴²⁴	tʻo⁴²⁴
租	遇合平精	tu⁵¹	tu⁵¹	焦	效开平精	tiəu⁵¹	tiu⁵¹
做	遇合上精	tu⁴²⁴	tu⁴²⁴	秋	流开平清	tʻau⁵¹	tʻau⁵¹
粗	遇合平清	tʻu⁵¹	tʻu⁵¹	就	流开去从	tau²⁴	
错	遇合去清	tʻyæ²⁴	tʻø⁴²⁴	尖	咸开平精	tẽ⁵¹	ten³¹

续表

例字	中古音	鹧鸪塘	锦陂	例字	中古音	鹧鸪塘	锦陂
蛆	遇合平清	ty⁵¹	ty⁵¹	接	咸开入精	tie⁵¹	ti⁵
猪	遇合平知	tɕy⁵¹	tø⁵¹	侵	深开平清	tsʻin²⁴	tʻaŋ⁵¹
再	蟹开平精	tø⁴²⁴	tø⁴²⁴	寝	深开上清		tʻaŋ⁴⁴
菜	蟹开去清	tʻø⁴²⁴	tʻø⁴²⁴	餐	山开平清	tʻan⁵¹	tʻan⁵¹
挤	蟹开上精	ti⁴⁴	ti⁴⁴	煎	山开平精	tiẽ⁵¹	tin⁵¹
砌	蟹开去清	tʻi⁴²⁴	tʻai⁵²⁴	浅	山开上清	tʻiẽ⁴⁴	tʻin⁴⁴
催	蟹合平清	tʻue⁵¹	tʻui⁵¹	切	山开入清	tʻie⁴⁴	tʻi⁵
脆	蟹合去清	tʻue⁴²⁴	tʻui⁴²⁴	钻	山合平精	tue⁵¹	tun⁴²⁴
紫	止开上精	au⁴⁴	ti⁴⁴	亲	臻合平精	tʻuẽ⁵¹	tʻun⁵¹
赐	止开去心		tʻai⁴²⁴	七	臻合入清	tʻuo⁵¹	tʻa⁵
雉	止开上澄		ti⁴⁴	寸	臻合去清	tʻun⁴²⁴	tʻun⁴²⁴
子	止开上精	ti⁴⁴	ti⁴⁴	抢	宕开上清	tʻiaŋ⁴⁴	tʻiaŋ⁴⁴
嘴	止合上精	tue⁴⁴	tui⁴⁴	增	曾开平精		taŋ⁵¹
醉	止合去精	tue⁴²⁴	tui⁴²⁴	井	梗开上精	tʻẽ⁴⁴	ten⁴⁴
走	流开上精	tiəu⁴⁴	tau⁴⁴	脊	梗开入精	te⁵¹	te⁵
凑	流开去清	tʻau⁴²⁴	tʻau⁴²⁴	总	通合上精	toŋ⁴⁴	toŋ⁴⁴

  平地瑶话的老车七都话极少有端组以外的字声母会念成[t]和[tʻ]，个别的如溪母"窠"读[təu⁴²]，但大山脚八都话却有部分端组以外的字声母会念成[t]和[tʻ]，但不像梧州话那样是精组字，而主要是照组和见组字，还有少数知组字，并且读[t]的比读[tʻ]的要多，有些昌、溪、群、澄母字也读不送气。举例见表3-21：

表 3-21 平地瑶话照见组读如端组例字表

例字	中古音	大山脚	例字	中古音	大山脚
茄	果开平群	ty³³	周	流开平章	təu⁴⁵
窠	果合平溪	təu³³	臭	流开去昌	tʻəu³³
爹	假开平知	tæ³³	九	流开上见	təu²¹
遮	假开平章	tu⁴⁵	救	流开去见	təu³³
车	假开平昌	tʻu⁴⁵	舅	流开上群	təu³³
扯	假开上昌	tʻu²¹	拣	山开上见	tei²¹
煮	遇合上章	to²¹	镇	臻开去知	tən³³
车	遇合平见	tʻu⁴⁵	震	臻开去章	tən⁴⁵
锯	遇合去见	to³³	张	宕开平知	taŋ⁴⁵
朱	遇合平章	to⁴⁵	场	宕开平澄	taŋ³¹
主	遇合上章	to²¹	床	宕开平崇	tao³¹

续表

例字	中古音	大山脚	例字	中古音	大山脚
句	遇合去见	to³³	厂	宕开上昌	t'aŋ²¹
锤	止合平澄	to³³	脚	宕开入昌	ty²⁴
罩	效开去知	ty³³	强	宕开平群	taŋ³¹
交	效开平见	təu⁴⁵	江	江开平见	taŋ⁴⁵
教	效开平见	təu⁴⁵	讲	江开上见	taŋ²¹
觉	效开去见	təu²⁴	角	江开入见	təu²⁴
潮	效开平澄	ty³¹	织	曾开入章	təu²⁴
赵	效开去澄	ty³³	敬	梗开去见	təŋ⁴⁵
招	效开平章	ty⁴⁵	整	梗开上章	təŋ²¹
桥	效开平群	ty³¹	中	通合去知	tan⁴⁵
缴	效开上见	ty²¹	烛	通合入章	to²⁴

梧州话主要是精组字读[t]和[t']，平地瑶话主要是照组、见组字读[t]和[t']，但这样的变化却很少出现在过山瑶话里，与汉语精组、知组、照组、见组字对应的过山瑶话仍旧读塞擦音、擦音或者舌根塞音。我们只能找到很少的例字是三种方言都有这一变化的，而且有些字音平常说话时不用，而只在唱歌时才用，见表3-22：

表3-22 梧州话平地瑶话过山瑶话精知组读如端组比例例字表

例字	中古音	鹧鸪塘	锦陂	老车	大山脚	横江	中央冲
姐	假开上精	tæ²⁴	tai²⁴	tsæ¹³	tsa²¹	do²¹	do²¹
嘴	止合上精	tue⁴⁴	tui⁴⁴	tɕi¹³	to³³	dui²¹ 唱歌音 dzuei²¹ 口语音	
醉	止合去精	tue⁴²⁴	tui⁴²⁴	tsu³³	tsua³³	tui²⁴ 唱歌音 gui³³ 口语音	
酒	流开上精	tau⁴⁴	tau⁴⁴	tɕiəu¹³	tɕiəu²¹	tiu⁴⁴	ti⁴⁴
尖	咸开平精	tẽ⁵¹	ten⁵¹	tsẽ⁴⁵	tsei⁴⁵	dim³¹ 唱歌音 dzim²¹	dim³¹ 唱歌音 dzim²⁴
仓	宕开平清	t'yaŋ⁵¹	t'iøŋ⁵¹	ts'aŋ⁴⁵	ts'aŋ⁴⁵	toŋ³¹ 唱歌音 ts'oŋ³³ 口语音	
早	效开上精	to⁴⁴	to⁴⁴	tsy¹³	tso²¹	dom³³ 唱歌音 dziəu⁴⁴ 口语音	
错	遇合去清	t'yæ²⁴	t'ø⁴²⁴	ts'y³³	ts'u³³	toŋ²¹	doŋ²¹
帐	宕开去知	tɕiaŋ⁴²⁴	tɕiaŋ⁴²⁴	liaŋ³³	taŋ³³	taŋ²⁴	taŋ²⁴
柱	遇合上知	ɕyi²⁴	ɕy²⁴	tsi⁴²	tɕio³³	diəu²¹	diəu²¹
猪	遇合平知	tɕy⁵¹	tø⁵¹	li⁴⁵	lio⁴⁵	doŋ¹³	tuŋ³³
场	宕开平澄	ɕiaŋ³¹	ɕiaŋ³¹	laŋ²¹	taŋ³¹	toŋ³¹ 唱歌音 ts'oŋ³³ 口语音	
撑	梗开平彻	tɕ'iaŋ⁴²⁴	tɕ'iaŋ⁴²⁴	tɕ'i³³	ty²⁴	dam³³ 唱歌音 dzen³³ 口语音	
中	通合去知	tsoŋ⁴²⁴	tsoŋ⁴²⁴	tsoŋ³³	tan⁴⁵	doŋ²⁴	təŋ²⁴
桩	江开平知	tɕyaŋ⁵¹	tɕiəŋ⁵¹	tsaŋ⁴⁵	tsaŋ⁴⁵	doŋ²¹	dəŋ²¹

从表 3-22 可以看到过山瑶话在精组字念[t]和[tʻ]方面有点像梧州话，在知组字念[t]和[tʻ]方面又有点像平地瑶八都话，"猪"字声母又同于锦陂梧州话，但照组、见组字念[t]和[tʻ]却是平地瑶八都话独有的。于是，这一个音韵特点就使梧州话、平地瑶话各具特色，过山瑶话向两边都有些倾斜，但摇晃还是保持着自己的风格。

5. 非组字和晓组字相混

非组字在梧州话、平地瑶话、过山瑶话中除部分字今仍读重唇音外，还有部分字读擦音，在汉语方言中非组和晓组擦音的分混情况很复杂。永州土话非组字读[f]为主，读[x]或[h]的只有少数点的极少数字，例如，东安花桥"放"、冷水滩岚角山"法发反方"、江永城关"藩反贩"、道县小甲"夫傅"等。晓组字则一般是细音前读[ɕ]，洪音前读[f、s、x、h]都有。我们也来考察一下梧州话、平地瑶话、过山瑶话的情况。

除开读重唇音的字，梧州话非组字以读[f]为主，鹧鸪塘读[x]的只有"风、枫、疯、丰、福、封、蜂、峰、锋"9 个字，锦陂读[x]的只有"放、风、枫、疯、丰、福、封、蜂、峰、锋"10 个字。鹧鸪塘梧州话晓组字合口洪音前主要读[f]，开口洪音前主要读[x]，还有个别的读[s]，例如："稀 sue⁵¹""幸 sẽ²⁴"；读[ŋ]，例如："寒 ŋan³¹""汉 ŋø⁴²⁴"。细音前主要读[ɕ]，有少数会读[x]，例如："戏 xi⁴²⁴""香 xiaŋ⁵¹"，或读[s]，例如："喜 si⁴⁴"。零声母则洪细都有。锦陂梧州话晓组字合口洪音前主要是[f]，开口洪音前[h]和[f]都有，读[s]的如"休 sau⁵¹"，读[ŋ]的如"河 ŋø²¹""贺 ŋø²¹"。细音前主要读[ɕ]，也有少数读[x]，如"戏 xi⁴²⁴""虚 xy⁵¹""喜 xi⁴⁴""稀 xi⁵¹"，读[f]的如"辉 fi⁵¹"，读[s]的如"欣 sin⁵¹"。零声母洪细都有。

平地瑶话非组字老车约有半数读[h]，半数读[f]。老车晓组字洪音以读[h]为主，读[f]的有"毁、辉、徽、血、盒、昏、婚、魂、荤、荒、慌、谎"12 个，读[s]的如"许、吸、训"。细音主要读[ɕ]，读[f]的如"患"，读[h]的如"喜、喊"。还有少数字读塞音，如"械、共、还~原、混、货、豁、霍、况"。另外与梧州话不同的是，老车晓组字读零声母的很少，只有洪音"灰、滑、猾、县"。大山脚八都话与老车七都话在这个问题上很不相同，它更接近梧州话，非组字以读[f]为主，读[h]的只有"丰、冯"等。晓组字洪音读[f]的字比读[h]的多很多，读[h]的如"猴、后、候、寒、汗、汉、旱、很、恨、黑、衡"等。细音前主要读[ɕ]。

梧州话、平地瑶八都话相似，主要是晓组字向非组字混同。平地瑶七都话主要是非组字向晓组字混同，方向正好相反。以下举例字说明，并附带将过山瑶话放在一起比较，见表 3-23：

过山瑶话非组字和晓组字相混的现象不明显，只有极个别晓组字也会读同非组。但声母[f]的分布值得注意，过山瑶话不光非组、晓组字有声母[f]，其他各组声母中读擦音的字，尤其是精组心母有大部分字都读齿唇擦音[f]，这也是过山瑶话有别于梧州话、平地瑶话的音韵特点。举例见表 3-24（因要强调过山瑶话故特在下表中将横江和中央冲提到前面）：

表 3-23　非晓组分混情况比较例字表

例字	中古音	鹧鸪塘	锦陂	大山脚	老车	横江	中央冲
付	遇合去非	fu^{24}	fu^{424}	fu^{45}	hy^{33}		
富	流开去非	fu^{424}	fu^{424}	fu^{33}	həu^{33}	fəu^{24}	pu^{5}
副	流开去敷	fu^{424}	fu^{24}	fu^{33}	hy^{33}	pəu^{21}	fəu^{24}
复	流开去奉	fu^{31}	fu^{31}	fu^{33}	hy^{33}		
幅	通合入非	u^{51}	fo^{24}	fu^{45}	hy^{44}		
服	通合入奉	po^{24}	fo^{5}	fu^{45}	hy^{44}	fu^{31}	fu^{31}
伏	通合入奉	po^{31}	fo^{5}	fu^{45}	hy^{44}		
火	果合上晓	fuo^{44}	fuo^{44}	fuo^{44}	hy^{13}	təu^{31}/ho^{44}	təu^{31}/ho^{44}
花	假合平晓	fua^{51}	fa^{51}	fu^{45}	hu^{45}	piaŋ^{31}	piaŋ^{42}
化	假合去晓	fua^{424}	fa^{424}	fu^{45}	hu^{24}	hua^{24}	hua^{24}
虎	遇合上晓	fu^{44}	fu^{44}	fau^{21}	hø^{13}	sien^{31}	sien^{42}
灰	蟹合平晓	fue^{51}	foe^{51}	fæ^{45}	u^{45}	sai^{44}	sai^{44}

表 3-24　过山瑶话读唇齿读音[f]的情况例字表

例字	中古音	横江	中央冲	鹧鸪塘	锦陂	老车	大山脚
锁	果合上心	fo^{44}	fo^{44}	sø^{44}	sø^{44}	sy^{13}	sy^{21}
写	假开上心	fie^{44}	fi^{44}	ɕie^{44}	se^{44}	ɕiu^{13}	ɕiu^{21}
西	蟹开平心	fai^{33}	fai^{42}	sue^{51}	səe^{51}	sei^{21}	sei^{45}
四	止开去心	fei^{24}	fei^{24}	ɕi^{424}	si^{424}	sæ^{33}	sa^{33}
修	流开平心	fiəu^{33}	fiəu^{33}	sau^{51}	sau^{51}	ɕiəu^{45}	ɕiəu^{45}
三	咸开平心	fam^{33}	fan^{33}	san^{51}	san^{51}	su^{45}	su^{45}ən
心	深开平心	fim^{33}	fin^{33}	suẽ^{51}	saŋ^{51}	sei^{45}	ɕi^{45}
伞	山开上心	fan^{24}	fan^{13}	san^{424}	san^{44}	si^{13}	ɕi^{21}
蒜	山合去心	fun^{24}	fun^{24}	suẽ^{424}	sun^{424}	saŋ^{33}	saŋ^{33}
信	臻开去心	fien^{24}	fien^{24}	suẽ^{424}	sən^{424}	se^{33}	ɕi^{33}
孙	臻合平心	fun^{33}	fun^{33}	suẽ^{51}	sun^{51}	su^{45}	suan^{45}
相	宕开去心	faŋ^{24}	faŋ^{24}	ɕiaŋ^{24}	ɕiaŋ^{424}	ɕiaŋ^{33}	ɕiaŋ^{33}
削	宕开入心	fiet^{5}	fit^{5}	p'oe^{51}剖	p'ɤ^{424}剖	ɕiu^{44}	ɕiəu^{45}
息	曾开入心	fit^{5}	fit^{5}		se^{5}	ɕi^{44}	sɿ^{24}
星	梗开平心	fin^{33}	fin^{33}	sẽ^{51}	sen^{51}	ɕiu^{45}	ɕin^{45}
锡	梗开入心	fi^{44}	fi^{5}	se^{51}	se^{5}	ɕiu^{45}	ɕiu^{24}
送	通合去心	fuŋ^{24}	fuŋ^{24}	soŋ^{424}	soŋ^{424}	soŋ^{33}	sən^{33}
松	通合平心	fuŋ^{33}	fəŋ^{33}	soŋ^{51}	soŋ^{31}	haŋ^{45}	han^{45}
沙	假开平生	fai^{33}	fai^{33}	sa^{51}	sa^{51}	so^{45}	su^{45}
少	效开上书	tso^{21}	fai^{13}	siəu^{44}	ɕiu^{44}	ɕiv^{21}	sɿ^{13}
射	梗开入船	fi^{24}	fi^{24}	ɕie^{24}	ɕie^{24}	su^{45}	ɕiu^{45}

（二）韵母音韵特点的异同

1. 阴声韵主要元音高化

（1）古果摄字的今读。永州土话果摄字的主要元音是[o]和[u]，例如：新田南乡和北乡、蓝山太平、东安花桥、永州岚角山、宁远张家、道县小甲，等等。江华梧州话果摄开口一等、合口一三等今多读[ø]，只有合口一等见系声母字读[uo]；平地瑶话果摄开口一等、合口一等今多读[ɣ]，只有大山脚果摄合口一等见系字读[u]。梧州话和平地瑶话果摄字的读法在邻近的永州土话中是很少见的，举例见表3-25：

表3-25　果摄字今读情况比较例字表

例字	中古音	鹧鸪塘	锦陂	老车	大山脚	横江	中央冲
拖	果开一平歌透	tʻø51	tʻø51	tʻɣ45	tʻɣ45	tʻo33	tʻo33
箩	果开一平歌来	lø31	lø51	lɣ21	lɣ31	lai31	lai42
左	果开一上加精	tø424	tø44	tsɣ33	tsɣ33	tsai24	tsai13
饿	果开一平去疑	ŋø24	ŋø24	ŋɣ24	ŋɣ45	ŋo21	ŋo21
磨	果合一平戈明	mø31	mø31	mɣ21	mɣ31	mo31	mo31
糯	果合一去过泥	nø24	nø24	nɣ24	nɣ45	bau31 pui21	bao31 pui21
锁	果合一上果心	sø44	sø44	sɣ13	sɣ21	fo44	fo44
过	果合一去过见	kuo424	kuo24	kɣ33	ku33	kye24	kui24

果摄元音从一般公认的上古拟音[ɑi]发展到中古的[ɑ]，直到今天的湘语和湘南土话中的[o]和[u]，始终在朝着元音高化的方向走，而平地瑶话和梧州话的果摄元音走着相同的道路，这一点我们可以从梧州话果摄合口一等见系声母字读[uo]和平地瑶话大山脚果摄合口一等见系字读[u]清楚地看见元音高化的痕迹，与湘语和其他湘南土话不同的是它们的步子走得更大一些，平地瑶话在元音高化的同时还展化成了[ɣ]，而梧州话在元音高化的同时还前化成了[ø]。

汉语果摄字过山瑶话相应的韵母多读[o]和[ai]，这与江华梧州话和平地瑶话不同，而与周围的客家话和湘南土话相似，举例如表3-26。果摄字"箩"和"左"在过山瑶话中韵母读[ai]，显得与众不同，其声母分别是[l]和[ts]，韵母接近果摄古音的拟测，音韵地位相符，应该就是借用的汉字，那么，这两个字的读音就有可能是汉语古音在过山瑶话中的遗留。

表 3-26　过山瑶话果摄字与周边土话、客家话比较表

	拖	箩	左	饿	磨	糯	锁	过	来	盖
江华客家	t'o³⁵	lo¹²	tso²¹	ŋo⁵³	mo¹²	no⁵³	so²¹	ko⁵³	lɔi¹²	kɔi⁵³
新田南乡	t'o³⁵	lo¹³	tso⁵⁵	o²¹	po¹³	to²¹	so⁵⁵	ko³³	lai¹³	ko³³
蓝山太平	t'o¹³	lo²¹	tso³⁵	o⁵³	mo²¹	no⁵³	so³⁵	ko³³	lai²¹	ko³³

（2）古假摄字的今读。梧州话假摄元音没有高化，而平地瑶话假摄却高化了。具体情况是：梧州话假摄开口二等读[a]，三等读[ie]。合口二等多读[ua]，少数读[a]。锦陂假开二麻韵知、庄组读[ia]，假开三麻韵精组读[e]；平地瑶话七都话假开二等知组、照组多读[o]，帮组、见系多读[u]，三等精组多读[iu]，照组多读[o]，日母、以母读[io]。合口二等读[u]。平地瑶话八都话假开二等多读[u]，三等多读[iu]。合口二等读[u]；另外，假摄字在过山瑶话中今读音与梧州话相似，主要元音也是[a]或[e]。举例见表 3-27：

表 3-27　假摄字今读情况比较例字表

例字	中古音	鹧鸪塘	锦陂	老车	大山脚	横江	中央冲
疤	假开二平麻帮	pa⁵¹	pa⁵¹	pu⁴⁵	pu⁴⁵	pa³³	pa³³
茶	假开二平麻澄	sa³¹	ɕia²¹	tso³¹	tsu³¹	tsa³¹	tsa⁴²
沙	假开二平麻生	sa³¹	sa⁵¹	so⁴⁵	su⁴⁵	fai³³	fai³³
家	假开二平麻见	ka⁵¹	ka⁵¹	ku⁴⁵	ku⁴⁵	tɕia³³	tɕia³³
下	假开二去祃匣	ia²⁴	a²⁴	hu⁴²	fu³³	zie²¹	dzi²¹
谢	假开三去祃邪	ɕie²⁴	se²⁴	tɕiu²⁴	ɕiu³³	tsie²¹	pəu⁴² no³³
野	假开三上马以	ie⁴⁴	ie²⁴	io⁴²	iu³³	zie²¹	hi³³ ie²¹
瓜	假合二平麻见	kua⁵¹	kua⁵¹	ku⁴⁵	ku⁴⁵	kua³³	kua³³

永州土话中假摄字的读音多种多样，主要有三种：主要元音读[a]的，如新田南乡和北乡、蓝山上洞、蓝山太平；主要元音读[o]的，如宁远张家、宁远平话；主要元音读[u]的，如道县小甲、道县祥霖铺、江永松柏、江永城关。还有一些是两种主要元音并行的，如江永桃川、东安花桥、永州岚角山等。梧州话大致可归入第一种，平地瑶话七都话和第二种相似，八都话则与第三种一样。

（3）古遇摄字的今读。梧州话和平地瑶话的遇摄字都出现了高化并前化的趋势，使得遇摄有些字与果摄主要元音相混。梧州话遇摄合口三等鱼韵、虞韵多读[y]，与果摄主要元音[ø]很相近，有少数鱼韵庄组字韵母就是[ø]，例如：鹧鸪塘：初 tɕ'iø⁵¹、锄 ɕiø⁵¹、所 sø⁴⁴、矩 kø⁴⁴。锦陂：初 tɕ'iø⁵¹、锄 ɕiø⁵¹、所 ɕiø⁴⁴、楚 tɕ'iø⁵¹、墟 xø⁵¹。梧州话遇摄合口一等主要读[u]，但也有个别模韵字读前化的元音，例如：鹧鸪塘：组 tɕy⁴⁴、鸠 lø³¹。锦陂：模 mø⁵¹、组 tɕø⁴⁴、措 t'ø⁴²⁴、错 t'ø⁴²⁴、恶 ø⁴²⁴。平地瑶话七都话遇

摄模韵、鱼韵有少数字也与果摄主要元音相混。例如：簿 pɤ⁴²、步 pɤ²⁴、错 ts'ɤ³³、故 kɤ³³、酥 sɤ⁴⁵、所 sɤ¹³。平地瑶话七都话遇摄合口一等模韵多读[ø]，合口三等鱼韵、虞韵多读[i]。平地瑶话八都话遇摄合口一等模韵多读[ao]，合口三等鱼韵、虞韵多读[io]。举例见表 3-28：

表 3-28　遇摄字今读情况比较例字表

例字	中古音	鹧鸪塘	锦陂	老车	大山脚	横江	中央冲
补	遇合一上姥帮	pu⁴⁴	pu⁴⁴	pø¹³	pu³³	bie²⁴	bi²⁴
兔	遇合一去暮透	t'u⁴²⁴	t'u⁴²⁴	t'ø³³	t'ao⁴²⁴	t'əu²⁴	t'əu²⁴
姑	遇合一平模见	ku⁵¹	ku⁵¹	kø⁵¹	kao⁴⁵	kəu³³	kəu³³
女	遇合三上语泥	ɲy²⁴	ɲy⁴⁴	ɲi⁴²	ɲio³³	sie⁴⁴	si⁴⁴
书	遇合三平鱼书	ɕy⁵¹	ɕy⁵¹	si⁴⁵	ɕio⁴⁵	səu³³	səu³³
鼠	遇合三上语书	ɕyi⁴⁴	ɕy⁴⁴	si¹³	ɕio²¹	nau¹³	nau³¹ tɕioŋ³³
武	遇合三上麌微	mu²⁴	mu⁴⁴	ɤ⁴²	u³³	u⁴⁴	hu³¹
住	遇合三去遇澄	ɕyi²⁴	ɕy²⁴	tsi²⁴	tɕio⁴⁵	iem³³/tsəu²¹	ien³³/tsəu²¹
输	遇合三平虞书	ɕyi⁵¹	ɕy⁵¹	hi⁴⁵	ɕio⁴⁵		
芋	遇合三去遇云	u³¹	u²⁴	si³³	ɕio³¹	fiəu²¹	fiəu²¹

永州土话遇摄一等字多读[u、o]，三等字多读[u、y]。梧州话遇摄字的读音与永州土话有些类似，但又有明显的前化色彩。平地瑶话则显得与永州土话更不同些，七都话读成了[ø、i]，这在土话里很少见。八都话读成[ao]，土话也只有江永松柏等极个别的点有如此读法。

汉语遇摄字在过山瑶话里一般读[əu]，我们还可以举出更多的例子来，例如："煮 tsəu⁴⁴""富 fəu²⁴""护 fəu24""府 fəu⁴⁴""步 bəu²¹""斧 pəu⁴⁴""夫 fəu³³""牯 kəu⁴⁴"，等等。八都话遇摄读[ao]，有些相似，永州土话中有的点遇摄帮组字也读[əu]，例如：江永桃川、冷水滩小江桥等。另外，果摄字"火"过山瑶勉语读[təu³¹]，可见过山瑶话里也有汉语遇摄字与果摄字韵母相混的现象。

2. 元音韵尾脱落

（1）古蟹摄字的今读。平地瑶话蟹摄开口一、二等字和合口字多数都韵尾脱落，主要元音单元音化念[a]或[æ]。七都话的合口一二等还多半读成[u]，三四等也有个别读[u]；梧州话蟹摄开口一等今读[ø]，与果摄开口一等、合口一三等合流，例如：胎 = 拖 t'ø⁵¹、来 = 螺 lø³¹、鳃 = 梭 sø⁵¹、该 = 歌 kø⁵¹。鹧鸪塘开口二等也脱落韵尾，主要元音念[æ]；在过山瑶话里蟹摄字多数都没有脱落韵尾。举例如表 3-29 所示：

表 3-29　蟹摄一二等字今读情况比较例字表

例字	中古音	鹧鸪塘	锦陂	老车	大山脚	横江	中央冲
来	蟹开一平咍来	lø³¹	lø³¹	la²¹	lo³¹	tai³¹	tai⁴²
盖	蟹开一去泰见	kø⁴²⁴	kø⁴²⁴	ka³³	kæ³³	gai²⁴	gai²⁴
拜	蟹开二去怪帮	pæ⁴²⁴	pai⁴²⁴	pa³³	pæ³³		
鞋	蟹开二平佳匣	æ³¹	ai³¹	ha²¹	hæ³¹	fie²¹	fie²¹
泥	蟹开四平齐泥	nue³¹	noe³¹	nei²¹	nei³¹	ȵie³³	ȵi³³
退	蟹合一去队透	tʻue⁴²⁴	tʻoe⁴²⁴	tʻu³³	tsʻuæ³³	tʻui²⁴	tʻui²⁴
话	蟹合二去夬匣	ua²⁴	ua²⁴	u²⁴	fu⁴⁵	wa²¹	wa²¹
桂	蟹合四去齐见	kue⁴²⁴	koe⁴²⁴	ku³³	kue³³	kuei²⁴	kui⁴²

过山瑶话里"鞋"韵母念[e]可能反映了汉语蟹摄字较早的发音。

永州土话蟹摄开口一二等主要元音为[a]，这一点梧州话和平地瑶话有些近似。但梧州话读[ø]，土话中只有江永城关和它相同。土话中蟹摄开口一二等丢失韵尾读单元音的占一大半，如新田南乡和北乡、宁远张家、蓝山太平、江永松柏、道县祥霖铺等。七都话合口字的读音[u]也很特别，永州土话合口字主要元音为[e]，只有道县祥霖铺、双牌理家坪、江永松柏、江永城关读[o、ɯ]较为接近。

与前面脱落韵尾的蟹摄字恰恰相反，梧州话和平地瑶话把中古蟹摄开口三四等在普通话里韵母为单元音的部分字读成了复元音韵母。梧州话读[ue]，平地瑶话读[ei]，过山瑶话也是如此，读[ai]或[ei]。举例见表 3-30：

表 3-30　蟹摄四等字今读情况比较例字表

例字	中古音	鹧鸪塘	锦陂	老车	大山脚	横江	中央冲
梯	蟹开四平齐透	tʻue⁵¹	tʻoe⁵¹	tʻei⁴⁵	tʻei⁴⁵	tʻəei³³	tʻei³³
第	蟹开四去霁定	tue²⁴	toe⁴²⁴	tei²⁴	tei⁴⁵	tei²¹	tei²¹
犁	蟹开四平齐来	lue³¹	loe³¹	lei²¹	lei³¹	lai³¹	lai³¹
礼	蟹开四上荠来	lue⁴⁴	loe⁴⁴	læ⁴²	lei²¹	lei⁴⁴	lei³¹
西	蟹开四平齐心	sue⁵¹	søe⁵¹/sai⁵¹	sei²¹	sei⁴⁵	fai³³	fai⁴²
细	蟹开四去霁心	sue⁴²⁴	søe⁴²⁴/sai⁴²⁴	sei³³	sei⁴⁵	fai²⁴	fai³¹
鸡	蟹开四平齐见	kəe⁵¹	koe⁵¹	ki⁴⁵	tsʅ⁴⁵	tɕiai³³	tɕiai³³

这样的变化我们能从邻近的湘南土话中看到，如江永桃川和松柏、新田北乡、道县祥霖铺，等等。永州岚角山：泥 nai³³、犁 lai³³、西 sai³³、洗 sai³⁵、细 sai¹³、弟 dai¹¹、第 dai¹¹。也能从邻近的客家话中见到，如湘南宜章、汝城、新田等地以上例字都读[ei]。江华客家话：底 tai²¹、抵 tai²¹、剃 tʻai⁵³、弟 tʻai³⁵、泥 nai¹²、犁 lai¹²、黎 lai¹²、鸡 kai³⁵。

但是，过山瑶话中韵母读作[ai]或[ei]的还不光是蟹摄开口三四等字，还包括止摄开口三等的部分字，数量较土话和客家话都要多。例如表 3-31、表 3-32：

表 3-31　过山瑶话止摄字今读情况例字表一

	披	离	枝	师	戏	是	纸	死
横江	p'ai³³	lei³¹	tsei³³	sai³³	ɦei²⁴	tsei¹³	tsei⁴⁴	tai²¹
中央冲	p'ai³³	lei³¹	tsei³³	sai³³	ɦei²⁴	tsei³³	tsei⁴⁴	tai²¹

表 3-32　过山瑶话止摄字今读情况例字表二

	地	四	屎	李	词	试	子	喜
横江	dei²¹	fei²⁴	gai⁴⁴	lei³³	tsei³¹	sei²⁴	tsei⁴⁴	hei⁴⁴
中央冲	dao³³	fei²⁴	gai⁴⁴	lei³³	tsei³¹	sei²⁴	tsei⁴⁴	he⁴⁴

江华客家话止摄开口字一般读[i]或[ɿ]。止摄读[ai]或[ei]的湘南土话中也不多见，江永的松柏、桃川、城关稍多一点。江华平地瑶话部分止摄开口三等字也很有特点，跟过山瑶话里的读音有点接近，它不读复元音韵母而读与之接近的单元音[æ]或[a]。例如：七都话老车：脾 pæ²¹、离 læ²¹、刺 ts'æ³³、筛 sa⁴⁵、蚁 ŋæ⁴²、地 tæ²⁴、梨 læ²¹、利 læ²⁴、迟 læ²¹、二 næ²⁴、屎 kæ¹³、李 læ⁴²、理 læ⁴²、疑 næ²¹（礼 læ⁴²、挤 læ³³，蟹摄字）。八都话大山脚：蚁 na³³、美 ma³³、地 ta³³、梨 la³¹、利 la⁴⁵、死 sa²¹、四 sa³³、二 na⁴⁵、里 la³³、理 la³³、鲤 la³³。梧州话没有这样的特点，从这里我们也可以看到平地瑶话与过山瑶话的丝丝缕缕的联系。

（2）古止摄字的今读。永州土话止摄字开口主要读[ɿ、i]，合口主要读[ua、uei]，梧州话、平地瑶话大致与之相同，只是合口字失落韵尾[i]的情况很普遍，而永州土话中有半数以上的点仍有韵尾[i]。梧州话开口、合口微韵非组读[i]，鹧鸪塘合口其他各组读[ue]，锦陂合口支、脂读[uoe]或[ui]，微韵读[uoe]；平地瑶话除以上提到读[æ]或[a]的字外，开口多读[ɿ]，合口多读[u]和[ua]。值得一提的是，大山脚八都话有极少数止摄字读[o]，例如：皮 po³³、被~子 po³³、衣 o⁴⁵、锤 to³³、尾 mo³³。这样的情况土话中很少看到，例如：江永松柏。止摄字在过山瑶话里多数读复元音韵母[ei]。举例如表 3-33 所示：

表 3-33　止摄字今读情况比较例字表

例字	中古音	鹧鸪塘	锦陂	老车	大山脚	横江	中央冲
纸	止开三上纸章	tɕi⁴⁴	tɕi⁴⁴	tsɿ¹³	tsɿ²¹	tsei⁴⁴	tsei⁴⁴
是	止开三上纸禅	si⁴⁴	si⁴⁴	sɿ⁴²	sɿ⁴²	tsei¹³	tsei³³
指	止开三上旨章	tɕi⁴⁴	tɕi⁴⁴	tsɿ¹³	tsɿ²¹	nu⁴⁴	tɕiaŋ⁴⁴
子	止开三上止精	ti⁴⁴	ti⁴⁴	tsɿ¹³	tsɿ²¹	tsei⁴⁴	tsei⁴⁴
诗	止开三平之书	si⁵¹	si⁵¹	sɿ⁴⁵	sɿ⁴⁵		

续表

例字	中古音	鹧鸪塘	锦陂	老车	大山脚	横江	中央冲
气	止开三去未溪	hi⁴²⁴	hi⁴²⁴	kʻi³³	tsʻɿ³³	kʻie²⁴	tɕʻi²⁴
吹	止合三平支昌	tsʻue⁵¹	tsʻui⁵¹	tsʻue⁴⁵	tsʻua⁴⁵	pom⁴⁴	piəŋ⁴⁴
水	止合三上旨书	sue⁴⁴	sui⁴⁴	su¹³	sua²¹	uam⁴⁴	uen⁴⁴
位	止合三去至云	ue²⁴	uoe²⁴	u²⁴	ua⁴⁵		
贵	止合三去未见	kue⁴²⁴	kuoe⁴²⁴	ku³³	kua³³	tɕiai²⁴	tɕiai²⁴

（3）古效流摄字的今读。梧州话和平地瑶话在效流摄的读音上步调较一致。

①效摄一等豪韵都脱落韵尾后变成高化的单元音。效摄一等豪韵平地瑶话七都话今读[ʏ]，八都话今读[o]。梧州话鹧鸪塘今读[o]，锦陂效摄今读[o]。效摄一等字在过山瑶话里较早的借词韵母也高化读[u]，较晚的则读[au]。举例如表3-34所示：

表3-34 效摄字今读情况比较例字表

例字	中古音	鹧鸪塘	锦陂	老车	大山脚	横江	中央冲
宝	效开一上晧帮	po⁴⁴	po⁴⁴	pʏ¹³	po²¹	pu⁴⁴	pu⁴⁴
套	效开一去号透	tʻo⁴²⁴	tʻo⁴²⁴	tʻʏ³³	tʻo³³	tʻau²⁴	tʻu²⁴
老	效开一上晧来	lo⁴⁴	lo⁴⁴	lʏ⁴²	lo³³	lo¹³	ku¹³
枣	效开一上晧精	to⁴⁴	to⁴⁴	tsʏ¹³	tso²¹	tsau⁴⁴	tsau⁴⁴
扫	效开一去号心	so²⁴	so⁴⁴	sʏ³³	so³³	pʻuet⁵	pʻue⁵
高	效开一平豪见	ko⁵¹	ko⁵¹	kʏ⁴⁵	ko⁴⁵	ntʻaŋ³³	ntʻaŋ³³
熬	效开一平豪疑	ŋo³¹	ŋo⁵¹	ŋʏ²¹	ŋo³¹	ŋau³¹	ŋau³¹
好	效开一上晧晓	ho⁴⁴	ho⁴⁴	hʏ¹³	ho²¹	kʻu⁴⁴	kʻu⁴⁴

平地瑶话效摄的三、四等字也发生高化，七都话三等宵韵今多数读[ɿ]或[i]，例如：招 tsɿ⁴⁵、烧 sɿ⁴⁵、少 sɿ⁴⁵、桥 ki²¹、荞 ki²¹、轿 ki²⁴。八都话三等宵韵、四等萧韵今读[ʏ]和[iʏ]，例如：表 piʏ²¹、票 pʻiʏ³³、庙 miʏ⁴⁵、赵 tʏ³³、招 tʏ⁴⁵、烧 ɕiʏ⁴⁵、桥 tʏ³¹、腰 iʏ⁴⁵、鸟 liʏ²¹、跳 tɕʻiʏ³³、尿 niʏ⁴⁵。七都话四等萧韵今多读[ei]显得很特别，例如：刁 lei⁴⁵、鸟 lei¹³、钓 lei³³、条 lei²¹、跳 tʻei³³。个别三等字也读[ei]，例如：宵 sei⁴⁵、笑 sei³³。

永州土话中只有江永松柏等极少的点效摄一等豪韵脱落韵尾读单元音，像七都话读[ʏ]更是少见。七都话三四等[ɿ]或[i]的读法也只见于宁远平话、道县小甲、东安高峰等很少的点。八都话今读[ʏ]和[iʏ]的情况就更为罕见。三四等永州土话多数仍带韵尾，读[iəu]和[iau]。

②效摄二等肴韵都与流摄合流。平地瑶话效摄二等肴韵今多读[əu]和[iəu]，流摄今读[əu]和[iəu]。例如：七都话：抓＝周 tsəu⁴⁵、炒＝丑 tsʻəu¹³、抄＝抽 tsʻəu⁴⁵、教＝救 kiəu³³、搞＝九 kiəu¹³、窖＝救 kiəu³³。梧州话鹧鸪塘二等肴韵今读[au]，流摄今读[au]。

例如：卯 = 亩 mau⁴⁴、炒 = 丑 ts'au⁴⁴、抄 = 抽 ts'au⁵¹、罩 = 咒 tsau⁴²⁴、胶 = 勾 kau⁵¹、敲 = 抠 k'au⁵¹、咬 = 藕 ŋau⁴⁴；锦陂二等肴韵今读[iau]，流摄今读[əu]和[iəu]。例如：抄 = 抽 tɕ'iau⁵¹、找 = 九 tɕiau⁴⁴、罩 = 救 tɕiau⁴²⁴、校 = 右 iau²⁴。永州土话中很多点的效摄二等肴韵也与流摄合流，例如：宁远张家、蓝山太平、双牌理家坪、江永桃川、东安花桥、东安高峰、冷水滩小江桥，等等。

3. 前鼻音尾阳声韵中前鼻尾读成后鼻尾、前鼻尾脱落两种情况并存

咸摄、深摄、山摄、臻摄四摄都有鼻尾读成后鼻尾、前鼻尾脱落并存于同摄，甚至同等字中的现象，而且有的前鼻尾脱落后与入声韵读音相同。以下分述之。

（1）古咸摄字的今读。

阳声韵：

咸摄开口一二等梧州话和平地瑶八都话接近，梧州话多读[an]，八都话多读[ən]，而七都话很特别，咸摄开口一二等、合口三等今部分字读成[aŋ]或[oŋ]，另一部分字则失落鼻音韵尾，读成单元音[u]，与开口一二等入声字读音相同。过山瑶话横江保留[m]尾的读音，而中央冲却读得跟梧州话相同了。读鼻音韵尾的咸摄字，除八都话外，其他各点的主要元音都相同。举例如表3-35所示：

表3-35 咸摄字今读情况比较例字表一

例字	中古音	鹧鸪塘	锦陂	老车	大山脚	横江	中央冲
男	咸开一平覃泥	nan³¹	nan³¹	nu²¹	nən³¹	lam³¹	lan³¹
蚕	咸开一平覃从	san³¹	san³¹	tsoŋ²¹	tsən³¹	tsam³¹	tsan⁴²
感	咸开一上感见	kan⁴⁴	kan⁴⁴	kaŋ¹³	kən²¹	kan⁴⁴	kan⁴⁴
胆	咸开一上敢端	lan⁴⁴	lan⁴⁴	loŋ¹³ / lu¹³	lən²¹	tam⁴⁴	tam⁴⁴
淡	咸开一上敢定	tan²⁴	tan²⁴	tu⁴²	tən³³	tsam⁴⁴	tsan⁴⁴
三	咸开一平谈心	san⁵¹	san⁵¹	su⁴⁵	sən⁴⁵	fam³³	fan³³
甘	咸开一平谈见	kan⁵¹	kan⁵¹	kaŋ⁴⁵	kən⁴⁵	gam³³	kan³³
敢	咸开一上敢见	kan⁴⁴	kan⁴⁴	kaŋ¹³	kən²¹		
站 车~	咸开二去陷澄	tsan²⁴	tsan²⁴	tsaŋ²⁴	tsən³³		
咸	咸开一平咸匣	an³¹	an³¹	hoŋ²¹	hən³¹	dzai²¹	dzai²¹

咸摄开口三四等梧州话鹧鸪塘和平地瑶话七都话相似，今多读鼻化元音[ẽ][iẽ]。但锦陂不同，仍读前鼻音[in]，八都话大山脚又不同，鼻音完全脱落读阴声韵复元音[ei]，与开口三四等入声字读音相同。过山瑶话少数字仍为[m]尾韵母。鹧鸪塘、老车、大山脚主要元音为[e]，锦陂、横江、中央冲主要元音为[i]。举例如表3-36所示：

表 3-36　咸摄字今读情况比较例字表二

例字	中古音	鹧鸪塘	锦陂	老车	大山脚	横江	中央冲
盐	咸开三平盐以	iẽ³¹	in³¹	iẽ²¹	ie³¹	dzau²⁴	dzau²⁴
厌	咸开三去艳影	iẽ²⁴	in⁴²⁴	ie³³	ie³³		
欠	咸开三去酽溪	hẽ⁴²⁴	hin⁴²⁴	kʻẽ³³	kʻei³³	tɕʻiem²⁴	tɕʻien²⁴
严	咸开三平严疑	iẽ³¹	ȵin³¹	iẽ³¹	ei³¹		
店	咸开四去㮇端	tẽ²⁴	tin²⁴	tẽ²⁴	tei⁴⁵	din²¹	din²¹
添	咸开四平添透	tʻẽ⁵¹	tʻin⁵¹	tʻe⁴⁵	tʻei⁴⁵		
念	咸开四去㮇泥	nẽ²⁴	ȵin²⁴	nẽ²⁴	nei⁴⁵	ȵim²¹	ȵin²¹
谦	咸开四平添溪	tɕʻiẽ⁵¹	tɕʻin⁵¹	tɕʻiẽ³³	kʻei⁴⁵		
嫌	咸开四平添匣	iẽ³¹	in³¹	ɕiẽ²¹	ɕiei³¹	kẽ³¹	kẽ³¹

平地瑶七都话咸摄字的读音与周围永州土话江永城关、双牌理家坪等地较为近似，开口一二等字读[aŋ][oŋ]都有，而其他土话点多数是读[oŋ]，江永桃川和松柏、东安等读[aŋ]。七都话开口一二等脱落韵尾后单元音为[u]，与之相似的土话点有道县小甲和祥霖铺、双牌理家坪、江永松柏，其他各点多数是读[o]和[a]。

入声韵：

咸摄入声韵开口一二等和合口梧州话鹧鸪塘多读[a]，锦陂多读[æ]，平地瑶话七都话多读[u]和[a]，八都话多读[u]和[æ]。开口三四等梧州话鹧鸪塘多读[ie]，锦陂多读[i]，平地瑶话七都话很乱，[ie、ʅ、ɿ、e]都有，八都话多读[ei]。平地瑶话七都话个别入声字还读成了鼻音尾韵[aŋ]，例如：盒 faŋ⁴⁴ 白 一大~、ha⁴⁴ 文 烟~。咸摄入声字在过山瑶话中仍保留塞音韵尾，横江读[-p]尾，而中央冲的[-p]尾已经丢失，多数就读元音尾，只是声调很短促，或者读[-t][-k]。入声字的主要元音过山瑶话和梧州话更接近一些。举例如表 3-37 所示：

表 3-37　咸摄字今读情况比较例字表三

例字	中古音	鹧鸪塘	锦陂	老车	大山脚	横江	中央冲
塔	咸开一入盍透	tʻa⁴²⁴	læ⁵	tʻu⁴⁴	tʻu²⁴	tʻap⁵	tʻa⁵
腊	咸开一入盍来	la²⁴	læ⁵	lu²⁴	lu⁴⁵	lap²	la²
插	咸开二入洽初	tsʻa⁴²⁴	tɕʻia⁵	tsʻa⁴⁴	tsʻæ²⁴	tsʻiep⁵/tsʻip⁵	dzie⁵/tsʻe⁵
夹	咸开二入洽见	ka³¹	kæ⁵	ka⁴⁴	kæ⁵	kap²/tɕiap⁵	tɕiat⁵
鸭	咸开二入狎影	a⁴²⁴	æ⁵	u⁴⁴	u²⁴	ap⁵	ak⁵
法	咸合三入乏非	fa⁴²⁴	fæ⁵	fa⁴⁴	fæ²⁴	fat⁵	fa⁵
摺	咸开三入叶章	tɕie⁵¹	tɕi⁵	tsʅ⁴⁴	tsʅ²⁴	tsip⁵	dzi⁵
业	咸开三入业疑	ȵie²⁴	ȵi²⁴	ȵie⁴⁴	nei²⁴	ȵie³¹	ȵie²⁴
帖	咸开四入帖透	tʻie⁵¹	tʻi⁵	tʻei⁴⁴	tʻei²⁴		

咸摄入声一二等平地瑶话和周边的土话较为近似，永州土话也是读[u]的点多，而梧州话[a][æ]的读法，与之相似的就很少。三四等主要元音为[e]，这一点倒是梧州话、平地瑶话都和周围的永州土话相同。

（2）古深摄字的今读。梧州话鹧鸪塘深摄阳声韵多读[uan]，入声韵多读[uo]和[e]；锦陂阳声韵多读[aŋ]和[iaŋ]，入声韵多读[a]和[e]。梧州话没有鼻音韵尾脱落的现象；平地瑶话七都话和八都话相同，阳声韵多脱落韵尾，同入声韵一样读[i]和[ɿ]。平地瑶话没有读后鼻尾韵母的情况；少数深摄字在过山瑶话中阳声韵仍读[-m]尾，入声韵还带塞音韵尾[-p]或[-t]。举例如表 3-38 所示：

表 3-38　深摄字今读情况比较例字表

例字	中古音	鹧鸪塘	锦陂	老车	大山脚	横江	中央冲
针	深开三平侵章	tsuan51	tɕiaŋ51	tsɿ45	tɕi45	siem33	sin33
深	深开三平侵书	suan51	saŋ51	sɿ45	ɕi45	do33	du33
金	深开三平侵见	tsuan51	tɕiaŋ51	ki45	tɕi45	tɕiem33	tɕien33
音	深开三平侵影	yaŋ51	iaŋ51	zɿ45	i45	iem33	ien33
阴	深开三平侵影	yaŋ51	iaŋ51	zɿ45	i45		
禁	深开三去沁见	kẽ424	tɕiaŋ424	ki45	tɕi33		
湿	深开三入缉书	suo51	sa5	sɿ44	sɿ24	don33	duan33
急	深开三入缉见	ke24	ke24	ki44	tsɿ24	ki31	ki31
吸	深开三入缉晓	he51	ke5	sɿ44	ɕiɤ45	puə44	pu44
十	深开三入缉禅	suo24	sa24	sɿ24	sɿ45	tsiəp2	tsiət2

深摄阳声韵字鼻韵尾湘南永州土话有两种情况：或全部保留，如：新田、宁远、蓝山、东安等；或全部脱落，如道县祥霖铺、双牌理家坪、江永松柏等。梧州话大致与前者同类，只是多数土话阳声韵为前鼻音韵尾，而梧州话多数为后鼻音韵尾，尤其是锦陂，宁远平话跟锦陂相同。平地瑶话则与后者同类，脱落后主要元音为[i]或[ɿ]，道县祥霖铺、双牌理家坪、江永松柏主要元音也是[i]，还有的点则是[e]，如道县小甲、江永城关和桃川。

永州土话里深摄入声韵字读音也很杂乱，大致分三类：以读[e]或[ɛ]为主的、以读[i]或[ɿ]为主的和以[ɿ]为主杂有[a]的，梧州话与第一类相近，平地瑶话则靠近第二类。

（3）古山摄字的今读。

阳声韵：

梧州话鹧鸪塘开口一二等、合口一二等今多读前鼻音尾韵母[an]和[uan]，开口三四等、合口三四等今多读鼻化韵母[iẽ][uẽ]和[yẽ]；锦陂均为前鼻音尾韵母，开口一二等多读[an]，三四等读[in]，合口一二等多读[un]，三四等读[øn]。各等字都基本上没有韵尾脱落、改读后鼻尾的现象。

平地瑶话七都话开口一二等绝大部分脱落鼻尾，变为单元音韵母[i]，少数字读后鼻音尾韵母[aŋ]，例如：肝 kaŋ⁴⁵、安 aŋ⁴⁵、旱 haŋ⁴²、蛋 laŋ⁴²、干 kaŋ²⁴、汗 haŋ²⁴、按 ŋaŋ²⁴、产 ts'aŋ¹³、限 haŋ⁴²。合口一等读后鼻音尾韵母[aŋ]，二等脱落鼻尾后读[ui]或[i]。开口三四等、合口三四等等多读鼻化韵母[iẽ][uẽ]和[yẽ]，这与梧州话相同；八都话除合口一等字外，其他山摄字差不多都丢掉了鼻音尾巴，读成了元音尾韵母。合口一等多读[aŋ]，少数也没有鼻音韵尾，如：满 mo³³、钻 tsua⁴⁵、灌 kæ³³、宽 fu²⁴、完 uei³¹、玩 uei³¹、丸 uei³¹。举例如表3-39所示：

表3-39 山摄字今读情况比较例字表

例字	中古音	鹧鸪塘	锦陂	老车	大山脚	横江	中央冲
难	山开一平寒泥	nan³¹	nan³¹	ɲi²¹	ɲi³¹	nan³¹	nan³¹
炭	山开一去翰透	t'an⁴²⁴	t'an⁴²⁴	t'i³³	t'i³³	t'an²⁴	t'an²⁴
办	山开二去裥并	pan⁴²⁴	pan²⁴	pi²⁴	pi⁴⁵		
铲	山开二上产初	ts'an⁴⁴	tɕian⁴⁴	tɕ'i¹³	tɕ'i²¹	ŋiəu³³	ts'en⁴⁴
闲	山开二平山匣	an³¹	an³¹	ɕi²¹	ɕi³¹	fien²¹	fien²¹
慢	山开二去谏明	man²⁴	man²⁴	mi²⁴	mi⁴⁵	don²¹	man²¹
编	山开三平仙帮	piẽ⁵¹	p'in⁵¹	p'ẽ⁴⁵	pei⁴⁵		
鲜	山开三平仙心	siẽ⁵¹	sin⁵¹	sẽ⁴⁵	sei⁴⁵		
片	山开四去霰滂	p'iẽ⁴²⁴	p'in⁴²⁴	p'ẽ³³	p'ei³³		
牵	山开四平先溪	xiẽ⁵¹	xin⁵¹	k'ẽ⁴⁵	k'ei⁴⁵	k'en³³	k'en³³
暖	山合一上缓泥	nuẽ⁴⁴	nun⁴⁴	naŋ⁴²	laŋ³³	siəu⁴⁴	siəu⁴⁴
官	山合一平桓见	kuẽ⁵¹	kun⁵¹	kaŋ⁴⁵	kaŋ⁴⁵	kyan³³	kyan³³
乱	山合一去换来	luẽ²⁴	lun²⁴	laŋ²⁴	laŋ⁴⁵	lun²¹	nun²¹
关	山合二平删见	kuan⁵¹	kun⁵¹	kui⁴⁵	kui⁴⁵	kun³³	kun³³
弯	山合二平删影	uan⁵¹	ŋan⁵¹	li⁴⁵	lio²⁴	ŋau³³	ŋao³³
惯	山合二去谏见	kuan²⁴	kun⁴²⁴	kui³³		kuen²⁴	kyen²⁴
选	山合三上獮心	suẽ⁴⁴	sun⁴⁴	sẽ¹³	sue²¹	sian⁴⁴	sian⁴⁴
砖	山合三平仙章	tɕyẽ⁵¹	tɕiøn⁵¹	tsẽ⁴⁵	tsue⁴⁵	tsun³³	tsun³³
劝	山合三去愿溪	ɕyẽ⁴²⁴	xyẽ⁴²⁴	k'uẽ³³	k'ue³³	k'uin²⁴	k'uin²⁴
县	山合四去霰匣	yẽ²⁴	øn²⁴	uẽ²⁴	ue⁴⁵	gyan²¹	gyan²¹

平地瑶话中山摄少数开口一二等字和绝大部分合口一等字读后鼻音韵母[aŋ]的现象值得我们注意。环顾四周的湘南土话，我们发现永州土话也主要是山摄一等字有读后鼻音韵母的现象，不同的是多数土话读[oŋ][ioŋ]，只有宁远平话、江永城关、松柏、桃川跟平地瑶话相同读[aŋ]。此外，永州土话中山摄三四等读为鼻化韵母的情况也不多见，只在宁远平话和东安花桥等少数点可以看到，而江华的梧州话和平地瑶话却都很普遍。

山摄字在过山瑶话中绝大多数还是读前鼻音尾韵母，只有少数有丢失韵尾的现象，极个别还保留了[-m]尾，还有个别读后鼻音尾韵母。例如：懒 luei²¹（横江）、lue²¹（中央冲）/ 棉 pui³¹（横江）、pu³¹（中央冲）/ 酸 suei³³（横江）、sui³³（中央冲）/ 天 nt'oe³³（横江）、nt'ue³³（中央冲）/ 件（衣）təei²⁴（横江）、tei²⁴（中央冲）/ 扁 bəei²¹（横江）、bei²¹（中央冲）/ 按 ŋat⁵（横江）、ŋa⁵（中央冲）/ 玩 dzau³¹（横江）、dzao³¹（中央冲）/ 垫 tim21（横江）、tin21（中央冲）/ 断 taŋ²⁴（横江）、taŋ²⁴（中央冲）。

入声韵：

梧州话鹧鸪塘开口一二等读[a]，三四等读[ie]，合口一等读[uo]，二等读[ua]，三等读[ie、uo、a]，四等读[ye]。锦陂开口一二等多读[æ]，三四等多读[i]，合口一等多读[ui]，二等多读[uæ]，三四等多读[ø]。

平地瑶话七都话开口一二等多读[a]，三四等多读[e]和[ie]。合口一等多读[u]，二等多读[ua]，三四等很乱，[a、u、ɿ、ue、e]都有。八都话开口一二等多读[æ]。三四等多读[ei]，和三四等的阳声韵字脱落鼻音韵尾后韵母相同。合口一等多读[ɣ]，二等多读[uæ]，三四等多读[ue]，和三四等的阳声韵字韵母相同。

山摄入声韵字在过山瑶话中多数仍旧保留塞音韵尾[t]或[k]，主要元音有[a、e、u、i]。举例如表 3-40 所示：

表 3-40 山摄入声字今读情况比较例字表

例字	中古音	鹧鸪塘	锦陂	老车	大山脚	横江	中央冲
辣	山开一入曷来	la⁴²⁴	læ³¹	la²⁴	læ⁴⁵		
萨	山开一入曷心	sa⁴²⁴	sæ⁵	sa⁴⁴	sæ³³	sa³¹	sa³¹
八	山开二入黠帮	pa⁴²⁴	pæ⁵	pa⁴⁴	pæ²⁴	pet⁵	pet⁵
杀	山开二入黠生	sa⁴²⁴	sæ⁵	sa⁴⁴	sæ²⁴	tai²⁴	tai²⁴
瞎	山开二入辖晓	xa²⁴	xæ⁵	ha⁴⁴	han³¹	men³¹	bu²⁴
热	山开三入薛日	ȵie²⁴	ȵi²⁴	ne⁴⁴	nei⁴⁵	yət⁵	iuk⁵
铁	山开四入屑透	t'ie⁵¹	t'i⁵	t'e⁴⁴	t'ei²⁴	nt'ie⁵	nt'ik⁵
切	山开四入屑清	t'ie⁵¹	t'i⁵	ts'e⁴⁴	ts'ei²⁴	kak⁵	ts'it⁵
钵	山合一入末帮	puo⁵¹	p'ui⁵	pu⁴⁴	py²⁴		
脱	山合一入末透	t'uo⁵¹	t'ui⁵	t'o⁴⁴	t'y²⁴	tɕiai⁴⁴ 解	duk⁵
挖	山合二入黠影	ua⁴²⁴	uæ⁵	ua⁴⁴	uæ²⁴	wiet⁵	viet⁵
刮	山合二入辖见	kua⁴²⁴	kuæ⁵	kua⁴⁴	kuæ²⁴	kat⁵	kat⁵
雪	山合三入薛心	suo⁴⁴	sø⁵	sɿ⁴⁴	sue²⁴	boen²⁴	boen²⁴
月	山合三入月疑	ȵie²⁴	nø⁵	ŋue⁴⁴	ŋue⁴⁵	ȵie²¹	ȵi³¹
决	山合四入屑见	tɕye³¹	k'ø⁵	ki⁴⁴	tsue¹³	tɕyi⁵	tɕyi⁵
血	山合四入屑晓	ɕye⁵¹	hø⁵	fe⁴⁴	fue²⁴	dziam⁴⁴	dziaŋ²⁴

山摄入声字的主要元音是[a、e、o]，这一点梧州话、平地瑶话和过山瑶话都很相像，而且也和周围的永州土话一样，只是锦陂开口读[i]，合口读[ø]，八都话合口读[ɣ]有点特别，永州土话中也不多见，开口主要读[i]的像：宁远张家、宁远平话、道县小甲、双牌理家坪、江永城关。合口读[y]的像江永城关。

（4）古臻摄字的今读。梧州话鹧鸪塘臻摄都读鼻化韵母，开口一等读[əẽ]，开口三等和合口一三等相同，都读[uẽ]；锦陂臻摄开口一等读[ən]，三等读[ən]和[iən]，合口一等读[un]，三等谆术韵多读[øn]，三等文物韵多读[oen]。各等字都没有韵尾脱落、改读后鼻尾的现象。

平地瑶话七都话臻摄开口一等读[oŋ]和[əŋ]，三等多读[ẽ]和[in]，少数字脱落韵尾读单元音，例如：亲 ts'e⁴⁵、辛 se⁴⁵、信 se³³、珍 tsʅ⁴⁵、真 tsʅ⁴⁵、神 sʅ²¹、身 sʅ⁴⁵、忍 ŋ⁴²、紧 ki¹³、印 i³³、斤 ki⁴⁵、近 ki⁴²。合口一三等多数脱落韵尾读[u、i、ʅ]，少数读[oŋ]和[əŋ]，例如：本 poŋ¹³、盆 poŋ²¹、闷 moŋ²⁴、尊 tsəŋ³³、论 ləŋ²⁴、混 poŋ⁴²、分 poŋ⁴⁵、份 poŋ²⁴。八都话臻摄开口一等脱落鼻尾读[əu]，三等绝大部分脱落韵尾读[i]，合口一等读[uən]，三等多数脱落韵尾读[yi]。

臻摄字在过山瑶话里多数读前鼻音尾韵母。举例如表 3-41 所示：

表 3-41　臻摄字今读情况比较例字表

例字	中古音	鹧鸪塘	锦陂	老车	大山脚	横江	中央冲
根	臻开一平痕见	kəẽ⁵¹	kən⁵¹	koŋ⁴⁵	kəu⁴⁵	kon³³	dzoŋ²¹
恨	臻开一去恨匣	xəẽ²⁴	ən²⁴	həŋ²⁴	hen²⁴	hen²⁴	nao⁴⁴ 恼
陈	臻开三平真澄	suẽ³¹	sən³¹	tsẽ²¹	tɕi³¹		
申	臻开三平真书	suẽ³¹	sən⁵¹		sẽ³³	ɕi⁴⁵	
筋	臻开三平殷见	tsuẽ⁵¹	tɕiən⁵¹	ki⁴⁵	tɕi⁴⁵	tɕian³³	tɕian³³
嫩	臻合一去慁泥	nuẽ²⁴	nun²⁴	nu²⁴	ȵyen⁴⁵	nun²⁴	nun²⁴
棍	臻合一去慁见	kuẽ⁴²⁴	kun⁴²⁴	ku³³	kuən³³	don²⁴	koŋ²⁴
稳	臻合一上混影	uẽ⁴⁴	un⁴⁴	u¹³	uən²¹		
春	臻合三平谆昌	ts'uẽ⁵¹	tɕ'iən⁵¹	ts'ʅ⁴⁵	tɕ'yi⁴⁵	ts'un³³	ts'un³³
军	臻合三平文见	kuẽ⁵¹	koen⁵¹	ki⁴⁵	tɕi⁴⁵		

臻摄阳声韵在永州土话里主要有两种类型：保留鼻音韵尾的约占 60%，脱落鼻音韵尾的约占 40%。梧州话、过山瑶话大概应该属于前者，八都话则属于后者，七都话开口字读鼻尾的多于脱落的，合口字脱落的多于保留的，不好归入哪一类型。平地瑶话臻摄阳声韵字中保留鼻音尾的和脱落鼻音尾的字主要元音很接近，七都话开口字鼻音的念[ẽ、in]，脱落的念[e、ʅ、i]。合口字也是如此，鼻音的念[o]，脱落的念[u]。八都话开口字鼻音的念[in、ən]，脱落的念[i、əu]。

入声韵：

梧州话鹧鸪塘臻摄入声字多数读[uo]和[io]，锦陂臻摄入声字开口三等读[əe]和[iəe]，合口三等读[ø]。平地瑶七都话开口三等读[æ]和[ɿ]，合口读[u]。八都话开口三等读[a]和[i]，合口读[ua]和[ɿ]。臻摄入声字在过山瑶话里部分还有塞音韵尾。举例如表 3-42 所示：

表 3-42　臻摄入声字今读情况比较例字表

例字	中古音	鹧鸪塘	锦陂	老车	大山脚	横江	中央冲
侄	臻开三入质澄	tsuo³¹	tsəe²⁴	tsɿ⁴⁴	tɕi³¹	tsi³¹	tsi³¹
日	臻开三入质日	ȵio³¹	ȵiəe²⁴	ȵæ⁴⁴	na²⁴	ȵiet¹³	ȵie³¹
吉	臻开三入质见	tɕio⁵¹	tɕiəe⁵	ki⁴⁴	tsɿ²⁴		
骨	臻合一入没见	kuo⁵¹	kue⁵	ku⁴⁴	ko²⁴	boŋ⁴⁴	boŋ⁴⁴
出	臻合三入术昌	tɕʻio⁵¹	tɕʻø⁵	su⁴⁴	sua²⁴	tsʻuet⁵	tsʻuet⁵/pi³¹

4. 后鼻音尾阳声韵鼻音韵尾的保留与脱落

（1）古宕摄字的今读。

阳声韵：

梧州话宕摄字今仍读后鼻音尾韵母，鹧鸪塘开口一等读[yaŋ]，三等读[iaŋ]，合口读[uaŋ]，个别非组字读[oŋ]和[iaŋ]，例如：放 poŋ⁴²⁴、网 miaŋ⁴⁴、忘 miaŋ⁴²⁴、望 miaŋ²⁴。锦陂开口一等多读[ioŋ]，三等多读[iaŋ]，合口读[uaŋ]，个别非组字读[aŋ]和[ioŋ]，例如：方 faŋ⁵¹、亡 mioŋ³¹、网 mioŋ⁴⁴、忘 mioŋ²⁴、望 mioŋ²⁴。

平地瑶七都话宕摄字开口、合口都读[aŋ]，只有少数开口三等阳药韵字读[iaŋ]。八都话开口一等、合口一等读[aŋ]，三等开口读[iaŋ]，合口读[aŋ]和[uaŋ]。

过山瑶话宕摄字也仍读后鼻音尾韵母，大致是主要元音为[o]和[a]，开口三等字加介音[i]，合口三等字则加介音[u]。举例如表 3-43 所示：

表 3-43　宕摄字今读情况比较例字表

例字	中古音	鹧鸪塘	锦陂	老车	大山脚	横江	中央冲
汤	宕开一平唐透	tʻyaŋ⁵¹	tʻioŋ⁵¹	tʻaŋ⁴⁵	tʻaŋ⁴⁵	tʻoŋ³³	tʻoŋ³³
钢	宕开一平唐见	kyaŋ⁵¹	kioŋ⁵¹	kaŋ⁴⁵	kaŋ⁴⁵	kaŋ²⁴	kaŋ³³
箱	宕开三平阳心	ɕiaŋ⁵¹	ɕiaŋ⁵¹	ɕiaŋ⁴⁵	ɕiaŋ⁴⁵	siaŋ³³	siaŋ³³
养	宕开三上养以	iaŋ⁴⁴	iaŋ⁴⁴	iaŋ⁴²	iaŋ³³	ioŋ¹³	ioŋ³³
酿	宕开三去漾泥	ȵiaŋ²⁴	ȵiaŋ²⁴	ȵiaŋ²⁴	ȵiaŋ³³		
光	宕合一平唐见	kuaŋ⁵¹	kuaŋ⁵¹	kaŋ⁴⁵	kaŋ⁴⁵		
荒	宕合一平唐晓	fuaŋ⁵¹	faŋ⁵¹	faŋ⁴⁵	faŋ⁴⁵	ɦuaŋ³³	ɦuaŋ³³
王	宕合三平阳云	uaŋ³¹	uaŋ³¹	uaŋ²¹	uaŋ³¹	ɦuŋ³¹	uaŋ³¹
旺	宕合三去漾云	uaŋ²⁴	uaŋ²⁴	uaŋ²⁴	uaŋ⁴⁵		

宕摄阳声韵字主要元音为[a]，保留后鼻音韵尾，这一点梧州话、平地瑶话、过山瑶话都一致，周围的永州土话绝大多数也和他们一致，鼻音韵尾完全脱落的只有蓝山上洞，另外东安高峰、永州岚角山等地也有部分脱落。值得一提的是，梧州话开口一等字的读法，鹧鸪塘读撮口呼韵母[yaŋ]，锦陂读齐齿呼韵母[ioŋ]，这显得与众不同。平地瑶话和过山瑶话没有类似读法，周围其他永州土话也没有，一般都仍读为开口呼[aŋ]或[oŋ]。此外，梧州话和过山瑶话中都有宕摄部分字主要元音高化为[o]的现象，这说明宕摄字在梧州话和过山瑶话里还走着和平地瑶话不一样的发展道路。

入声韵：

梧州话鹧鸪塘宕摄入声字开口一等、合口一等多读[yæ]，开口三等多读[io]和[iau]。锦陂开口一三等、合口一等多读[iø]和[iə]；平地瑶话七都话开口一等多读[ɣ]，合口一等多读[o]，三等字读音很乱。八都话开口一等多读[ɣ]，三等读[iɣ]，合口一等多读[o]。过山瑶话少数保留塞音韵尾。举例如表 3-44 所示：

表 3-44 宕摄入声今读情况比较例字表

例字	中古音	鹧鸪塘	锦陂	老车	大山脚	横江	中央冲
落	宕开一入铎来	lyæ^{24}	liø^{24}	lɣ^{24}	lɣ^{45}	lot^{2}	do^{5}
各	宕开一入铎见	kyæ^{51}	kiø^{5}	kɣ^{44}	kəu^{24}		
弱	宕开三入药日	ȵio^{31}	ȵiə^{24}	ȵio^{33}	iəu^{45}	ȵio^{31}	ȵio^{31}
约	宕开三入药影	io^{51}	iə^{24}	iu^{21}	iɣ^{45}		
药	宕开三入药以	iau^{24}	iə^{24}	zɿ^{24}	iɣ^{45}	die^{33}	di^{33}
郭	宕合一入铎见	kyæ^{424}	kiø^{5}	kɣ^{44}			

梧州话宕摄入声韵的读法也很特别，开口合口一等鹧鸪塘读撮口呼[yæ]，锦陂读齐齿呼[iø]和[iə]。这和周边的永州土话、平地瑶话、过山瑶话不同。平地瑶话开口字读[ɣ]的也不多见，蓝山上洞、道县小甲、江永松柏与之相同。过山瑶话入声字主要元音为[o]，就和大部分的永州土话相同。

（2）古江摄字的今读。梧州话江摄阳声韵字鹧鸪塘多读[yaŋ]，锦陂多读[ioŋ]，平地瑶七都话、八都话多读[aŋ]，入声韵字鹧鸪塘多读[yæ]，锦陂多读[iø]，平地瑶七都话多读[iəu]，八都话多读[iəu]和[ɣ]。江摄阳声韵字在过山瑶话里多读[oŋ]，入声字多带塞音韵尾。举例如表 3-45 所示：

表 3-45 江摄字今读情况比较例字表

例字	中古音	鹧鸪塘	锦陂	老车	大山脚	横江	中央冲
桩	江开二平江知	tɕyaŋ^{51}	tɕioŋ^{51}	tsaŋ^{45}	tsaŋ^{45}	doŋ^{21}	dəŋ^{21}
撞	江开二去绛澄	tɕ'yaŋ^{424}	tɕ'ioŋ^{424}	tsaŋ^{24}	tsaŋ^{45}	ts'oŋ^{24}	ts'oŋ^{44}
双	江开二平江生	ɕyaŋ^{51}	ɕioŋ^{51}	saŋ^{45}	saŋ^{45}	len^{31}	len^{31}

续表

例字	中古音	鹧鸪塘	锦陂	老车	大山脚	横江	中央冲
江	江开二平江见	kyaŋ⁵¹	kiøŋ⁵¹	kiaŋ⁴⁵	taŋ⁴⁵		
讲	江开二上讲见	kyaŋ⁴⁴	kiøŋ⁴⁴	kiaŋ¹³	taŋ²¹	koŋ⁴⁴	koŋ⁴⁴
捉	江开二入觉庄	tsyæ⁵¹	tɕiø⁵	tsəu⁴⁴	tsɤ²⁴	tsot⁵	tsot⁵
角	江开二入觉见	kyæ⁴²⁴	kiø⁵	kiəu⁴⁴	tɤ²⁴	koŋ³³/kok⁵	koŋ³³/tɕʻiu⁵
壳	江开二入觉溪	xyæ⁴²⁴	kʻiø⁵	ɕiəu⁴⁴	ɕiəu²⁴	kʻok⁵	kʻok⁵
岳	江开二入觉疑	io³¹	io²⁴	io²¹	io³³		
学	江开二入觉匣	yæ³¹	iø²⁴	ɕiəu²⁴	ɕiəu⁴⁵	fio²¹	hu²¹

江摄阳声韵字仍保留后鼻音韵尾，这一点梧州话、平地瑶话和过山瑶话都相同，跟周围的永州土话也相同。不同之处也跟宕摄字一样，梧州话开口字鹧鸪塘读撮口呼韵母[yaŋ]，锦陂读齐齿呼韵母[iøŋ]。而且鹧鸪塘、平地瑶话像大部分的永州土话一样，主要元音是[a]，可锦陂却高化并前化读成了[ø]。过山瑶话的主要元音也高化为读[o]。因此，江摄字虽然鼻音韵尾的发展方向都相同，但主要元音的演变却是各异的。

（3）古曾摄字的今读。梧州话曾摄阳声韵开口一等读[aŋ]，开口三等鹧鸪塘多读[ẽ]，锦陂多读[en]。合口字只有"弘"一个，梧州话、平地瑶话和过山瑶话都没有调查到它的发音。入声韵开口一等鹧鸪塘多读[ɣ]和[au]，锦陂多读[a]，三等鹧鸪塘多读[e]和[i]，锦陂多读[e]和[ie]。合口鹧鸪塘和锦陂都读[uo]。

平地瑶七都话阳声韵开口多读[ẽ]和[oŋ]。入声韵开口一等多读[ɣ]和[u]，三等多读[ʅ]和[iəu]，与三等阳声韵字脱落韵尾后读音相同。合口读[u]；八都话开口多读[ən]。入声韵开口一等多读[əu]，三等多读[iəu]。合口读[uə]。七都话、八都话都有部分开口字失落韵尾读单元音韵母，而且主要是开口三等章组字，七都话读[ʅ]和[ʯ]，八都话读[i]，例如：层 tsu²¹、凭 piu²¹、曾 tsʯ⁴⁵、升 ʂʯ⁴⁵、秤 tsʻʅ³³、剩 sʯ²⁴（七都话）、曾 tɕi⁴⁵、层 tɕi³¹、秤 tɕʻi³³、剩 ɕi⁴⁵、升 ɕi⁴⁵、兴 ɕi⁴⁵、应 ie⁴⁵（八都话）。

曾摄阳声韵字在过山瑶话里多读[aŋ]和[iaŋ]，入声韵字多数仍保留塞音韵尾[-k]。举例如表3-46所示：

表3-46 曾摄字今读情况比较例字表

例字	中古音	鹧鸪塘	锦陂	老车	大山脚	横江	中央冲
登	曾开一平登端	laŋ⁵¹	laŋ⁵¹	tẽ⁴⁵	təŋ⁴⁵		
邓	曾开一去嶝定	taŋ²⁴	taŋ²⁴	toŋ²⁴	təŋ⁴⁵		
层	曾开一平登从	saŋ³¹	saŋ³¹	tsu²¹	tɕi³¹	iem³¹	dzaŋ²¹
肯	曾开一上等溪	xaŋ⁴⁴	kʻaŋ⁴⁴	hoŋ¹³	hən²¹	kʻaŋ⁴⁴	kʻaŋ⁴⁴
蒸	曾开三平蒸章	tsaŋ⁵¹	tɕien⁵¹	tsʯ⁴⁵	tɕi⁴⁵	tsin³³/tsaŋ³³	tsuaŋ³³

续表

例字	中古音	鹧鸪塘	锦陂	老车	大山脚	横江	中央冲
证	曾开三去证章	tsẽ²⁴	tɕien⁴²⁴	tsẽ²⁴	tən³³		
称	曾开三平蒸昌	tɕ'iẽ⁵¹	tɕ'ien⁵¹	tʂ'ɿ⁴⁵	tɕ'i⁴⁵	dziaŋ³³	dziaŋ³³
胜	曾开三去证书	sẽ⁴²⁴	sen²⁴	sɿ²⁴	ɕiən⁴⁵	sen²⁴	sen²⁴
贼	曾开一入德从	sau²⁴	sa⁵	tsu²⁴	tsəu⁴⁵	tsa³¹	tsa³¹
刻	曾开一入德溪	xau⁵¹	k'a⁵	k'ɤ⁴⁴	k'ɤ²⁴		
黑	曾开一入德晓	xau⁵¹	xa⁵	həu⁴⁴	həu²⁴	kiek⁵	kik⁵
力	曾开三入职来	le³¹	le²⁴	liəu²⁴	liəu⁴⁵	k'ak⁵	k'ak⁵
色	曾开三入职生	se³¹	se⁵	səu⁴⁴	səu²⁴	sek⁵	sek⁵
国	曾合一入德见	kuo⁵¹	kuo⁵	ku⁴⁴	kuə²⁴	kuək⁵	kue⁵

曾摄字仍旧保留鼻音韵尾的还是占永州土话的绝大部分，梧州话、平地瑶话和过山瑶话也相同，只是曾摄字的鼻音韵尾有不稳定的趋势，八都话就全丢掉了，七都话、梧州话都有部分字读鼻化韵母，过山瑶话也有个别字读前鼻音韵母。另外，平地瑶话鼻音韵尾脱落集中在开口三等章组字，字数要比永州土话中几乎全部脱落的方言点的少得多，例如：道县祥霖铺、道县小甲、双牌理家坪、江永城关、江永松柏、江永桃川等，这些点脱落鼻音后主要元音通常是[i]，八都话与之相同，但七都话却读[ɿ]和[ʅ]，这是永州土话中很少见的。在梧州话、平地瑶话和过山瑶话里曾摄入声韵的主要元音一般是高或次高的元音，这和永州土话是一致的，只有梧州话部分开口一等入声字主要元音是[a]，过山瑶话里也有少数字，这也是永州土话中很少见的。

（4）古梗摄字的今读。

阳声韵：

梧州话鹧鸪塘开口二等多读[iaŋ]，三四等读鼻化元音[ẽ]，合口读[uẽ]或[yẽ]。锦陂开口二等多读[iaŋ]，三四等读[en]和[ien]，合口读[uen]。

平地瑶话七都话开口二等脱落鼻音韵尾读单元音[i]，三四等也脱落鼻音读[iu]，合口读[ui]和[ioŋ]。八都话开口二等大部分脱落韵尾读[i]，开口三四等、合口三四等读[in][ən]和[iən]，开口三四等、合口二等也有少数字脱落鼻音韵尾，例如：庆 k'ei³³、竞 tɕi⁴⁵、迎 ȵi³¹、英 i⁴⁵、聘 pei³³、精 tɕi⁴⁵、征 tɕi⁴⁵、并 pei⁴⁵、庭 tei³、宁 nei³¹、形 ɕie³¹。

梗摄字在过山瑶话中多数读前鼻音尾韵母，横江少数还保留[-m]尾。举例如表 3-47 所示：

入声韵：

梧州话鹧鸪塘开口二等读[ia]，三四等多读[ie]和[e]，合口二等读[ua]。锦陂开口二等读[iæ]，三四等读[ie]和[e]，合口二等读[a]。

表 3-47　梗摄字今读情况比较例字表

例字	中古音	鹧鸪塘	锦陂	老车	大山脚	横江	中央冲
生	梗开二平庚生	ɕiaŋ51	ɕiaŋ51	si45	ɕi45	ȵiem13	ȵien13
省~长	梗开二上梗生	ɕiaŋ44	ɕiaŋ44	si13	ɕi21		
更五~	梗开二平庚见	kiaŋ51	kiaŋ424	ki45	ki45		
争	梗开二平耕庄	tɕiaŋ51	tɕiaŋ51	tsi45	tɕi45	dzen33	dzen33
命	梗开三去映明	mẽ24	men24	miu24	min45	men21	men21
清	梗开三平清清	t'ẽ51	t'en51	tɕ'iu45	tɕ'in45	ts'in33	ts'in33
整	梗开三上静章	tsẽ45	tɕien44	tɕiu13	tən21	dzam44	tsoŋ44
轻	梗开三平清溪	hẽ51	hen51	tɕ'iu45	tən45	hen33	hen33
零	梗开四平青来	lẽ31	len31	liu21	lin31	lin31	lin31
醒	梗开四上迥心	sẽ44	sen44	ɕiu13	ɕin21	fin44	fin44
横	梗合一平庚匣	yaŋ31	fun51	ui21	yi31	wen31	ven42
永	梗合三上梗云	yn44	uen44	iu42	in33		
营	梗合三平清以	yẽ31	uen31	ioŋ21	in31		

平地瑶七都话入声韵开口二三等、合口二等多读[u]，开口四等多读[i]。八都话开口二等多读[u]，三四等多读[iu]和[ei]，合口二等读[y]。

过山瑶话部分字仍保留塞音韵尾，元音主要是[e]和[i]。举例如表 3-48 所示：

表 3-48　梗摄入声字今读情况比较例字表

例字	中古音	鹧鸪塘	锦陂	老车	大山脚	横江	中央冲
百	梗开二入陌帮	pia24	piæ31	pu44	pu24	pet5	pet5
拆	梗开二入陌彻	tɕ'ia424	tɕ'iæ5	ts'u44	ts'u24	ts'et5	ts'e5
格	梗开二入陌见	kia424	kiæ31	ku44	ku24		
麦	梗开二入麦明	mia24	miæ24	m24	mu45	me21	me21
隔	梗开二入麦见	kia33	kiæ5	ku44	ku24		
脊	梗开三入昔精	te51	te5	ki44	tu13		
射	梗开三入昔船	ɕie24	ɕie24	su24	ɕiu45	ɕie24	fi24
踢	梗开四入锡端	t'e51	t'e5	lei44	t'y24	dik5	dik5
历~书	梗开四入锡来	le24	le5	li21	liu45		
划	梗合二入麦匣	ua31	fa24	hu24	tɕ'y45		

永州土话梗摄阳声韵字鼻音韵尾脱落是主流，梧州话还没有脱落，后鼻音尾还保留在开口二等字中，其他阳声韵字则读前鼻音尾或是读成鼻化元音，而且主要元音高化并前化成了[e]，这说明梧州话梗摄字的鼻音尾已经在逐步走向脱落。永州土话中保留多于脱落的点有：新田南乡、江永城关、东安花桥、永州岚角山等。和前面的宕摄与江摄字

类似，梧州话梗摄字也有开口呼改读齐齿呼的现象；平地瑶话梗摄字就顺着永州土话脱落鼻音韵尾的大流在走，永州土话脱落很明显的点有：新田北乡、宁远平话、道县祥霖铺、双牌理家坪、江永松柏和桃川等。但它又显得特立独行，别的土话丢掉韵尾后主要元音是[e、o、u]，而它却主要是[i]，只有少数是[e、u]。八都话中少数保留鼻音尾的三四等字也读前鼻音尾，不再是后鼻音尾，且主要元音是[i、ə]，后鼻音尾只在七都话见到零星的合口字中有，韵腹是[o]。因此，我们可以清楚地看到平地瑶话梗摄字的发展轨迹大致是，主要元音高化，导致了舌根鼻音的地位不断地动摇，慢慢地由改读前鼻音发展到逐渐脱落。

梗摄入声韵永州土话也分三类：主要元音为[a]和[e]的；主要元音为[u]的；主要元音为[u]和[i]的。梧州话大致可归入第一类，这一类的点有：新田南乡、新田北乡、蓝山上洞、蓝山太平。平地瑶话可归入第三类，这一类的点有：宁远张家、东安高峰、东安花桥、永州岚角山等。过山瑶话则两类都占一点。八都话合口读[y]的情况在土话里就不多见了。

（5）古通摄字的今读。梧州话鹧鸪塘通摄阳声韵读[oŋ]，入声韵读[o]。锦陂阳声韵多读[oŋ]，部分合口三等字读[ioŋ]，入声韵读[o]。

平地瑶话七都话阳声韵读[oŋ]，极少数合口三等钟韵章组字失落韵尾读[ʅ]，例如：钟 tʂʅ⁴⁵、种 tʂʅ¹³、肿 tʂʅ²⁴、种 tʂʅ³³。极少数合口三等钟韵见组字读[iaŋ]和[aŋ]，例如：恭 kiaŋ⁴⁵、供 kiaŋ²⁴、共 tsaŋ²³。入声韵合口一等多读[ø]，三等屋韵多读[iəu]和[əu]，三等烛韵多读[i]。八都话阳声韵多读[ən]，极少数合口三等钟烛韵知组、章组字失落韵尾读[i]，例如：重 tɕi³³、钟 tɕi⁴⁵、肿 tɕi²¹、种~树 tɕi³³。入声韵合口一等多读[ao]，三等屋韵多读[u]和[iəu]，三等烛韵多读[io]。

通摄阳声韵字在过山瑶话中多读[oŋ]和[ioŋ]，入声韵仍保留塞音韵尾，主要元音为[o]和[ə]。我们看到汉语的江摄字和通摄字在过山瑶话中韵母读音相同，而江摄主要源自上古的东部，到南北朝前期才从东部独立出来（周祖谟，1996）。过山瑶话的这一特点应该是汉语古音特点在瑶族过山瑶话中的保留。客家话里也残存有这一现象，主要是"窗、双、浊"等几个字，但过山瑶话中，读如通摄的江摄字要较客家话多。举例如表3-49所示：

表3-49　通摄字今读情况比较例字表

例字	中古音	鹧鸪塘	锦陂	老车	大山脚	横江	中央冲
桶	通合一上董透	t'oŋ⁴⁴	t'oŋ⁴⁴	t'oŋ¹³	t'ən²¹	t'oŋ⁴⁴	t'əŋ⁴⁴
工	通合一平东见	koŋ⁵¹	koŋ⁵¹	koŋ⁴⁵	kən⁴⁵	koŋ³³	koŋ³³
农	通合一平冬泥	noŋ³¹	noŋ³¹	noŋ²¹	nən³¹	noŋ³¹	noŋ³¹
宋	通合一去宋心	soŋ⁴²⁴	soŋ⁴²⁴	soŋ²⁴	sən³³		
中	通合三去送知	tsoŋ⁴²⁴	tɕioŋ⁴²⁴	tsoŋ³³	tan⁴⁵		

续表

例字	中古音	鹧鸪塘	锦陂	老车	大山脚	横江	中央冲
绒	通合三平东日	ioŋ³¹	ioŋ³¹	ioŋ²¹/loŋ²¹	iəu³³	ioŋ³¹	ȵioŋ⁴²
重	通合三平钟澄	soŋ³¹	soŋ³¹	ts'oŋ²¹	tsən³¹		
冲	通合三平钟昌	ts'oŋ⁵¹	tɕ'ioŋ⁵¹	ts'oŋ³³	ts'uən³¹		
木	通合一入屋明	mo³¹	mo²⁴	mø²⁴	mao⁴⁵	diaŋ²⁴	diaŋ²⁴
谷	通合一入屋见	ko⁵¹	ko⁵	kø⁴⁴	kao²⁴	bau²¹	biao²¹
屋	通合一入屋影	o⁵¹	o⁵	ø⁴⁴	ao²⁴	pau⁴⁴	pao⁴⁴
六	通合三入屋来	lo²⁴	lo²⁴	liəu²⁴	liəu⁴⁵	luək²	luk²
缩	通合三入屋生	so⁵¹	so⁵	səu⁴⁴	ɕiəu²⁴	sot⁵	su⁵
叔	通合三入屋书	so⁵¹	so⁵	səu⁴⁴	ɕiəu²⁴	suək⁵	suk⁵
绿	通合三入烛来	lo²⁴	lo²⁴	li²⁴	lio⁴⁵	luək²	luk²
粟	通合三入烛心	so³¹	so⁵	si⁴⁴	ɕio²⁴		
烛	通合三入烛章	tso⁵¹	tɕio⁵	tsi⁴⁴	to²⁴	tsuək⁵	tsuk⁵

通摄阳声韵字永州土话60%的点仍保留后鼻音韵尾，梧州话就和这绝大部分的土话一致，并且阳声韵和入声韵的韵腹相同。通摄阳声韵字绝大部分脱落鼻音尾的有：道县祥霖铺、道县小甲、双牌理家坪、江永松柏、江永城关、江永桃川等，平地瑶话就与这一部分土话一致，但脱落鼻音的字数要少，像曾摄字一样主要集中在几个章组字，并且脱落后也不像这些土话一样主要元音是[a、o、ə]，而是[ŋ]和[i]。另外合口三等见组字还有个别读成开口呼和齐齿呼的现象。

通摄入声韵梧州话的读法[o]，在永州土话中较常见，读[o、u]的点很多，像是江永松柏、江永桃川、江永城关、宁远平话、东安花桥、永州岚角山等。平地瑶话三等屋韵的读法也很普遍，就是合口一等七都话读[ø]，其他土话极为少见，八都话读作[ao]，也只有新田南乡和北乡、江永桃川和松柏和它近似。总的来看，通摄入声韵梧州话、平地瑶话和过山瑶话主要元音基本都是舌位较高的元音。

（三）声调音韵特点的异同

梧州话鹧鸪塘五个调类，锦陂六个调类。平地瑶话七都话七个调类，八都话五个调类。过山瑶话八个调类，因其不是和汉语方言一样按声母清浊从古调类演变而来，所以不好放在一起比较。但过山瑶话也存在浊声母字的调值较清声母要低的现象，如读第2、6调的有部分是浊声母字。此外，读第7、8调的也多数就是汉语古入声字，带塞音韵尾，读音短促，调值分别为5和2。

1. 平声分为阴阳

古平声字在梧州话和平地瑶话中，今读都按声母清浊分为阴平和阳平调。梧州话的阴平是高降的调型，而平地瑶话却是高升的调型。阳平的调型倒是很一致，中降调或低降调，只有下降幅度的不同。

永州土话平声今读也按声母清浊分为阴阳，但在调型上有区别，阴平多为中（平、升）调和高（平、降）调，很少有高降和高升的调型。阳平多低（升、平）调，低降的有蓝山太平、双牌理家坪、江永桃川等，这些点和江华的情况类似。

2. 上声归到去声

梧州话、平地瑶话都有上声调类，七都话的上声还分为阴阳上，但各点上声的范围各不相同。七都话的上声紧抱成团，统统留在了上声的阵营中，全清、次清上声字调值为[13]，归为阴上。次浊、全浊上声字调值为[42]，归为阳上；八都话次浊、全浊声母上声字今都读如去声调值[33]，剩下全清、次清声母上声字构成上声调类[21]；梧州话鹧鸪塘绝大部分的古上声字今读仍然读上声调值[44]，只有极少数的读阳去调值[24]，这些读阳去的字中清声母、次浊、全浊声母上声字都有，例如：左杜港、我瓦女、坐祸户受范尽笨盾并动奉，等等；锦陂也是绝大部分的古上声字今读仍然读上声调值[44]，只有极少数的全浊上声字读阳去调值[24]，例如：坐祸社野户部腐竖柱市跪浩道妇受舅淡犯近愤奉。少数上声字读阴去调值[424]，清浊声母字都有，例如：挤每倍技痔兆绍混笨菌项棒幸。

永州土话中按古浊上是否保留在上声中分出两大阵营，七都话属于保留在上声中的这一边，同一边的点有：新田南乡、宁远张家、宁远平话、道县小甲、江永城关、永州岚角山等。八都话和梧州话都属于未保留在上声中的这一边，同一边的点有：蓝山上洞、蓝山太平、东安花桥、东安高峰、双牌理家坪、江永松柏、江永桃川等。这边的成员内部又有差异，八都话次浊、全浊都不在上声中了，而梧州话却只是部分浊声母字跑出去了，并且还包括少数清声母字。鹧鸪塘还只跑到阳去里，锦陂却还跑到阴去中了。

3. 去声读如阴平

梧州话和平地瑶话古去声字今读都分阴、阳，而且阳去调值相同，只有八都话因为部分去声字读如了阴平调值，所以去声剩下一个调类。这些归入阴平的去声字主要是次浊和全浊声母字，例如：磨糯路雾卖妹卫利味热、大锉射步败第会话事电。其他各方言点去声都不归阴平。

永州土话里也只有江永桃川的浊声母去声字读如阴平，绝大多数点都是和梧州话与七都话一样，去声按声母清、浊分为阴、阳。从调型上看，中平、低升的调型在永州土话去声调中很常见，但梧州话阴去降升降的曲折调型却很少见，宁远平话、道县小甲等地有曲折调型，但不出现在去声中。

4. 入声调类保留

除梧州话鹧鸪塘外，其他各点都保留有入声调类，但都已经丢失了入声塞音韵尾，锦陂的入声还是短促的高调，平地瑶话的入声则读得和舒声韵没有差别了。梧州话鹧鸪塘的入声按声母清浊分派了，清声母字今多读阴平和阴去，例如：接帖湿吸揭结铁切发血（阴平）、答鸭法割八杀挖刮错客（阴去）。而次浊、全浊声母字今读阳去，例如：腊业入抹热孽簸抹劣月袜（次浊）、炸碟蛰舌滑恨实凿薄嚼雹赎（全浊）。锦陂也有少数全浊、次浊入声字读为阳去，例如：业立笠捺热孽月袜蜜律（次浊）、及十践活绝恨实伇凿学（全浊）。极个别的全清也读阳去，例如：合刷质。平地瑶话入声虽然聚集成类，但七都话也有少数的浊声母入声字读如阳去，甚至读如阳平，例如：毒射石贼热绝绿（阳去）、俗（阳平）。八都话有少数的浊声母入声字读如阴平和去声，例如：杂笠十辣别热活罚袜月实凿弱（阴平）、炸习截术鹤（去声）。

永州土话中保留入声的点约占60%，这些点也已经丢失了入声塞音韵尾，只剩下调类。而且土话中只有江永城关有像锦陂那样短促的调值 5。其他未保留入声的点入声字主要是派入了平声和去声，梧州话鹧鸪塘和保留入声点的例外字也是如此，到平声和去声的居多。

我们把以上声母、韵母和声调三方面的音韵特点大概地归纳到表3-50中，目的是来看看三种方言之间的相似程度。下表里同一行中标"▲"或"●"，表示这些方言点在这一音韵特点上相同或相似。

表3-50 梧州话平地瑶话过山瑶话音韵特点比较表

音韵特点		鹧鸪塘	锦陂	老车	大山脚	横江	中央冲
古全浊声母的今读		●	●	▲	▲	▲	▲
非组部分字读重唇音		▲	▲	▲	▲	▲	▲
端组部分字念[l]		▲	▲	▲	▲	●	●
精知照见组部分字读如端组		▲	▲	▲	▲	▲	▲
非组字和晓组字相混		▲	▲		▲	▲	▲
阴声韵主要元音高化（果摄）		▲	▲	▲	▲	●	●
阴声韵主要元音高化（假摄）		▲	▲	●	●	▲	▲
阴声韵主要元音高化（遇摄）		▲	▲	▲	▲	▲	▲
元音韵尾脱落（蟹摄）	开口一二	▲	▲	▲	▲	▲	●
	开口三四	▲	▲	▲	▲	▲	▲
元音韵尾脱落（止摄）		▲	▲	▲	▲	●	●
元音韵尾脱落（效流摄）		▲	▲	▲	▲	▲	▲
前鼻音尾阳声韵中前鼻尾读成后鼻尾、前鼻尾脱落并存（咸摄）	开口一二	▲	▲		▲		▲
	开口三四	▲	●	▲	▲		●

续表

音韵特点	鹧鸪塘	锦陂	老车	大山脚	横江	中央冲
前鼻音尾阳声韵中前鼻尾读成后鼻尾、前鼻尾脱落并存（深摄）	▲	▲	●	●		
前鼻音尾阳声韵中前鼻尾读成后鼻尾、前鼻尾脱落并存（山摄）	▲	▲			▲	▲
前鼻音尾阳声韵中前鼻尾读成后鼻尾、前鼻尾脱落并存（臻摄）	▲	▲			▲	▲
后鼻音尾阳声韵鼻音韵尾的保留与脱落（宕摄）	▲	▲	▲	▲	▲	▲
后鼻音尾阳声韵鼻音韵尾的保留与脱落（江摄）	▲	▲	▲	▲	▲	▲
后鼻音尾阳声韵鼻音韵尾的保留与脱落（曾摄）	▲	▲	▲	▲	▲	▲
后鼻音尾阳声韵鼻音韵尾的保留与脱落（梗摄）	●	▲	▲	▲	●	●
后鼻音尾阳声韵鼻音韵尾的保留与脱落（通摄）	▲	▲	▲	▲	▲	▲
平声分为阴阳	▲	▲	▲	▲		
上声归到去声	▲	▲		▲		
去声读如阴平	▲	▲	▲			
入声调类保留		▲	▲	▲		

在所列的 24 个比较项中梧州话、平地瑶话和过山瑶话都接近的有 6 项，梧州话与平地瑶话接近的有 11 项，梧州话与过山瑶话接近的有 13 项，平地瑶话与过山瑶话接近的有 7 项。另外，梧州话与平地瑶话七都话接近的 2 项，梧州话与平地瑶话八都话接近的 3 项，平地瑶话与梧州话锦陂接近的 1 项，梧州话与平地瑶话八都话、过山瑶话中央冲接近的 1 项。根据这些统计数字，我们可以发现：首先，梧州话和平地瑶话贴得最紧，这与它们同为一个县内的两种汉语方言有关。其次，拿这两者与过山瑶话对比，就相同或相似的音韵特点来讲，实力相当，梧州话要比平地瑶话稍微多一点。再次，八都话比七都话与梧州话相似点更多一些。这应该跟八都话所处的环境有关，八都话的集中分布地正处于梧州话的包围之中，自然就造成了这样的局面。最后，讲过山瑶话的瑶族的居住地，离讲梧州话的地区较近，而离平地瑶聚居区较远，这大概是呈现差异的原因所在。

第四章　词汇的比较研究

第一节　构词方式的比较

江华梧州话、平地瑶话和过山瑶话在构词方式上大体一致，下面我们按单纯词和合成词两部分来进行比较。

一、单纯词

（1）单纯词以单音节的居多。例如：

梧州话：　　t'ẽ⁵¹ 天　　san⁵¹ 山　　lue³¹ 犁　　a⁴²⁴ 鸭　　t'ue⁴²⁴ 菜
　　　　　　sau⁴⁴ 手　　pu⁴²⁴ 布　　çye⁴⁴ 血　　t'oŋ⁴⁴ 桶　　muẽ³¹ 门

平地瑶话：　hø⁴² 雨　　ŋo⁴² 瓦　　lø²⁴ 路　　ŋø²¹ 鱼　　tsei²¹ 柴
　　　　　　aŋ¹³ 碗　　ki⁴⁴ 脚　　laŋ²¹ 糖　　i²¹ 窑　　se³³ 信

过山瑶话：　ziau²⁴ 风　　boŋ²¹ 雨　　bau²¹ 水稻　　səup² 冬瓜
　　　　　　dzoŋ³³ 歌　　die³³ 药　　giəu²⁴ 剪刀　　bie²¹ 舌头
　　　　　　mie⁴⁴ 草　　n.in³¹ 他　　dzien³¹ 勤快　　min³¹ 去

（2）多音节单纯词又以双音节的居多，这类单纯词的单个音节都不能表示一个概念，其中有的还是双声、叠韵的，过山瑶语中还有些固有词是作为一个整体从汉语里吸收过来的。例如：

梧州话：　　tçi⁵¹/³³tçiø⁵¹ 蜘蛛　　kin²⁴la³¹ 螃蟹　　tçi⁴⁴pe³³tsa³³ 蝉
　　　　　　pi³¹pa³¹ 枇杷　　fu³¹ioŋ³¹ 芙蓉　　fu³¹t'u³¹ 糊涂

平地瑶话：　pi⁴⁵kəu³³ 斑鸠　　so⁴⁵pe³³ 翅膀　　to²⁴lo³³kø⁴² 螳螂
　　　　　　lo¹³po⁴⁵ 喇叭　　m'²¹tsæ²¹ 荸荠　　su³³fu²¹ 舒服

过山瑶话：　pu²¹çin²⁴ 燕子　　sap²paŋ³³ 蝴蝶　　gin²¹kuŋ²⁴ 蜻蜓
　　　　　　la³¹pa³¹ 萝卜　　lei³¹tei⁴⁴ 罗嗦　　bin³³yaŋ⁴² 猴子
　　　　　　tçyaŋ³¹tsan⁴⁴taŋ⁴⁴ 共产党　　sie²⁴huei²⁴tsu⁴⁴ŋi²⁴ 社会主义

二、合成词

合成词分复合式合成词和附加式合成词两类。

1. 复合式合成词

梧州话、平地瑶话和过山瑶话的复合式合成词都是由两个或两个以上的词根按下列不同方式组合起来构成新词。

（1）并列式。

梧州话： fuẽ^{51} tue^{24} 兄弟　　ti^{44} moe^{24} 姊妹　　kuẽ^{51} sẽ^{24} 干净
平地瑶话：koŋ^{45} pu^{21} 夫妻　　ts'u^{44}ts'u^{33} 尺寸　　ma^{42} ma^{24} 买卖
过山瑶话：ton$^{33/31}$ tie^{24} 父子　sin^{31} k'ie^{24} 声音　　gyan^{21} he^{44} 高兴
　　　　　　　　子 父　　　　　　声 气　　　　　　　欢 喜

（2）修饰式。梧州话、平地瑶话的修饰式合成词一般是修饰语素在前，中心语素在后，而过山瑶话却是修饰语素位于中心语素前后的两种形式都有。

梧州话：　　liaŋ^{31} sue^{44} 凉水　　tẽ^{31} tau^{44} 甜酒　　tæ$^{24/31}$t'ue^{44} 大腿
　　　　　　t'o^{44} lo^{24} 草绿　　fuẽ^{44} oŋ^{31} 粉红　　ue^{31} pæ^{424} 回拜
平地瑶话：ts'a^{33} uẽ^{21} 菜园　　miẽ^{21} ha^{21} 棉鞋　　ŋəu^{21} li^{21} 牛栏
过山瑶话：dei^{21} ɦuaŋ^{33} 荒地　bau^{21} dziəu^{44} 早稻　lai$^{33/31}$ pet^{2} 白菜
　　　　　　地 荒　　　　　　水稻 早　　　　　　菜 白
　　　　　　no^{21} loŋ^{31} 鸟笼　　k'ek^{5} mien^{31} 客人　pu^{21}tsin^{33}dɔp^{5} 眼皮
　　　　　　鸟 笼　　　　　　客 人　　　　　　眼睛 皮

梧州话、平地瑶话也有极少数的词语是修饰语在中心语后面的形式，比如表示一些家禽、家畜的性别时，梧州话、平地瑶话和过山瑶话修饰式合成词的形式就很一致。

　　　　　公牛　　　　　母牛　　　　　公猪　　　　　母猪
梧州话：　ŋau^{31} ku^{44}　　ŋau^{31} puɤ^{31}　　tɕy^{51}tau^{31}　　tɕy^{51}puɤ^{31}
平地瑶话：ŋəu^{21} kø^{13}　　ŋəu^{21} m'^{42}　　li^{45}kø^{13}　　li^{45}m'^{42}
过山瑶话：ŋoŋ^{31} kəu^{44}　ŋoŋ^{31} ȵie^{13}　　doŋ$^{13/31}$ kəu^{44}　doŋ$^{13/31}$ ȵie^{13}

　　　　　公鸡　　　　　母鸡　　　　　公鸭　　　　　母鸭
梧州话：　kəe^{51} koŋ^{51}　　kəe^{51} puɤ^{31}　　a^{424} koŋ^{51}　　a^{424} puɤ^{31}
平地瑶话：ki^{45}koŋ^{45}　　ki^{45}m'^{42}　　u^{44} kø^{13}　　u^{44} m'^{42}
过山瑶话：tɕiai$^{33/31}$koŋ^{24}　tɕiai$^{33/31}$ȵie^{13}　ap^{5}koŋ^{24}　ap^{5}ȵie^{13}

过山瑶话中还有部分修饰式合成词的形式与梧州话和平地瑶话有区别。在表示植物、动物的名称时一般都是用"类名+专名"构成的，比如鸟和树本身的部位，"鸟嘴、鸟窝、树干、树枝、树梢、树根、树皮"等名词都是通称在前。也有的是"专名+类名"构成的，表示树的种类的名词就是通称在后，过山瑶话是"diaŋ^{24}"，梧州话和平地瑶话分别用"木 mo^{24}"和"木 mø^{24}"。例如：

	梧州话	平地瑶话	过山瑶话
鸟窝	tɕiau⁴⁴ȵi³¹/³³ nau⁵¹	lei¹³·li təu⁴²	no²¹ lau¹³
鸟嘴	tɕiau⁴⁴ȵi³¹/³³tue⁴⁴	tɕi¹³ ka³³	no²¹ dzuei²¹pen⁴⁴
树枝	mo²⁴/³¹ tɕi⁵¹	mø²⁴ ko¹³	diaŋ²⁴/²¹ gua²¹
树根	mo²⁴/³¹ kəẽ⁵¹	mø²⁴ ny¹³ ku⁴⁴	diaŋ²⁴/²¹ kon³³
杉树	sa⁵¹mo²⁴	su⁴⁵mø²⁴	soŋ³¹ mo³¹diaŋ²⁴
桑树	ɕyaŋ⁵¹mo²⁴	saŋ⁴⁵mø²⁴	foŋ³³ mo³¹diaŋ²⁴

但过山瑶话表示鸟、虫和果实种类的部分词语也是用通称在前的形式，而梧州话和平地瑶话却不如此。例如：

no²¹ 鸟

no²¹ ku⁴⁴ 猫头鹰　　no²¹ pam²¹ 鹭鸶　　no²¹ mei²⁴ 麻雀

no²¹ a³¹ se⁴⁴ 喜鹊　　no²¹ a³³ 乌鸦　　no²¹ a²¹ mei³¹ 画眉

no²¹ ku³³ 斑鸠　　no²¹ ŋen⁴⁴dian²⁴ 啄木鸟

ken³³ 虫

ken³³/³¹ tsuei²⁴ 臭虫　　ken³³/³¹mao³³ 蛆　　ken³³/³¹kim³¹ 蝎子

ken³³/³¹la³¹t'aŋ²⁴ 蚱蜢　　ken³³/³¹diu²¹kaŋ³³ 吊死鬼

ken³³/³¹pəei³³ 毛虫　　ken³³/³¹poŋ²¹ poe⁴⁴ 放屁虫

piəu³¹ 果

piəu³¹ nt'iaŋ⁴⁴ 李子　　piəu³¹ sue⁵ 橘子　　piəu³¹pa³¹ 枇杷

piəu³¹ tsai¹³ 柿子　　piəu³¹ tsuei³³ 板栗　　piəu³¹kau³¹ 桃

piəu³¹ doŋ²¹ 梨

（3）陈述式。

梧州话：ȵie²⁴/³¹liaŋ²⁴ 月亮　　loŋ⁵¹/³³ tɕi⁴²⁴ 冬至

tau³¹ uẽ⁵¹ 头晕　　tue⁴⁴ mẽ⁴²⁴ 嘴□（豁唇子）

平地瑶话：ȵi⁴² ne²⁴ 眼热（嫉妒）　　saŋ⁴⁵ tɕiaŋ²⁴ 霜降

tɕi¹³ ka³³ ts'əu³³ 嘴□臭（口臭）　　tɕ'i³³ maŋ⁴² 气□（气喘）

过山瑶话：luŋ³¹ pen²⁴ 天气　　nt'iaŋ²⁴ ts'in³³ 年轻　　məu³¹ kiek⁵ 乌云
　　　　　　　天　变　　　　　　年纪轻　　　　　　云　黑

ziau²⁴/²¹ dzun²¹ 旋风　　pu²¹ koŋ²⁴ kyaŋ³³ 秃子　　pu²¹tsin³³men³³ 瞎子
　　风　旋　　　　　　　　头　光　　　　　　　　眼睛　瞎

ȵia³¹ piəu²⁴ 虎牙　　uam⁴⁴poe²⁴ 开水　　nt'aŋ²⁴/²¹ tsen²¹ 剩饭
　牙　暴　　　　　　　水　沸　　　　　　　饭　剩

（4）动宾式。

梧州话：　pæ⁵¹/³³ sau⁴⁴ □手（拽子）　　paŋ⁴⁴ t'ue⁴⁴ 绑腿（裹腿）

xe⁵¹ᐟ³³sau⁴⁴kẽ⁴⁴ 食手口（打尖）　　tie⁵¹ᐟ³³san⁵¹ 接生
kyaŋ⁴⁴ua²⁴ 讲话　　tie⁵¹ᐟ³³san⁵¹ 接生　　tu⁴²⁴ᐟ³¹moe³¹ 做媒

平地瑶话：sɿ⁴⁵ki⁴⁵ 司机　　ki⁴⁴fu⁴⁵ 结婚　　nẽ²⁴kin⁴⁵ 念经
ku⁴⁵ku⁴⁵ 归家（回门）　　m̩²⁴ko³³ 问卦（打卦）
lei³³kiəu¹³ 勒颈（上吊）　　kv³³sɿ³³ 过世（死）

过山瑶话：iəu³¹uam⁴⁴ 游泳　　hau²⁴n̩ien³¹ 嘴馋　　dzau²⁴sin³³ 洗澡
　　　　　游　水　　　好　吃　　　　洗　身
　　　　　t'ui²⁴set⁵ 褪色　　gom³³dzuei²¹ 接吻　　wen³³m̩ian³³ 回头　　puə⁴⁴in³³ 抽烟
　　　　　褪　色　　　含　嘴　　　　横　面　　　　吸　烟

（5）补充式。

梧州话：　ki⁴²⁴ᐟ³³lo³¹ 记牢（记得）　　　yæ³¹ue²⁴ 学会
　　　　　kyaŋ⁴⁴t'ẽ⁵¹ 讲清（说明）　　　la⁴⁴lo⁴⁴ 打倒

平地瑶话：tso⁴⁵ki¹³ 遮紧（捂住）　　　la⁴⁴taŋ³³ 剪断
　　　　　ku⁴⁵la²¹ 归来（回来）　　　　tsa³³maŋ⁴² 装满

过山瑶话：dzun²⁴min³¹ 回去　　dzun²⁴tai³¹ 回来　　tsəu⁴⁴ɦiu²⁴ 煮烂
　　　　　　回　去　　　　　　回　来　　　　　　煮　烂
　　　　　ziu²⁴duk⁵ 明白　　laŋ²¹gai³³ 晾干　　au⁴⁴taŋ²⁴ 折断　　n̩it⁵tei¹³ 靠拢
　　　　　晓　得　　　　晾　干　　　　折　断　　　挨　紧

2. 附加式合成词

梧州话、平地瑶话和过山瑶话的附加式合成词都是由具有意义的词根加上附加成分构成的，只是三种方言所附的成分各不相同，下面举例比较。

（1）过山瑶话。

① pu²¹。表示头部身体器官的名词多数都带有这个前加成分，而头部以外的其他器官则很少用到，只有表示上肢的一些部位的名词也会有非常类似的成分"po³¹"。例如：

pu²¹koŋ²⁴ 头
pu²¹pəei³³ 头发
pu²¹koŋ²⁴ᐟ³³dzun²⁴ 头旋儿
pu²¹pəei³³tsa⁴⁴ 刘海
pu²¹tsoŋ³³ 发髻
pu²¹tsin³³ 眼睛
pu²¹tsin³³ŋan³¹ 眼珠
pu²¹tsin³³dɔp⁵ 眼皮
pu²¹tsoŋ³³ 鼻子

pu²¹ tsoŋ³³ŋen²⁴ 鼻梁

pu²¹ k'oei²⁴ 鼻孔

pu²¹k'oei³¹daŋ²¹ 人中

pu²¹ noŋ²¹ 耳朵

po³¹ tau³¹ 肩膀

po³¹ kyan⁴⁴ 胳膊

po³¹se³¹tɕ'ye⁴⁴ 肘

po³¹sie³¹die²⁴ 膈肢窝

此外，极少数表示天文现象、动物的词语也有前加的"pu²¹"，例如：

pu²¹nt'oe³³ 太阳　　　pu²¹uŋ³³ 雷　　　pu²¹n̠in²¹ 闪电

pu²¹uŋ³³pu²¹ei³³ 打雷　　pu²¹ lom³¹ 猫　　pu²¹ ɕin²⁴ 燕子

② loŋ³¹ / lu⁴²。部分表示时间的名词前带有这样的成分，两岔河过山瑶话用"loŋ³¹"，湘江过山瑶话用"lu⁴²"。例如：

两岔河：loŋ³¹ nt'oe³³ dzan²¹ 白天　　　loŋ³¹ an²⁴ 中午

　　　　loŋ³¹ man³¹ moaŋ²⁴ 黄昏　　　loŋ³¹ moen⁴⁴ dzan²¹ 晚上

湘江：　lu⁴² ton³³ 早晨　　lu⁴² ton³³ dʑiəu²⁴ 黎明　　lu⁴² an²⁴ 中午

　　　　lu⁴² man³³ 中午　　lu⁴² man³³ m̠oŋ²⁴ 黄昏

　　　　lu⁴² nt'ue³¹ tsan³¹ 白天　　lu⁴² muen³³ tsan³¹ 晚上

过山瑶话中名词"天"读成"luŋ³¹"（两岔河）和"pu⁴² luŋ³¹"（湘江），在时间名词前的这个前加成分应该跟它有关系。

③sen³¹ "初" 和 tei²¹ "第"。这是两个借自汉语的前加成分，sen³¹ 表示阴历每月上旬的日序，tei²¹ 表示序数。例如：

tei²¹ iet⁵ 第一　　　　　tei²¹ man⁴⁴ 第末

sen³¹ fam³³ 初三　　　　sen³¹ tsiəp² 初十

④ku³¹ ŋa³¹。用于兄弟姐妹之间年长的对年幼的称呼前。例如：

ku³¹ ŋa³¹ iəu¹³ 哥哥叫弟弟　　　ku³¹ ŋa³¹ moə³¹ 哥哥叫妹妹

ku³¹ ŋa³¹ nau¹³ 姐姐叫弟弟　　　ku³¹ ŋa³¹ dzie¹³ 姐姐叫妹妹

⑤ uək⁵。用于少数方位名词前的前加成分。例如：

uək⁵ tɕ'ia⁴⁴ 上面　　uək⁵ dia²⁴ 下面　　uək⁵ n̠ioə¹³ 里面

⑥ ton³³。原义是"儿子"，但也用来表示年幼、小，或者放在表人的名词里没有实际意义，只带有亲昵色彩。例如：

au⁴⁴　ton³³ 小老婆　　　piaŋ³¹ gai²⁴/³¹ ton³³ 婴儿
老婆　　　　　　　　　　花　　孩子

sie⁴⁴/³¹ ton³³ 姑娘　　　　tɕiai³¹ ton³³ dai²¹ 痣

mien³¹tɕiaŋ³¹ton³³ 男人　　　mien³¹sie⁴⁴ ton³³ 女人
女性人　男性　　　　　　　　人　女性

ioŋ³¹ ton³³ 羊羔　　　　　doŋ¹³/³¹ton³³ 猪崽
羊　　　　　　　　　　　　猪

ŋoŋ³¹ ton³³ 牛犊　　　　　tɕiai³³/³¹ton³³ 小鸡
牛　　　　　　　　　　　　鸡

puə¹³/³¹ do⁴⁴/³¹ton³³ 小手指　　ȵi⁴⁴puə¹³/³¹do⁴⁴/³¹ton³³ 无名指
手　　　　　　　　　　　二　手

tsei⁴⁴ 这也是借自汉语的词尾，相当于汉语的"子"，许多汉语里带"子"尾的词，过山瑶话就读成"tsei⁴⁴"，例如：

　　tɕiem³³ tsei⁴⁴　金子　　siaŋ³³ tsei⁴⁴　箱子　　loŋ³¹ tsei⁴⁴　聋子
　　tɕia²⁴ tsei⁴⁴　架子　　t'an⁴⁴tsei⁴⁴　毯子　　pun⁴⁴ tsei⁴⁴　本子

⑦ puə³³。用于人称代词后表示复数，例如：

　　ie³³ puə³³　我们　　moei²¹ puə³³　你们　　ȵin³¹ puə³³　他们

⑧kəu⁴⁴ / koŋ²⁴。表示动物的雄性，通常畜类用"kəu⁴⁴"，禽类用"koŋ²⁴"。例如：

　　ŋoŋ³¹ kəu⁴⁴　公牛　　ma¹³ kəu⁴⁴　公马　　doŋ¹³/³¹ kəu⁴⁴　公猪
　　tɕiai³³/³¹ koŋ²⁴　公鸡　　ap⁵ koŋ²⁴　公鸭

ȵie¹³ 表示动物的雌性，禽畜都相同。例如：

　　ŋoŋ³¹ ȵie¹³　母牛　　ma¹³ ȵie¹³　母马　　doŋ¹³/³¹ ȵie¹³　母猪
　　tɕiai³³/³¹ ȵie¹³　母鸡　　ap⁵ ȵie¹³　母鸭

⑨tom²¹ / doŋ²¹。表示"大"，有较明显的词汇意义，但不能独立运用，单用时只说"nt'o³³"，所以也视其为前加成分。例如：

　　tom²¹ ʑiau²⁴　狂风　　tom²¹ gaŋ²¹　大塘　　tom²¹ t'ien³³　堂屋
　　tom²¹ mien³¹　大人　　doŋ²¹ au⁴⁴　大老婆　　doŋ²¹ do²¹　大姐

（2）梧州话。

①子 ti⁴⁴。这是附在名、动、形等词根语素后面构成名词的词尾，有些"子"尾能够表示细小的意义。例如：

　　no²⁴ ti⁴⁴ 闹子（集市）　　　　kuẽ³¹ti⁴⁴ 柑子（橘子）
　　kue³¹ fa³¹ ti⁴⁴ 葵花子（向日葵）　mi²⁴ ti⁴⁴ 尾子（尾巴）
　　la⁴²⁴ ti⁴⁴ 辣子（辣椒）　　　　t'yaŋ⁵¹/³³ ti⁴⁴ 窗子（窗户）
　　tiẽ⁴⁴ ti⁴⁴ 剪子（剪刀）　　　　ka³¹ ti⁴⁴ 夹子（钳子）
　　kua⁴⁴ puy³¹ ti⁴⁴ 寡婆子（寡妇）　kau⁴²⁴/³¹ fa⁵¹ti⁴⁴ 叫花子（乞丐）

ŋa⁴⁴ti⁴⁴ 哑子（哑巴）　　　　　　sue³¹ti⁴⁴ 拳子（拳头）
sa⁵¹/³³ti⁴⁴ 沙子　　　li⁴⁴ti⁴⁴ 李子　　　pau⁴²⁴ti⁴⁴ 豹子
ɕie⁵¹/³³ti⁴⁴ 狮子　　　moẽ³¹ti⁴⁴ 蚊子　　　i⁴⁴ti⁴⁴ 椅子
ka⁴²⁴ti⁴⁴ 架子　　　pẽ³¹ti⁴⁴ 盘子　　　ma³¹ti⁴⁴ 麻子
u³¹ti⁴⁴ 胡子　　　puẽ⁴⁴ti⁴⁴ 本子　　　ẽ⁴⁴ti⁴⁴ 影子

②公 koŋ⁵¹/牯 ku⁴⁴。表示动物或人的雄性。例如：

ŋau³¹ku⁴⁴ 牛牯（公牛）　　　ma⁴⁴ku⁴⁴ 马牯（公马）
kau⁴⁴ku⁴⁴ 狗牯（公狗）　　　nuẽ⁴²⁴ŋau³¹ku⁴⁴ 嫩牛牯（牛犊）　　　mau³¹ȵi³¹koŋ⁵¹ 猫公（公猫）　　kəe⁵¹koŋ⁵¹ 鸡公（公鸡）
a⁴²⁴/³³koŋ⁵¹ 鸭公（公鸭）　　　lan⁵¹suẽ⁵¹/³¹koŋ⁵¹ 单身公个别词中也用该词尾，但不再表示性别，例如：sau⁴⁴tɕi⁴⁴koŋ⁵¹ 手指公（食指）。

③婆 puɣ³¹。表示动物或人的雌性。例如：

ŋau³¹puɣ³¹ 牛婆（母牛）　　　ma⁴⁴puɣ³¹ 马婆（母马）
kau⁴⁴puɣ³¹ 狗婆（母狗）　　　mau³¹ȵi³¹puɣ³¹ 猫昵婆（母猫）
kəe⁵¹puɣ³¹ 鸡婆（母鸡）　　　a⁴²⁴/³³puɣ³¹ 鸭婆（母鸭）
piəu⁴⁴ti⁴⁴puɣ³¹ 婊子婆（妓女）

④头 tau³¹。表示动物、事物或处所。例如：

ȵie²⁴/³¹tau³¹ 热头（太阳）　　　u³¹tau³¹ 芋头
tɕy⁵¹tau³¹ 猪头（公猪）　　　pi³¹tau³¹ 鼻头（鼻子）
xau⁴⁴ɕie³¹tau³¹ 口舌头（舌头）　　kiau⁴⁴tɕi⁴⁴/²⁴tau³¹ 脚指头
ti²⁴/³¹tau³¹ 地头（地方）　　　muẽ³¹moe²⁴tau³¹ 门外头（门外）
fu⁴²⁴/³³tau³¹ 裤头（裤腰）　　　pu³¹tau³¹ 斧头

⑤初 tɕ'iø⁵¹、第 tue²⁴、老 lo⁴⁴。这三个词头都用来表序数。如：

tɕ'iø⁵¹io⁵¹ 初一　　tɕ'iø⁵¹san⁵¹ 初三　　tɕ'iø⁵¹ŋ²⁴ 初五
tue²⁴io⁵¹ 第一　　tue²⁴ȵi²⁴ 第二　　tue²⁴ŋ²⁴ 第五
lo⁴⁴/³¹tæ²⁴ 老大　　lo⁴⁴/³¹san⁵¹ 老三　　lo⁴⁴/³¹man²⁴ 老满（老幺）

有时"老"并不表次序，而只是词头而已，例如：lo⁴⁴/³¹tue²⁴/³¹so⁴⁴ 老弟嫂（弟媳）、lo⁴⁴/³¹fian⁵¹ 老兄（哥哥）。

⑥ȵi³¹。表示人或动物幼小，带有亲昵色彩，有点类似普通话中的儿尾。例如：

mau³¹ȵi³¹ 猫（猫）　　　　tɕy⁵¹ȵi³¹ 猪（猪崽）
kəe⁵¹ȵi³¹ 鸡（小鸡）　　　tɕiau⁴⁴ȵi³¹ 叫口（鸟儿）
suẽ⁵¹ȵi³¹ 孙（孙子）　　　sue⁴²⁴/³¹ti⁴⁴/²⁴ȵi³¹ 细子（婴儿、小孩）
sue⁴⁴ŋau³¹ku⁴⁴ȵi³¹ 水牛牯（水牛）　　uaŋ³¹ŋau³¹ku⁴⁴ȵi³¹ 黄牛牯口（黄牛）

表达同样的意思也可以用"嫩 nuẽ⁴²⁴"，但加在词根前面。例如：

nuẽ^{424} ŋau^{31} ku^{44} 嫩牛牯（牛犊）　　　nuẽ^{424} iaŋ^{31} 嫩羊（羊羔）

nuẽ^{424} kau^{44} 嫩狗（小狗儿）　　　nuẽ^{424} kəe^{51} 嫩鸡（小鸡儿）

有时还可以前后两个都用，例如：

nuẽ^{424} ŋø^{31} ɲi^{31} 嫩鹅（小鹅儿）　　nuẽ^{424} a$^{424/33}$ ɲi^{31}（小鸭子）

⑦m̩^{31} 或 n̩^{31}。用在某些亲属称谓词中，没有实际意义。n̩^{31} 似乎可以看作是 m̩^{31} 受到后面音节声母发音部位影响而产生的变体。如：

m̩^{31} moŋ^{51} 祖父、公公　　　　m̩^{31} puɣ^{31} e^{44} 祖母、婆婆

n̩^{31}ne^{24} 母亲　　m̩^{31} mo^{44} 伯母　　n̩^{31} so^{51} 叔叔　　n̩^{31} suan^{44} 叔母

e^{44} 加在某些亲属称谓词后，主要是女性的亲属，但"父亲"和"岳父"也很例外地加有这个词尾。例如：

ka^{51}koŋ^{31}puɣ^{31} e^{44} 家婆（外祖母）　　toŋ^{31}kɣ^{44}e^{44}（父亲）

lo$^{44/31}$puɣ^{31}e^{44} 老婆（母亲）　　　mue^{31}puɣ^{31}e^{44} 门婆□（继母）

m̩^{31} puɣ^{31} e^{44} 婆（祖母）　　　　m̩^{31} puɣ^{31} e^{44} □婆□（婆婆）

moŋ$^{51/31}$oŋ^{51}toŋ^{31}kɣ^{44}e^{44} 翁（岳父）

me^{31}puɣ^{31}lo$^{44/31}$puɣ^{31}e^{44} 婆老婆（岳母）

ku$^{51/33}$ puɣ^{31}e^{44} 姑婆□（姑奶奶）

man^{31}i^{31}puɣ^{31}e^{44} 姨婆（姨奶奶）

⑧子 ti^{44}。用在单数人称代词后表示复数。例如：

loŋ^{51} ti^{44} 我子（我们）　　ɲi$^{44/24}$ ti^{44} 你子（你们）　ky$^{31/33}$ ti^{44} 他子（他们）

（3）平地瑶话。

① 头 ləu^{21}。表示事物的名词词尾。例如：

ne^{24} ləu^{21} 热头（太阳）　　　　tsi^{42} ləu^{21} 柱头（柱子）

p'o^{33} ləu^{21} 帕头（毛巾）　　　　i^{24} ləu^{21} 药头（药）

pei^{24} ləu^{21} 鼻头（鼻子）　　　　ku^{45} ləu^{21} 肩头（肩膀）

k'u^{33} ləu^{21} 扣头（扣子）　　　　læ^{24} ləu^{21} 笠头（斗笠）

haŋ^{45} ləu^{21} 糠头（糠）　　　　　kɣ^{45} ləu^{21} 高头（上面）

tsø^{21} ləu^{21} 锄头　　　　　　　　pɣ^{13} ləu^{21} 斧头

② 晡 pø^{42}。加在时间名词后面的词尾。例如：

ho^{45} næ^{24} pø^{42} 后日晡（后天）　ta^{24} ho^{45} næ^{24} pø^{42} 大后日晡（后天）

tsẽ^{21} næ^{24} pø^{42} 前日晡（前天）　ta^{24} tsẽ^{21} næ^{24} pø^{42} 大前日晡（前天）

只有这四个时间名词后加"晡"，其他词没有。

③ 牯 kø^{13} / 公 koŋ^{45}。表示动物雄性的词尾。例如：

ŋəu^{21} kø^{13} 牛牯（公牛）　　　m̩^{42} kø^{13} 马牯（公马）

li^{45}kø^{13} 猪牯（公猪）　　　　u^{44} kø^{13} 鸭牯（公鸭）

kəu¹³koŋ⁴⁵ 狗公（公狗）　　　ki⁴⁵koŋ⁴⁵ 鸡公（公鸡）

miəu²¹mi³³ kø¹³ 猫□牯（公猫）

母 m̩⁴² 表示动物雌性的词尾，个别表人雌性的词也用。例如：

ŋəu²¹ m̩⁴² 牛母（母牛）　　　　m̩⁴²m̩⁴² 马母（母马）

li⁴⁵m̩⁴² 猪母（母猪）　　　　kəu¹³m̩⁴² 狗母（母狗）

ki⁴⁵m̩⁴² 鸡母（母鸡）　　　　u⁴⁴m̩⁴² 鸭母（母鸭）

miəu²¹mi³³ m̩⁴² 猫母（母猫）　kɣ¹³ pu²¹m̩⁴² 寡婆母（寡妇）

这两个表示动物性别的词尾构词能力很强，它们还可以构成不表性别的其他名词，在部分词中还会出现两个声调有别的变体的情况：kø²⁴、kø⁴² 和 m'²¹。

"牯"不表动物性别时记作"古"。例如：

不表性别的动物名词：

tsæ³³ ki⁴⁵ kø⁴² 灶鸡古（蟋蟀）　to²⁴lo³³ kø⁴² 螳螂古（螳螂）

iəu²⁴ m̩²¹ kø⁴² □□古（蝗虫）　ŋø²¹ laŋ⁴⁵ kø⁴² 鱼蛋古（鱼子）

不表性别的表人名词：

li⁴⁵ sɿ⁴⁵ kø¹³ 单身古（单身汉）　liu³³mẽ³³ kø²⁴ 看面古（乞丐）

u¹³ kø¹³ 哑古（哑巴）　　　　soŋ²¹ næ²¹ kø²⁴ 傻□古（傻子）

tsaŋ³³kø¹³ 壮古（胖子）　　　ŋa¹³ kø¹³ 矮古（矮子）

表器具的名词：

t'ẽ⁴⁵ li⁴⁵ kø⁴²□古（台阶）　　tsu²¹ kø²⁴ 锤古（锤子）

tɕi²⁴ loŋ²¹ kø¹³ 箸笼古（筷笼）　mæ²¹ sɿ⁴⁵ kø¹³□食古（调羹）

kuaŋ²⁴ li⁴⁵ kø¹³ 缸□古（缸）　tsu⁴⁵ li⁴⁵ kø¹³□锥古（锥子）

表人体器官的名词：

tsẽ²⁴ li⁴⁵ kø⁴² 旋□古（头旋儿）　tɕiəu¹³ toŋ²¹ kø¹³ 酒□古（酒窝）

tsaŋ²⁴ li⁴⁵kø¹³ 肠□古（肠子）　kuẽ³¹ ləu²¹ kø²⁴ 拳头古（拳头）

"母"也可以构成不表性别的词语。例如：

不表性别的动物名词：

lø²⁴ m̩⁴² □母（乌鸦）　　　　lei²¹ m̩⁴² □母（虫）

tɕ'ia⁴⁴m̩⁴²lei¹³ 鹊母鸟（喜鹊）　n̩i¹³ m̩⁴² □母（老鹰）

iəu²¹ hɣ¹³ m̩²¹ 萤火母（萤火虫）

有些动物名词中"古"和"母"还可以连用，例如：

　　　ɕi²¹ m̩⁴² kø⁴² 蚯蚓　　lo⁴⁵ m̩⁴² kø¹³ 泥鳅　　iu²⁴ li⁴⁵ m̩²¹ kø⁴² 影子

表植物的名词：

fa⁴⁵ɕi²¹m̩⁴² 薯母（芋头）　　tɕi⁴²iəu²¹m̩⁴² 挤油母（芝麻）

mø²⁴ i³³ m̩⁴² 木叶母（树叶）　tsɿ³³iəu²⁴m̩²¹ 母（松树）

liaŋ²¹liəu²¹m̩⁴² 杨柳母（杨树、柳树）　　ləu²¹m̩⁴² 藤母（藤子）
kaŋ⁴⁵ tsəu³³ m̩⁴² 甘蔗母（甘蔗）

表器具的名词：
lo³³ m̩⁴² pẽ¹³ 担母扁（扁担）　　tɕiu⁴⁵ m̩⁴² 母（坛子）

表房舍的名词：
ts'aŋ⁴⁵ ti¹³ m̩²¹ 窗子母（窗户）　　t'aŋ⁴⁵ zɿ⁴⁵ m̩⁴² 通烟母（烟囱）

表人体器官的名词：
ki⁴⁴ sɿ¹³ m̩²¹ 脚□母（脚后跟）　　ta²⁴paŋ³³ m̩⁴² 大半母（大腿）
ȵi⁴² lo²⁴ m̩⁴² 眼落母（眼泪）　　həu¹³ səu¹³ m̩⁴² 口首母（口水）

其他的名词：
i²¹ li³³ m̩⁴² 母（云）　　u⁴⁵ le²¹ m̩⁴² 灰□母（灰尘）
səu¹³ lø²⁴ m̩²¹ 手□母（手镯）

④ 哩 li³³。这是附在名、动等词根语素后面构成名词的词尾，相当于普通话的"子"。有些词中"哩"声调轻化，产生变体"·li"。有些词中又调值升高，产生变体"li⁴⁵"。例如：

ɕiu⁴⁵ li³³ 星哩（星星）　 o³³li³³ 坳哩（山坳）　　fu⁴⁵ li³³ kø²⁴ □哩（洞）
pa²⁴·li 稗哩（稗子）　　tsɿ¹³·li 种哩（种子）　　sɤ⁴⁴·li 索哩（绳子）
sa⁴⁵·li 筛哩（筛子）　　ko³³·li 柳哩（连枷）kø⁴⁴·li 谷哩（水稻）
me³³kø⁴⁴·li 瘪谷哩（秕子）　po⁴⁵·li 棉哩（棉花）ki²¹·li 茄哩（茄子）
læ²⁴·li 辣哩（辣椒）　　ki⁴²·li 菌哩（菌子）tɕiəu¹³ li⁴⁵ 席哩（席子）
liəu⁴²·li□哩（李子）　　ki⁴⁴·li 橘哩（橘子）tsɤ¹³·li 枣哩（枣子）
læ²¹·li 梨哩（梨）　tsɤ¹³·li 爪哩（爪子）lei¹³·li 鸟哩（鸟）
sɿ⁴⁵·li 狮哩（狮子）　t'ø³³·li 兔哩（兔子）　ŋæ²¹ li³³ □哩（蚂蚁）
lo²¹·li 笼哩（鸟笼）　　la²¹·li 台哩（桌子）faŋ⁴⁴·li 盒哩（盒子）
ta²⁴ po⁴⁴·li 大钵哩（海碗）　sei³³ paŋ²¹·li 小盘哩（碟子）
t'aŋ⁴⁵·li□哩（刨子）　　kuaŋ²⁴ li⁴⁵ kø¹³ 缸哩古（缸）
liaŋ³³ li⁴⁵ 帐哩（蚊帐）læ³³·li ko⁴² 哩果（果子）
ts'u⁴⁴·li 尺哩（尺子）　ɕi⁴⁵·li 须哩（胡须）lø¹³·li 肚哩（肚子）
kəu²¹ li⁴⁵□哩（无名指）　hø³³·li 裤哩（裤子）　ma²⁴·li 袜哩（袜子）
i³³·li 印哩（图章）　　læ⁴⁵·li 得哩（知道）　səu⁴⁴·li 熟哩（认识）

"哩"尾还可以放在表单数的人称代词后面表示复数。例如：
　　no²¹ li³³ 我哩（我们）　　ȵ⁴² li³³ 你哩（你们）　　li¹³ li³³ 他哩（他们）

此外，平地瑶话中也有与普通话相同的"子"尾，但数量要比"哩"尾少得多。例如：
　　nəu²⁴ tsɿ¹³ 闹子（集市）　ku⁴⁴ tsɿ¹³ 鸽子　t'an⁴² tsɿ¹³ 毯子

lɣ⁴² tsʅ¹³ 老子（老头子）   p'ẽ³³ tsʅ¹³ 骗子   kua²⁴tsʅ¹³ 拐子（扒手）

lẽ⁴⁵ tsʅ¹³ 癫子（疯子）   sei³³ pu²¹ tsʅ¹³ 小婆子（小老婆）

sʅ⁴⁵ tsʅ¹³ 身子（身体）   tei²⁴ tsʅ¹³ 对子（对联）

⑤kæ⁴⁴。用于名词后的词尾，有时还可以附在"头"或"哩"的后面。例如：

su²⁴ ləu²¹ kæ⁴⁴ 石头（石头）   so⁴⁵ li³³ kæ⁴⁴ 沙哩（沙子）

tsẽ⁴⁵ ləu²¹ kæ⁴⁴ 砖头（砖头）   ȵiəu⁴² kæ⁴⁴ 耳（耳朵）

koŋ²¹ ləu²¹ kæ⁴⁴□头□（喉咙）   ku⁴⁴ ləu²¹kæ⁴⁴ 骨头（骨）

tse⁴⁵·li kæ⁴⁴□哩□（心脏）   pu⁴⁵·li kæ⁴⁴ 疤哩（疤）

ɕio⁴⁵ m̩⁴² kæ⁴⁴□□□（痰）

⑥骨 ku⁴⁴。原义是指"骨头"，如：pu³³liaŋ²¹ku⁴⁴ 背梁骨（脊梁骨）。但意义虚化后可以加在表人体器官的名词后面，个别的还出现在表示人、动物和植物的名词里。例如：

tɕiəu¹³ ku⁴⁴ 颈骨（颈）   nɣ¹³ ku⁴⁴ 脑骨（头）

ȵi⁴² ku⁴⁴ 眼骨（眼珠）   səu¹³ ku⁴⁴ 手骨（手）

səu¹³·li ku⁴⁴ 手哩骨（手指）   ta²⁴səu¹³·li ku⁴⁴ 大手哩骨（大拇指）

næ²⁴səu¹³·li ku⁴⁴ 二手哩骨（食指）   i⁴⁵ ku⁴⁴ 腰骨（腰）

tsoŋ³³nø²¹səu¹³·li ku⁴⁴ 中□手哩骨（中指）   səu¹³·li ku⁴⁴ 手哩骨（指甲）

mæ⁴²səu¹³·li ku⁴⁴ 末手哩骨（小指）   pe²¹lɣ²¹ku⁴⁴ □□骨（膝盖）

ki⁴⁴·li ku⁴⁴ 脚哩骨（脚指头）   ŋɣ²¹ku⁴⁴ 鹅骨（鹅）

ts'oŋ⁴⁵ nɣ¹³ ku⁴⁴ 葱脑骨（葱白）   saŋ³³ nɣ¹³ ku⁴⁴ 蒜脑骨（蒜头）

noŋ²¹ ku⁴⁴ 脓骨（脓包）

⑦tie¹³ 用于表人的名词后面，表示幼小。例如：

sei³³ sa⁴⁵ tie¹³ 细□□（婴儿）   nu²¹sa⁴⁵ tie¹³ 男□□（男孩）

ȵi⁴² sa⁴⁵ tie¹³ 女□□（女孩）

表示动物幼小，不用"□tie¹³"，而用"崽 tsu¹³"，例如：iaŋ²¹ tsu¹³ 羊崽（羊羔）、li⁴⁵ tsu¹³ 猪崽。

⑧老 lɣ⁴²、第 tei²⁴、初 ts'ø⁴⁵。跟梧州话一样，这三个词头平地瑶话也都用来表示序数。例如：

ta²⁴ lɣ⁴² 大老（老大）   sei³³ lɣ⁴² 细老（老二）   lɣ⁴² su⁴⁵ 老三

lɣ⁴² mæ⁴⁴ 老末（老幺）

tei²⁴ zʅ⁴⁴ 第一   tei²⁴ su⁴⁵ 第三   tei²⁴ tɕiəu¹³ 第九

ts'ø⁴⁵ i⁴⁵ 初一   ts'ø⁴⁵ su⁴⁵ 初三   ts'ø⁴⁵ŋɣ⁴² 初五

⑨ læ³³。本是量词"粒、颗、个"，但加在表植物的名词后面，不再是量词，虚化后意指植物的果实，颗粒状的，还带有形状很小的意思。例如：

loŋ²¹iəu²¹læ³³ 桐油粒（桐子）   pe²¹pu²¹læ³³ 枇杷粒（枇杷）

3. 重叠式合成词

梧州话、平地瑶话和过山瑶话都有由两个相同的词根相叠构成的合成词。梧州话主要是亲属称谓词，平地瑶话则有亲属称谓词和副词，过山瑶话亲属称谓词很少用重叠的方式造词，只是极个别的名词用动词语素的重叠来构成名词。例如：

梧州话：　ko⁵¹ᐟ³³ ko⁵¹ 哥哥　　tue²⁴ᐟ³¹ tue²⁴ 弟弟　　tæ²⁴ᐟ³¹ tæ²⁴ 姐姐
　　　　　moe²⁴ᐟ³¹ moe²⁴ 妹妹

平地瑶话：mei²⁴ᐟ²¹ mei²⁴ 妹妹　　kø⁴⁵ kø⁴⁵ 姑姑　　sɣ²⁴ᐟ²¹ sɣ²⁴ 嫂嫂
　　　　　tɕian⁴⁵ tɕian⁴⁵ 刚刚　　kɣ⁴⁵· kɣ 哥哥　tsæ¹³ᐟ²¹ tsæ¹³ 姐姐
　　　　　ta²¹ ta²⁴ 大大（父亲）

过山瑶话：kun³¹ kun³¹ᐟ²⁴ kun³¹ 陀螺　　tsʻoŋ²⁴ tsʻoŋ²⁴ 绣花
　　　　　bei²⁴ bei²⁴ 做梦　　man²¹ man²¹ 慢慢

从以上构词方式的比较中我们可以看到，梧州话、平地瑶话和过山瑶话同多于异。合成词都是它们词汇的主要组成部分，并列、修饰、陈述、支配、补充是它们共同的构成复合式合成词的五种基本方式。过山瑶话的修饰式稍显特殊，有修饰语素位于中心语素之后的现象。差别较大的在于附加式合成词中的附加成分，虽然附加成分不外乎前加成分和后加成分两类，但具体加的是怎样的成分，三种方言各不相同。过山瑶话毕竟是少数民族语言，在附加成分方面差别较大，尤其是前加成分，而梧州话和平地瑶话较接近。附加成分里我们还是能找到三种方言相似的地方，比如：表示序数的"老、第、初"，过山瑶语本来就借自汉语；表示动物性别的附加成分用"公、牯、母、婆"等，而且位置相同，都放在中心语素的后面。平地瑶话的动物性别词尾用途更加广泛一些；表示人称复数时都是在表单数的人称代词后面直接加词尾。梧州话和平地瑶话的第一人称单数和复数形式的人称代词稍有变化，梧州话从"ŋu⁴⁴"变成"loŋ⁵¹"，平地瑶话从"ioŋ⁴²"变成"no²¹"；都有表示幼小的词尾；都有相当于普通话的"子"尾。

第二节　语义关系的比较

梧州话、平地瑶话和过山瑶话的词汇都相当丰富，词语的语义系统也都非常复杂。汉族和瑶族作为不同的语言使用者，他们的认知过程和思维方式各有特点，这就决定了各自语言的语义系统各具特色，但尽管如此，词语之间的语义关系仍然会有一些相同之处，词语在意义上的关系类型都还是会以多义、同音、同义、反义为主。这里我们就从词语之间的多种语义关系着手，对这三种方言做一番考察。

一、多义关系

一个词有两个或两个以上的意义，意义之间有着某种内在的联系，这样的语义关系是多义关系。梧州话、平地瑶话和过山瑶话词汇中的多义词都很多，名词、动词、形容词都有一词多义的现象。下面分别举例说明：

1. 梧州话

kuæ^{51}：①小孩子听话 ②漂亮

ma$^{51/33}$ u^{44}：①垃圾 ②脏，不干净

ŋẽ^{31}：①银子 ②钱，十块钱以上就用"银"

ɕi^{44}：①起来 ②造（房子）

o^{51}：①（整座）房子 ②（单间）屋子

ti^{44} moe^{24}：①姊妹 ②连襟

lu^{44}：①肚 ②胃

nuẽ^{24}：①嫩 ②小

tɕyæ^{51}：①抓 ②捉 ③挠

t'iəu^{424}：①跳 ②跨

paŋ^{51}：①崩 ②塌

xe^{51}：①吃（饭） ②喝（茶、酒） ③抽（烟）

2. 平地瑶话

hø^{45}：①树叶枯 ②人瘦

kuaŋ^{21}：①圆 ②整

kø^{44}：①稻 ②谷子 ③粮食

hi^{13}：①起来 ②造（房子） ③举

tsʅ^{13} mei^{24}：①姊妹 ②连襟

lø^{13} ·li：①肚 ②胃

zʅ^{24}：①吃（饭） ②喝（茶、酒）

ki^{44}：①腿 ②脚

tɕ'iu^{45}：①（水）清 ②（粥）稀

tsaŋ^{33}：①动物肥 ②人胖

kua^{45}：①小孩子听话 ②漂亮

sei^{33}：①小 ②细

soŋ^{42}：①蠢 ②笨

tsəu⁴⁴：①抓　②捉　③挠
ləu¹³：①端　②提　③挑　④掏　⑤伸　⑥亲（嘴）
tsəu¹³：①走　②跑
kæ³³：①髻　②妈妈
kuə²⁴：①抛　②扔
paŋ²¹：①盘子　②碟子
pø⁴⁵：①晡，申时　②午饭
io²⁴：①夜晚　②晚饭
tsu⁴⁴：①塞　②压
ɣ⁴²：①武术　②勇敢

3. 过山瑶话

pau⁴⁴：①房子　②家
sien³¹：①老虎　②豹子
kʻəe⁵：①洞　②陷阱
dɔp⁵：①皮肤　②树皮　③果皮
ȵio²⁴：①乳房　②乳汁
dzau²⁴：①烤（火）　②晒（太阳）
kuaŋ³¹：①扔　②砸
tsʻun²⁴：①穿（针）　②着（衣服）
pʻai²⁴：①剖　②破开
tam³³：①挑　②扛
gom³³：①含　②亲（嘴）
tʻiu²⁴：①跑　②跳
pen³³：①拔（草）　②拈（阄儿）
pun³³：①给　②分
dzun²⁴：①转（身）　②回
gun²¹：①圆　②肥（人）　③肥（地）
gai²¹：①瘦　②瘠
ai⁴⁴：①矮　②低
ŋau³³：①弯　②钩
tsa²：①直　②竖
ga²¹ ɦa⁴⁴：①背　②背后

二、同音关系

同音词与上面所说的多义词相似，它们都是同音多义，但必须严格区分。两个或两个以上语音相同但意义却彼此无关的词之间的语义关系就是同音关系。例如：

梧州话：

t'u⁴²⁴ 兔　　pia²⁴ 白　　kuo⁵¹ 国　　ɕiaŋ²⁴ 上　　suẽ³¹ 全
　　　 醋　　　　　 薄　　　　　 骨　　　　　 匠　　　　　 陈

平地瑶话：

li⁴⁵ 猪　　tsei²¹ 柴　　ɕiəu²⁴ 学　　maŋ⁴² 满　　p'ẽ³³ 片
　　 单　　　　　 齐　　　　　 绣　　　　　 网　　　　　 骗

过山瑶话：

kok⁵ 各（人）　　bai²¹ 败　　dzuei²¹ 嘴　　luək² 六
　　 拔（火罐）　　　　 钓　　　　　　 漂亮　　　　 绿

die³³ 布　　　　do²¹ 捆　　dziəu²⁴ 锯　　lai³¹ 犁
　　 药　　　　　　　 麻　　　　　　 蚂蚁　　　　 箩筐

三、同义关系

跟普通话一样，我们这里所说的同义词实际上是近义词，词和词在意义上或用法上存在着细微的差别，有的是事物或动作本身的细小区别；有的是同一种动作，但支配、关涉的对象不同；有的是同一类概念，但修饰的对象各异。词义完全相等的等义词只有极少数。能够构成同义关系的词语意义在三种方言里是不一样的，但也有一些是三者相同的，比如："下""打"等。举例如下：

1. 梧州话

回：kuæ⁵¹/³³ 归，回去、回家　　　下：ia²⁴/³¹（y⁴⁴）下，下雨
　　 ue³¹ 回，回头　　　　　　　　　　xi⁴⁴（mu²⁴）起，下雾
　　　　　　　　　　　　　　　　　　　la⁴⁴（ɕyaŋ⁵¹）打，下霜
　　　　　　　　　　　　　　　　　　　lyæ²⁴（suo⁴⁴）落，下雪

父亲：ȵie⁵¹ 面称、背称　　　　　母亲：n'³¹ne²⁴ 面称、背称
　　　 toŋ³¹ky³¹e⁴⁴ 背称　　　　　　　ne²⁴/³¹ne²⁴ 小孩叫妈妈
　　　　　　　　　　　　　　　　　　　lo⁴⁴/³¹puy³¹e⁴⁴ 背称

女儿：ȵy⁴⁴ 自己家的女儿　　　　扔：kuan²⁴
　　　 moe²⁴/³¹ȵi³¹ 别人家的女儿　　 liəu²⁴

锅：ts'an⁵¹ 炒菜的锅　　　　　　藏：ɕyaŋ³¹ 把东西藏起来

　　　　　tɕiaŋ⁵¹ 煮饭的锅　　　　　　　　luan⁴⁴ 躲，人藏起来
打：kye⁴⁴ 打人、打雷　　　　　　件：kẽ²⁴　件，一件事
　　　la⁴⁴ 打赤膊　　　　　　　　　　muẽ³¹ 门，一门事（一件事）

苗 miəu³¹　　　　物件 uo²⁴ᐟ³¹ kẽ²⁴　　割（草）　kø⁴²⁴
芽 ŋa³¹　　　　　东西 loŋ⁵¹ᐟ³³ sue⁵¹　切（割肉）t'ie⁵¹

亮 liaŋ²⁴　　　　笨 puẽ²⁴　　　　稠：tsuo²⁴ 粥里米多水少
光 kuaŋ⁵¹　　　　蠢 tɕ'yẽ⁴⁴　　　　　niəu⁵¹ 粥里米煮得太烂

肥 pi³¹ 指动物　　撕 si⁵¹　　　　皱：lyaŋ⁴⁴ 衣服等皱了
胖 p'aŋ⁴²⁴ 指人　扯 tɕ'ie⁴⁴　　　　niau⁴⁴ 皱眉头

2. 平地瑶话

下：lo²⁴（hø⁴²）　落，下雨、下雪　　打：pəu¹³ 打霜、打水
　　hu⁴²（ɣ²⁴）　下，下雾　　　　　　　piəu⁴⁴ 雷打了
　　pəu¹³（saŋ⁴⁵）打，下霜　　　　　　li¹³ 打醮
　　　　　　　　　　　　　　　　　　　　ta⁴² 打哈欠

锅：ts'i⁴⁵ 炒菜的锅　　　　　　板栗：pi¹³ læ³³ 大的家种
　　u³³ təu²¹ kæ⁴⁴ 煮饭的锅　　　　　 miəu²¹ læ³³ 小的野生
栏：(ŋəu²¹) li²¹ （牛）栏　　　回：ku⁴⁵ 归，回去、回家
　　(li⁴⁵) lo²¹ （猪）栏　　　　　　　fi⁴⁵ 回，回头

藏：səu⁴⁵ 收，把东西藏起来　　个：n̩⁴⁵ （一）个（人）
　　pəu²⁴ 躲，人藏起来　　　　　　　　læ³³ （一）个（鸡蛋）
丑：ts'əu¹³　　　整：tɕiu¹³　　　　摞：lu⁴⁵
　　k'ẽ³³　　　　　kuaŋ²¹　　　　　　　ts'əu⁴⁵

睡 fu³³　　　办（事）pẽ²⁴（sʅ²⁴）　割（草）　ku⁴⁴
眠 mẽ²¹　　　做（事）i³³（sʅ²⁴）　切（割肉）ts'e⁴⁴

欢喜（喜欢）haŋ⁴⁵ hi¹³　　光 kaŋ⁴⁵　　　幼 iəu³³
爱 uẽ²⁴　　　　　　　　　　亮 liaŋ²⁴　　　细 sei³³

砍：toŋ³³（tsei²¹）砍柴　　　破：pia³³

　　　　lɣ¹³（mø²⁴）砍树　　　　　　　tsɣ²⁴ 烂
冷：liaŋ²¹（水）冷　　　　　　缝纫：tsʻu⁴⁵ 用机器做衣服
　　　lu⁴²（天气）冷　　　　　　　　 tsʻɣ⁴⁵ 用手工做衣服
抓：tsəu⁴⁴ 抓人、动物　　　　　□ əu⁴⁵ 茶很浓
　　 ku⁴² ki³³ 抓无生命的、小的、手掌　　□ kue²⁴ 粥很稠
　　 能容的东西
镰刀：miəu²¹ lɣ⁴⁵ 苗刀，割草的镰刀　东西：kʻɣ⁴⁴ tsʻɣ⁴⁵ 物□
　　　 hɣ²¹ lẽ²¹ 禾镰，割稻子的镰刀　　　 lø⁷³ kɣ⁴⁴ □□

3. 过山瑶话

放：poŋ²⁴ 放水　　　　　　　摘：tsok⁵ 摘帽子
　　 an³³ 放盐、放桌上　　　　　dzet⁵ 摘棉花
戴：taŋ³¹ 戴眼镜　　　　　　插：tsʻiep⁵ 插秧
　　 doŋ²⁴ 戴帽子　　　　　　　tsʻip⁵/dzie⁵ 插牌子
编：tsiet⁵ 编篮子、粪箕　　　盖：fiom²¹ 盖被子
　　 kit⁵ 编辫子　　　　　　　　kom⁴⁴ 盖土
砍：koe²⁴ 砍树　　　　　　　磨：ziəu²⁴ 磨刀
　　 fia⁴⁴ 砍骨头　　　　　　　 mo³¹ 磨面
　　　　　　　　　　　　　　　　pot⁵ 磨米
洗：dzau²⁴ 洗碗、洗澡　　　　炸：tsep⁵ 炸油饼
　　 dzo²⁴ 洗衣　　　　　　　　tsa²⁴ 炸石头
打：pot⁵ 打人、打鸟（用石头、棍子等） 跑：pau²⁴ 跑
　　 pun⁴⁴ 打鸟（用枪）　　　　　　　 tʻiu²⁴ 跳
烤：tsʻoŋ²⁴ 放在火上方烤　　　背：ŋie²⁴ 背柴、谷子
　　 tsit⁵ 放在火的周围烤　　　　 ziaŋ²¹ 背孩子
闭：gip⁵ 闭眼　　　　　　　　掐：ka⁵ 掐脖子
　　 gap² 闭嘴　　　　　　　　　ɲian⁴⁴ 掐虱子
下：tuei³¹ 下雨　　　　　　　晒：dzau²⁴ 晒太阳
　　 op⁵ 下雾　　　　　　　　　pʻue³³ 晒衣服
裂：ntie²⁴ 硬壳、果皮裂开　　敲：gau²⁴ 敲门
　　 dzet⁵ 墙、地裂开　　　　　 pot⁵ 敲锣
吸：tʻau⁴⁴ 吸气　　　　　　　姨妈：dəei²¹ 比母亲大的
　　 puə⁴⁴ 吸（烟）　　　　　　　　 dzie¹³ 比母亲小的
地：dau³³ 地震　　　　　　　灰：sai⁴⁴ 灰颜色、烧火后的灰

dei²¹ 地裂
婴儿：piaŋ³¹ gai²⁴/³¹ ton³³
　　　fu³¹ tɕye⁴⁴
坏：wai²¹ 人坏
　　ɦu⁴⁴ 衣服、篮子坏
弯：ŋau³³ 东西弯
　　ŋuen³³ 人走路弯着腰
块：kʻuai⁴⁴ 一块石头
　　tiu³¹ 一块肉
　　dun²¹ 一块地
件：təei²⁴ 一件衣
　　kin²¹ 一件事
冷：lam¹³/tɕiom³³ （水）冷
　　tɕyaŋ⁴⁴ （天气）冷
头帕：sai³¹ tɕien³³ 男人戴的
　　　pu²¹ koŋ²⁴/²¹ dzun²¹ 女人戴的
　　　pu²¹ ɲiai²¹ 女人在出嫁和还盘王愿时戴的
夜晚：moen⁴⁴
　　　moaŋ²⁴

ɦuei³³ 作肥料的灰
叫：ʑiəu²¹ （狼、驴）叫
　　dzioŋ²⁴ （狗）叫
热：kom⁴⁴ 水热
　　iuə⁵ 天气热
黑：kiek⁵ 黑颜色
　　moaŋ²⁴ 天黑了
半：pien²¹ 半斤
　　dam⁴⁴ 半夜、半山腰
胖：gun²¹ 人胖，肚子大
　　pʻaŋ²⁴ 人胖，脸胖
破：ɦu⁴⁴ 碗破、衣服撕开
　　bai²⁴ 破掉、有窟窿
鱼网：sui⁴⁴ 大的鱼网
　　　tɕiau⁴⁴ 小的鱼网

四、反义关系

三种方言中的具有反义关系的词语表示的概念意义既有相反的，也有相对的。能构成反义词的也大多都是方位名词、动词和形容词。举例如下：

1. 梧州话

ɕiaŋ²⁴ miẽ²⁴ 上面　　li⁴⁴ miẽ²⁴ 里面　　muẽ³¹ siẽ⁵¹ 门前（前面）
ia²⁴ miẽ²⁴ 下面　　moe²⁴ miẽ²⁴ 外面　　poe⁴²⁴/³³ lue⁴⁴ 背底（后面）

ku⁴⁴ŋan⁴⁴/³¹ tẽ⁵¹ 鼓眼睛（睁眼）　　kuan⁵¹ 关　　sue²⁴ 睡
pe³¹ŋan⁴⁴/³¹ tẽ⁵¹ 闭眼睛　　　　　　xø⁵¹ 开　　sẽ⁴⁴ 醒

tæ²⁴ 大　　　tʻu⁵¹ 粗　　ɕiaŋ⁵¹ 生　　pau⁴⁴ 饱
nuẽ²⁴ 嫩（小）　sue⁴²⁴ 细　　so²⁴ 熟　　ŋø²⁴ 饿

2. 平地瑶话

kɣ⁴⁵ ləu²¹ 高头（上面）　　pɣ⁴⁵ tɕi¹³（里面）　　ma⁴² 买
ha²¹ hu⁴² 下口（下面）　　me²⁴ tsæ²¹（外面）　　ma²⁴ 卖

n̠i⁴² mẽ²⁴ tsæ²¹ 眼面（前面）　　laŋ²¹ nɣ¹³ 抬脑（抬头）　　su⁴⁴ 出
le¹³ po³³ sɿ¹³□□（后面）　　lei⁴⁵ nɣ¹³ 低脑（低头）　　næ²⁴ 入

hu⁴⁵ 宽　faŋ⁴⁵ 方　　həu⁴⁴ 黑　　tsɿ⁴⁵ 真
a³³ 窄　kuaŋ²¹□（圆）　pu²⁴ 白　　ku¹³ 假

3. 过山瑶话

uək⁵ tɕ'ia⁴⁴ 上面　　uək⁵ n̠ioə¹³ 里面　　daŋ²¹meŋ²⁴ 前面
uək⁵ dia²⁴ 下面　　n̠ie³¹ meŋ²⁴ 外面　　ga²¹ ɦa⁴⁴meŋ²⁴ 后面

moŋ²⁴（dzuei²¹）张（嘴）　　kat⁵ 笑　　　fuŋ⁴⁴ 推
gap²（dzuei²¹）闭（嘴）　　n̠iem⁴⁴ 哭　　k'en³³ 拉

fau²⁴ 上　　tai³¹ 来　　tsut⁵（luei³³）穿（衣）
ʑie²¹ 下　　min³¹ 去　　tɕiai⁴⁴（luei³³）脱（衣）

hen³³ 轻　　tsuei²⁴ 臭　　siep⁵ 快　　ts'am³³ 多
nt'ie⁴⁴ 重　　daŋ³³ 香　　don²¹ 慢　　tso²¹ 少

有少数的概念意义有时没有或不用相应的反义词，梧州话、平地瑶话和过山瑶话都是通过加否定词的方法来表达，形成反义关系的。例如：

	有	没有	是	不是	好	不好
梧州话	iau⁴⁴	mau²⁴/³¹ iau⁴⁴	si⁴⁴	mau²⁴/³¹si⁴⁴	xo⁴⁴	mau²⁴/³¹ho⁴⁴
平地瑶话	həu⁴²	mɣ⁴⁴həu⁴²	sɿ⁴²	mɣ⁴⁴həu⁴²	hɣ¹³	mɣ⁴⁴hɣ¹³
过山瑶话	mai²¹	mai⁴⁴tuk⁵	tsei¹³	mai⁴⁴tsei¹³	nəŋ¹³	n̩⁴⁴nəŋ¹³

从以上四种语义关系的比较中我们可以看到梧州话、平地瑶话和过山瑶话在语义概括上的共同特点。对事物、动作本身的特征的区分不如对事物、动作关涉的对象的区分细致，如"皮"可以用来表示果皮、树皮、眼皮、嘴唇等事物类似的部位，"胳膊"和"手"、"腿"和"脚"也常常混同。此外，方言之间的词语渗透影响是产生同义、多义关系的重要原因，如平地瑶话"丑"有"ts'əu¹³"和"k'ẽ³³"两种说法，"办（事）"有"pẽ²⁴（sɿ²⁴）"

和"i^{33}（sɿ^{24}）"两种说法，前一种说法都可能是来自江华当地的西南官话。过山瑶话"虫"既说"ken^{33}"，也说"tsuŋ^{33}"，前者是瑶语固有的，而后者则是借自汉语的。

第三节　造词理据的比较

　　造词理据即人们给事物或现象命名的着眼点。客观事物和现象本身的特征是多种多样的，人们对客观事物和现象的主观认识也会因此而不同。人们根据自己对事物和现象不同特征的感受，命名时选取不同的特征作为着眼点，这样，在不同的方言里就会形成不同的词形。

　　梧州话、平地瑶话和过山瑶话里都有许多富有特色的词形，它们或着眼于事物的形状、材料、颜色，或着眼于事物的属性、功能，或着眼于事物的时间、处所、来源等，或运用修辞手段给事物命名。下面举例分析比较。

一、着眼于形状

事物	方言词形	形状
虹	平地瑶话　le^{21}ka^{33}loŋ^{45}　条江龙	彩虹像横跨江上的龙
雪珠子	平地瑶话　mei^{42}læ^{33}sɿ^{45}　米粒雪	米粒大小的雪珠子
	梧州话　moe^{44}tau^{31}kuo^{51}suo^{44}　米头骨雪	
鼻涕	梧州话　pi^{31}sue^{44}　鼻水	液体状像水
耳环	梧州话　ȵie^{31}sue^{24}　耳舌	像耳朵伸出的舌头
柿子椒	平地瑶话　kuaŋ^{21}læ^{24}·li　圆辣哩	圆筒形的辣椒
苍蝇	梧州话　pa^{24}moẽ^{31}ti^{44}　霸蚊子	个头比蚊子大很多
丝瓜	平地瑶话　laŋ^{13}tsæ^{13}ku^{45}　短姐瓜	丝瓜不长呈圆筒状
桑葚	平地瑶话　saŋ^{45}kæ^{13}　桑屎	颗粒小而圆像屎的样子
锯末	平地瑶话　mø^{24}haŋ^{45}　木糠	细小的粉末状像糠
	梧州话　piəu^{24}ŋa^{31}　暴牙	
虎牙	过山瑶话　ȵia^{31}piəu^{24}　牙暴	往外有些暴出来的牙齿
	平地瑶话　piəu^{42}ŋo^{21}tsʻɿ^{13}　暴牙齿	
娃娃鱼	过山瑶话　bau$^{13/31}$ku^{44}　鱼狗	像狗的样子
车轮	过山瑶话　tsʻie^{33}pin^{44}　车饼	圆圆的形状像饼
电线杆	过山瑶话　din^{21}diəu^{21}　电条	长长的条形
蚯蚓	过山瑶话　lan$^{33/31}$tsuŋ^{33}　蛇虫	像蛇一样的虫子
火焰	平地瑶话　hy^{13}mæ^{42}koŋ^{42}　火尾（火尾巴）	像尾巴飘动的样子
鹅毛雪	平地瑶话　pu^{33}ȵiaŋ^{21}sɿ^{44}　雪（棉絮雪）	雪花形状像棉絮
老虎	梧州话　tæ$^{24/31}$soŋ^{31}　大虫	老虎个头很大
柴刀	过山瑶话　dzu^{21}ŋau^{33}　刀弯	柴刀是弯弯的像钩子

二、着眼于材料

事物	方言词形	材料
项链	梧州话 ŋẽ³¹ liẽ⁴²⁴ 银链	项链多用银子作成
豆腐泡儿	梧州话 iau³¹tsa²⁴tau²⁴ᐟ³¹pu²⁴ 油炸豆腐	用油炸出来的豆腐
糖块	梧州话 tɕi⁴⁴pau⁵¹tyaŋ³¹ 纸包糖	用纸包裹的糖块
钞票	梧州话 tɕi⁴⁴ pʻiəu⁴²⁴ 纸票 平地瑶话 tsɿ¹³ pʻiəu³³ 纸票	纸张做的钞票
爆竹	梧州话 tɕi⁴⁴ pʻau⁴²⁴ 纸炮	爆竹外壳是纸做的
火盆	平地瑶话 tʻi³³ poŋ²¹ 炭盆	火盆里烧的是木炭
草帽	平地瑶话 mʼ²⁴ kɣ¹³ læ⁴⁴ 麦杆笠	麦子杆作成的帽子
扁担	过山瑶话 diaŋ²⁴ᐟ²¹muaŋ¹³ 木扁担	扁担多用木材做成
连枷	过山瑶话 diaŋ²⁴ᐟ²¹koŋ²⁴ 木杠子	连枷用木头做成
厕所	过山瑶话 gai²⁴ᐟ²¹ tʻoŋ⁴⁴ 屎桶	用桶子来装大小便

三、着眼于颜色

事物	方言词形	颜色
胡萝卜	梧州话 uaŋ³¹lø³¹ pau²⁴ 黄萝卜 过山瑶话 la³¹pa³¹wiaŋ³¹ 萝卜黄 平地瑶话 su³³lɣ²¹ po¹³ 红萝卜	黄色的萝卜 红色的萝卜
鳝鱼	平地瑶话 su³³ŋø²¹liaŋ²¹ 红鱼龙	红色的鳝鱼
狂风	平地瑶话 həu⁴⁴ poŋ⁴⁵ 黑风	刮大风时天空一片黑
锅烟子	梧州话 tsʻan⁵¹ᐟ³³ xɣ⁵¹ 锅黑 平地瑶话 həu⁴⁴tsʻi⁴⁵m²¹ 黑锅	锅烟是黑色
酒糟鼻子	梧州话 oŋ³¹ pi³¹ tau³¹ 红鼻头	红色的鼻子
狐狸	平地瑶话 pu²⁴mæ⁴²kəu¹³ 白尾狗	尾巴是白色的
琉璃瓦	平地瑶话 liaŋ²⁴ ŋu⁴² 亮瓦	阳光照上去很亮

四、着眼于属性

事物	方言词形	属性
矿	梧州话 po⁴⁴ 宝 平地瑶话 pr¹³ 宝 过山瑶话 pu⁴⁴ 宝	矿产很稀有，是宝贝
集市	梧州话 no²⁴ ti⁴⁴ 闹子 平地瑶话 nəu²⁴ tsɿ¹³ 闹子	集市人声鼎沸，很吵闹
花生	平地瑶话 lɣ²⁴ tæ²⁴ si⁴² 落地薯	花生像薯类长在地下

蝙蝠	梧州话 piəu⁵¹/³³ çy⁴⁴ 飞鼠	能够飞的老鼠
	平地瑶话 pæ⁴⁵ si¹³ 飞鼠	
流星	平地瑶话 pæ⁴⁵ çiu⁴⁵ 飞星	从天上飞下来的星星
桂花	平地瑶话 çiaŋ⁴⁵hu⁴⁵ 香花	桂花有很香的气味
甜瓜	平地瑶话 çiaŋ⁴⁵ku⁴⁵ 香瓜	甜瓜有很香的气味
喜鹊	梧州话 si⁴⁴tçiau⁴⁴/²⁴tçiau⁴⁴ 屎鸟鸟	屎多，常掉在人头上
扇车	平地瑶话 poŋ⁴⁵ ts'u⁴⁵ 风车	用的时候转起来有风
	梧州话 hoŋ⁵¹/³³ tç'ie⁵¹ 风车	
	过山瑶话 pun³¹ ts'ie³³ 风车	
青苔	梧州话 ts'ẽ⁵¹/³¹te³¹ua²⁴ 青苔滑	青苔踩上去滑
舌苔	梧州话 çie³¹ua²⁴ 舌滑	舌苔像青苔一样滑
雨衣	梧州话 iau³¹ san⁵¹ 油裳	雨衣不沾水像是有油
	平地瑶话 iəu²¹ æ⁴⁵ 油衣	
锅巴	梧州话 pan²⁴/³¹tiəu⁵¹ 饭焦	煮饭时烧焦的那一层
	平地瑶话 ləu¹³ mæ²⁴ 焦饭	
豆腐乳	梧州话 moe³¹ tau²⁴/³¹pu²⁴ 霉豆腐	豆腐起霉后做成的
	平地瑶话 mei²¹təu²⁴fu¹³ 霉豆腐	
粥	平地瑶话 ha⁴⁵ mæ²⁴ 开饭	煮开、煮烂了的饭
乞丐	平地瑶话 liəu³³mẽ²⁴kø²⁴ 看面古	要经常看人家的脸色
串门	平地瑶话 kɤ³³ ø⁴⁴ 过屋	在人家的住处间走动
老鹰	梧州话 tæ²⁴/³¹ iəu²⁴ 大鹞	鹞的一种，个头大的
小孩子	过山瑶话 piaŋ³¹ gai²⁴ 花孩子	小孩子像花朵样可爱
黄瓜	过山瑶话 kua³³/³¹ uam⁴⁴ 瓜水	黄瓜水分较多
坝	过山瑶话 tset⁵ suaŋ³³ 截河	坝在河中阻断了河流
臼齿	过山瑶话 ȵia³¹oŋ³³ 牙翁	牙齿中最大的那种牙
扒手	过山瑶话 ŋau³³tsei⁴⁴ 钩子	偷东西像钩子钩东西一样

五、着眼于功能

事物	方言词形	功能
镰刀	平地瑶话 miəu²¹ lɤ⁴⁵ 苗刀	用来割水稻等较矮小植物的刀子
种猪	平地瑶话 li⁴⁵ ȵiaŋ²¹ 猪娘	用来做种的猪
蜘蛛	平地瑶话 ts'aŋ⁴²sɿ⁴⁵maŋ⁴² 产丝	蜘蛛能够吐丝
蚕	过山瑶话 tsan⁴² fei³³ ken³³ 产丝虫	蚕能够吐丝
芦苇	梧州话 çi³¹ t'o⁴⁴ 席草	用来做席子的草
	平地瑶话 loŋ⁴⁵sei⁴⁵ts'ɿ¹³ 灯芯草	用来做灯芯的草

鳍	梧州话 ȵy^{31} kiau^{51} 鱼脚	鱼用来"走路"的"脚"
镜子	梧州话 miẽ^{24} kẽ^{424} 面镜 平地瑶话 tsɿ^{33}mẽ^{24}tɕ'ioŋ^{33} 照面框	镜子主要用来照脸
医生	梧州话 iau$^{24/31}$ si^{51} 药师	给人看病开药的人
手绢	平地瑶话 tu^{24} səu^{13} p'o^{33} 搽手帕 过山瑶话 suei^{24}ɦan^{21}p'a^{24} 擦汗帕	主要作用是擦手 主要作用是擦汗
厨房	平地瑶话 hy^{13} paŋ^{21} 火房 过山瑶话 dzo^{24}boŋ^{21} 灶房	生火做饭的地方 安灶做饭的地方
躺椅	平地瑶话 li^{42} loŋ^{33} 懒凳	能让人懒洋洋地躺着
椅子	平地瑶话 p'a^{21} zɿ^{45} loŋ^{33} 腰凳	能让人靠着腰的坐具
砧板	平地瑶话 lv^{45} pi^{13} 刀板	可以让刀子在上面切菜
鹦鹉	过山瑶话 ua^{42} no^{21} 话鸟	会说话的鸟
抽屉	过山瑶话 t'o^{33} siaŋ^{33} 拖箱	可以拖动的箱子
蛀虫	过山瑶话 diaŋ^{24} ɦu^{44} ken^{33} 木烂虫	能使木头腐烂的虫
动脉	过山瑶话 t'oŋ^{33}dziam$^{44/21}$tɕian^{33} 通血筋	血液流动的筋
门帘	过山瑶话 taŋ^{44}ken^{31}die^{33} 挡门布	遮挡使看不见门内

六、着眼于时间、处所、来源

事物	方言词形	功能
（吃）晚饭	梧州话 xe^{51} ŋan^{424} 吃晏	晚饭吃得很晚
黄昏	平地瑶话 sa^{45} həu^{44} pẽ^{45} 煞黑边	天色快黑的时候
蝙蝠	过山瑶话 iẽ^{31} la^{44} sui^{44}	常常在屋檐出没
盐	平地瑶话 ha^{13}so^{45} 海沙	海里才有的沙子
犁把	梧州话 lue^{31} mi^{44} 犁尾	位置在后面
篾青	平地瑶话 mẽ^{24} pæ^{21} 篾皮	外面的那一层
腮帮子	梧州话 a^{31} pa$^{51/31}$lue^{44} 下巴底	下巴靠下的位置
簪子	梧州话 tau^{31}mo^{31}tan^{51} 头毛簪	簪子是戴在头发上的
镯子	梧州话 sau^{44} k'uẽ^{51} 手圈	戴在手上
麻雀	平地瑶话 y^{21} tɕi^{33} kø^{42} 禾占古	经常在稻田里活动
胸脯	平地瑶话 sei^{45} həu^{13} 心口 梧州话 suan$^{51/33}$xau^{44} 心口	胸脯是心脏所在的位置
跳蚤	平地瑶话 kəu^{13} tsɿ^{13} 狗蚤	寄生于狗的身上

胭脂	平地瑶话	li¹³ mẽ²⁴ iəu²¹ 打面油	涂在脸上的油
围巾	平地瑶话	uei²¹ kiəu¹³ la³³ 围颈带	围在脖子上的带子
苍蝇	平地瑶话	mæ²⁴ m²¹ 饭蚊	喜欢沾在饭菜上的蚊子
口水	过山瑶话	uam⁴⁴/³¹dzuei²¹ 水嘴	从嘴里流出的口水
刀刃	过山瑶话	dzu²¹ dzuei²¹ 刀嘴	位置都在最前面
蛀虫	过山瑶话	dzun²⁴ diaŋ²⁴ken³³ 钻木虫	钻到木头里的虫
抹布	过山瑶话	suet²⁴ tie³¹ die³³ 擦台布	抹布常用地方是桌上
游泳	过山瑶话	iəu³¹ uam⁴⁴ 游水	在水里头游动
蛔虫	过山瑶话	dzun²⁴kaŋ³¹lan³³/³¹tsun³³ 钻肠蚯蚓	在肠子里活动
颧骨	过山瑶话	mian²¹boŋ⁴⁴	脸上的骨头
肥皂	过山瑶话	iaŋ³¹ tɕian⁴⁴ 洋碱 平地瑶话 iaŋ²¹ kẽ¹³ 洋碱 梧州话 iaŋ³¹ kẽ⁴⁴ 洋碱	外来的东西加洋
煤油	梧州话 iaŋ³¹ iau³¹ 洋油 平地瑶话 iaŋ²¹ iəu²¹ 洋油 过山瑶话 iaŋ³¹ iəu³¹ 洋油	外来的东西加洋
红薯	平地瑶话	su³³ fi⁴⁵ ɕi²¹ 红番薯	外来的东西加番

第四节 词语来源的比较

每一种方言的词汇组成都有各种各样的来源渠道，这也就构成了各方言词汇组成的特色。主要的来源渠道应该是沿用古语词、从其他民族借用的外来词、方言自己的创新词。梧州话、平地瑶话和过山瑶话词汇组成的来源也主要靠这三种途径，下面我们举例分析：

一、古语词的沿用

三种方言都保留了部分普通话不再使用的古汉语词，例如：平地瑶话"中午"和"下午"分别说成"晡前"和"晡后"，就是完全沿袭古代的用法。晡，《广韵》模韵博孤切："申时"，即下午三点钟到五点钟的时间；表示"看"时用"liəu³³"，本字可能是"觑"，因为平地瑶话有来母以外的字读边音声母的现象，如端组、精组、照组、见组都有，但数量不太多，比如同是溪母的蟹摄字"咳"读成"lia²⁴"，所以"觑"音韵地位相符。"觑"在近代汉语里常用，平地瑶话里表达"看"的意思也都用"觑"，例如：

觑人 liəu³³ ŋ̍²¹　看望别人　觑风水 liəu³³ tæ²⁴　看风水

觑八字 liəu³³ pa⁴⁴ tsɿ²⁴ 算命　　觑亲 liəu³³ tsʻe⁴⁵ 相亲
觑病 liəu³³ piu²⁴ 看病　　觑不起 liəu³³mɤ²¹hi¹³ 看不起

其他古语词如：

□ tsu⁴⁴ 塞　　　　　　　　走 tsəu¹³ 跑
面 mẽ²⁴ tsʻa⁴⁵ 脸　　　　　倚 ki⁴² 站
炙（火） tso⁴⁵ 烤（火）　　粟 ɕi⁴⁴ 小米
耻 tsʻɿ¹³ 可恶　　　　　　　木 mø²⁴ 树
朽 ɕiəu¹³ 腐烂　　　　　　　箸 tɕi²⁴ 筷子
盏 tɕi¹³ 杯子（喝酒的）　　作揖 tɕʻin⁴²su⁴² □首（低头）
食 zɿ²⁴ 吃、喝　　　　　　　冢 tsø¹³ 坟地
归 ku⁴⁵ 回　　　　　　　　　解（衣服） ka¹³ 脱（衣服）
台 la²¹·li 桌子　　　　　　　索 sɤ⁴⁴·li 绳子
□□tsʻi⁴⁵ 菜锅　　　　　　　入 næ²⁴ 进
着（衣） le⁴⁴ æ⁴⁵ 穿（衣）　行 hi²¹ 走

□□səu³³，推，《集韵》："损动切，推也"。
□□（尿）　tsʻəu⁴⁵ ŋʻ²⁴，把（尿），《广韵》侧九切。《集韵》："□，持也。"

梧州话在表示钱数时仍用"文 moẽ³¹"和"银 ŋẽ³¹"。一元钱以内用"角 kiɤ⁵¹"，一元或一元以上用"文 moẽ³¹"，十元或十元以上用"银 ŋẽ³¹"，如：一角钱 io⁵¹kiɤ⁵¹tɕi⁴⁴ 一角纸，一元钱 io⁵¹moẽ³¹ 一文，十元钱 suo²⁴moẽ⁵¹/³¹ŋẽ³¹ 十文银。其他古语词如：

裳 san⁵¹ 衣服　　　　　　　解（衣服） kæ⁴⁴ 脱（衣服）
倚 ki²⁴ 站　　　　　　　　　木 mo²⁴ 树
大虫 tæ²⁴/³¹soŋ³¹ 老虎　　　饮田 in⁴²⁴tiẽ³¹ 灌溉
归 kuæ⁵¹ 回　　　　　　　　台盘 tø³¹ pẽ³¹ 桌子
物件 uo²⁴/³¹kẽ²⁴ 东西　　　箸 ɕy²⁴ 筷子
唱喏 tsʻaŋ⁴²⁴ ia²⁴ 作揖　　　粟米 siəu²⁴ moe⁴⁴ 小米
面板 miẽ²⁴pan⁴⁴ 脸　　　　　冢 tu⁴⁴ 坟地
炙（火） tɕie⁴⁴ 烤（火）　　如今 y³¹ tsuan⁵¹ 现在
□tsʻan⁵¹ 锅　　　　　　　　着（裳） tɕiau⁴⁴ （san⁵¹）穿衣
行 ŋiaŋ³¹ 走

□（尿）　tsʻao³³n̠iəu²⁴，把（尿），《广韵》侧九切。《集韵》："□，持也。"

过山瑶话里也保留了一些汉语古语词，例如：

厨官 tsəu³¹kyan³³ 厨师　　　　　盆 oŋ³³ 老年男性
面 m̥ian²¹ 脸　　　　　　　　盏 tsan⁴⁴ 杯子（喝酒的）
箸 tsəu³¹ 筷子　　　　　　　□ ts'en³³ 锅
台 tie³¹ 桌子　　　　　　　冢 tsəu⁴⁴ 坟地
饮 ŋen²⁴ 灌溉　　　　　　　行 iaŋ³¹ 走
着（衣）tsut⁵luei³³ 穿（衣）　痹 bie²⁴ 麻木

□（尿），ts'ao³³n̥iəu²⁴，把（尿），《广韵》侧九切。《集韵》："□，持也。"

二、方言创新

梧州话、平地瑶话和过山瑶话都有一些有着自身特色的方言词语，反映出当地的地域文化和风土人情。例如：

湖南多数地方主要用煤炭，少用木炭，所以一般称煤炭为"炭"，称木炭为"木炭"，而江华是林区，木炭很多，做饭、烤火都用木炭，煤炭很少，所以就把木炭叫"炭"，把煤炭叫"煤"。例如：

梧州话：煤 moe³¹　煤炭　　炭 t'an⁴²⁴　木炭
平地瑶话：煤 m̥²¹　煤炭　　炭 t'i³³　木炭
过山瑶话：煤 moei³¹　煤炭　　炭 t'an²⁴　木炭

江华的饮食也很有特色，"瑶家十八酿"很出名。"酿"就是把猪肉剁碎，加上葱、蒜做成馅，放在豆腐、辣椒、苦瓜、茄子、笋子、蘑菇等中间，油煎后用豆豉水黄焖而成。梧州话就会把"馅"叫做"酿心"，过山瑶话把"丸子"叫做"酿子"。而且江华人还习惯在十八酿的后面加上个"丸"字，就因为"丸"和"圆"在三种方言里都基本是同音的，寓有团圆之意。江华人还爱吃粑粑，一逢节日家家户户打粑粑，品种非常多，所以他们会把粽子也归入到粑粑这一类中来，如：

梧州话：粑粑　si³¹　粽子　tæ²⁴/³¹toŋ⁵¹si³¹
平地瑶话：粑粑　po²⁴tsæ⁴²　粽子　haŋ³³tsæ⁴²
过山瑶话：粑粑　dziuə²⁴　粽子　dziuə²⁴tsoŋ²⁴

此外，湖南多数地方爱吃葵花子，很多地方都把"葵花子"叫作"瓜子"，而"西瓜籽"还叫"西瓜籽"，但江华人很少吃葵花子，而是爱吃西瓜籽，那种本地出产的颗粒很小、红色的西瓜籽，他们剥起来非常熟练，外地人却有困难，常常是连壳带肉吐出来，所以梧州话把"西瓜籽"叫作"瓜子"或"红子"，而把"葵花子"叫"葵花子"；平地瑶话把"西瓜籽"叫作"瓜骨"，"葵花子"叫"望日花骨"。另外，三种方言里都有一些较特殊的词语，例如：

梧州话：

六七八：lo²⁴ tʻuo³¹ pa⁴²⁴　六指儿，说有的人多一个指头，直接用连续的数字来表示。

一二三：io⁵¹ ȵi²⁴/³¹ san⁵¹　连裆裤

双裳：ɕyaŋ⁵¹/³³ san⁵¹　夹衣，有两层则称双。

对头：lue⁴²⁴/³¹ tau³¹　相亲，两个坐到了一起，面对面。

吃塞颈：xe⁵¹/³³ sau⁵¹/³¹ kẽ⁴⁴　打尖，两餐饭之间吃点东西。

胰猫肚：ie³¹ mao³¹ lu⁴⁴　腿肚子。

当面骨：lyaŋ⁵¹ miẽ²⁴ kuɤ⁴⁴　胫骨，小腿内侧的长骨。

窖捞：kau⁴²⁴/³³ lo⁵¹　泥鳅，从水下的小洞里打捞出来。

雷子：lue³¹ ti⁴⁴　蚂蚁

肚腹：tu⁴²⁴/³¹ fu⁴²⁴　动物的下水

头毛：tau³¹ mo³¹　头发

耳舌：ȵie³¹ sue²⁴　耳环

平地瑶话：

脚包：ki⁴⁴ piəu⁴⁵　裹腿

裙筒：ki²¹ loŋ²¹　围裙

夹屎布：ko⁴⁴ kæ¹³ pø³³　尿布

夹汗衣：ko⁴⁴ haŋ²⁴ æ⁴⁵　内衣

□□：pø²⁴ kəu¹³　衣服上的口袋

鼻：pei²⁴　用鼻子直接来称说液体状的鼻涕

耳舌：ȵiəu⁴² ɕie¹³　耳环

虫跳岗：lei²¹ tʻe³³ kaŋ⁴²　人的脾脏

口□拢：həu¹³ səu¹³ loŋ⁴²　围嘴儿

眼照：ȵi⁴² tsʅ³³　眼镜

眼落母：ȵi⁴² lo²⁴ m̩⁴²　眼泪

古井：kø¹³ tɕiu¹³　谜语

鱼花：ŋø²¹ hu⁴⁵　鱼苗

过山瑶话：

屎通：gai⁴⁴/²¹ tʻuŋ⁴⁴　厕所

银团：ȵian³¹ dun²¹　银圆

卖屁股：mai²⁴/³¹ gai⁴⁴/²¹ kʻue⁴⁴　妓女

手凹：puə³¹ a³³　虎口

眼镜：muə³¹ tsiəu²⁴　目照

翁子：oŋ³³ tsei⁴⁴　老头子

鸡小疙瘩：tɕiai³¹ ton³³ dai²¹　痣

刀嘴：dzu²¹ dzuei²¹　　刀刃
挡门布：taŋ⁴⁴ ken³¹ die³³　　门帘
人亲：mien³¹ tsʻien³³　　亲戚
滚滚滚：kun²⁴ᐟ³¹kun²⁴kun²⁴ᐟ³¹　　陀螺
横吹：wen³¹ tsʻuei³³　　笛子

三、借词

过山瑶话中有着大量的汉语借词，这些借词进入过山瑶话的时间有先后，在前面语音的比较中我们提到过山瑶话保留了汉语的一些古音韵特点，那么这些保留有古音特点的过山瑶话词语应该是较早的汉语借词，而那些称说新近出现的事物的词语，尤其是中华人民共和国成立后出现的新事物、新名词，则就是较晚的汉语借词，新借词的读音多是按照当地江华西南官话的音来吸收的。梧州话、平地瑶话在表达新事物、新概念时一般也是用读书音，而湘南土话区的文读音受当地西南官话的影响极大，所以就出现了这样的现象，部分过山瑶话的新借词与梧州话和平地瑶话的文读音相似，而部分过山瑶话的老借词就与梧州话和平地瑶话的白读音相似。例如：

老借词：

锁 fo⁴⁴	味道 moei²⁴ to²¹	西 fai³³
柱子 diəu²¹	酒 tiu⁴⁴	拖 tʻo³³
猪 doŋ¹³	错 toŋ²¹	蚊帐 muoŋ³¹ taŋ²⁴
针 siem³³	三 fam³³	念 ȵim²¹
淡 tsam⁴⁴	轻 hen³³	肯 kʻaŋ⁴⁴
宝塔 pu²¹tʻap⁵	八 pet⁵	壳 kʻok⁵

与梧州话和平地瑶话相似的老借词：

	过山瑶话	梧州话	平地瑶话
斧头	pəu⁴⁴	pu³¹ tau³¹	pɣ¹³ ləu²¹
师傅	si³¹pəu³³（湘江）	si⁵¹ᐟ³³ pu⁴²⁴	sʅ⁴⁵ hɣ³³
分	pun³³	poẽ⁵¹	poŋ⁴⁵
放	poŋ²⁴	poŋ⁴²⁴	paŋ³³
网	muŋ¹³	miaŋ⁴⁴	maŋ⁴²
酒	tiu⁴⁴	tau⁴⁴	tɕiəu¹³
犁	lai³¹	lue³¹	lei²¹
中	tsoŋ³³	tsoŋ⁵¹	tsoŋ³³
老	lo¹³	lo⁴⁴	lɣ⁴²
宝	pu⁴⁴	po⁴⁴	pɣ¹³

新借词：

政府	tsin²⁴ fəu⁴⁴	干部	gen²⁴ bəu²¹
国家	kuək⁵ tɕia³³	群众	tɕʻyn³¹ tsuaŋ²⁴
电视机	tian²⁴ sʅ²⁴ ki³³	思想	fei³³ faŋ⁴⁴
出身	tsʻuet⁵ sin³³	礼貌	lei⁴⁴ mau²⁴
风俗	hoŋ³³ su³¹	道理	to²¹ lei¹³
经验	kin³³ ȵian²⁴	习惯	si³¹ kuen²⁴
建设	tɕian²⁴ sie²¹	土改	tʻu⁴⁴ kai⁴⁴
办法	pen²¹ fat⁵	技术	tsʅ²⁴ su²¹
生产	sẽ³³ tsʻan⁴⁴	科学	kʻo³³ ɕio³¹
政策	tsin²⁴ tsʻe³³	经济	kin³³ tsi⁴⁴
团结	dun²¹ kit⁵	教育	tɕiau²⁴ iu³¹
困难	kʻun²⁴ nan³¹	阶级	kai³³ ki³¹
表扬	piau⁴⁴ iaŋ³¹	革命	ket⁵ men³¹
胜利	sẽ²⁴ lei²¹	农业	noŋ³¹ ȵie³¹
共产党	tɕyaŋ³¹ tsʻan⁴⁴ taŋ⁴⁴	社会主义	sie²⁴ huei²⁴ tsu⁴⁴ ŋi²⁴
国庆节	kuo³¹ kʻin²⁴ tsiet²	元旦	yen³¹ tan²⁴

　　过山瑶话吸收新借词时并不是完全借用汉语的音节，而是仍旧要遵循自身的语音规律，所以借词中会有浊音声母、塞音韵尾等具有自己特色的借词读音，同时也从汉语借词中吸纳了一些过山瑶话里原来没有的音素，如"ẽ、ʅ"等。至于过山瑶话汉语借词的具体借入时间、历史层次等问题，值得做专题研究，本书暂不讨论。

　　梧州话、平地瑶话直接从过山瑶话中借来的词语是很少的，但我们通过对词汇材料的分析比较，却可以找到一些它们之间相同或相似的东西，这些相似点告诉我们，民族杂居地区不同方言词语之间的不断渗透，尤其是平地瑶话里的一些词语总是透露出它与过山瑶话丝丝缕缕的联系，更是折射出平地瑶话里深藏着的过山瑶话的痕迹。以下举例说明。

　　梧州话、平地瑶话与过山瑶话都相似的词语，例如：

	梧州话	平地瑶话	过山瑶话
棉花	poe²⁴	po⁴⁵·li	pui³¹
鸟窝	tɕiau⁴⁴ȵi³¹/³³nau⁵¹	lei¹³·li təu⁴²	no²¹ lau¹³
臭虫	pe⁵¹/³³tʻø⁵¹	pe⁴⁵	pi³³
桌子	tø³¹ pẽ³¹	la²¹·li	tie³¹
铁	tʻie⁵¹	tʻe⁴⁴	ntʻie⁵
扇车	xoŋ⁵¹/³³tɕʻie⁵¹	poŋ⁴⁵ tsʻu⁴⁵	pun³¹ tsʻie³³

米	moe⁴⁴	mei⁴²	m̥oe⁴⁴
苗儿	miəu³¹	miəu²¹	miu³¹
茄子	ɕie³¹ ti⁴⁴	ki²¹·li	kie³¹
豆	tau²⁴	təu²⁴	tɔp²
牛	ŋau³¹	ŋəu²¹	ŋoŋ³¹
狗	kau⁴⁴	kəu¹³	ku⁴⁴
箱子	ɕiaŋ⁵¹	ɕiaŋ⁴⁵·li	siaŋ³³ tsei⁴⁴
褥子	tiẽ²⁴ pi²⁴	tẽ²⁴ pæ³³	suan¹³/³¹ diem²¹
瓮	oŋ⁴²⁴	oŋ⁴⁵ m̥³³	oŋ²⁴
桶	tʻoŋ⁴⁴	tʻoŋ¹³	tʻoŋ⁴⁴
秃子	kyaŋ³³ tau³¹ lø⁴⁴	kua⁴² nɤ¹³ pø²¹	pu²¹goŋ²¹kyaŋ³³
脸	miẽ²⁴ pan⁴⁴	mẽ²⁴ tsʻa⁴⁵	m̥ian²¹
袜子	ma²⁴	ma²⁴·li	mat¹³
锅巴	pan²⁴/³¹ tiəu⁵¹	ləu¹³ mæ²⁴	tsʻen³¹ lau¹³
票子	tɕi⁴⁴ pʻiəu⁴²⁴	tsɿ¹³ pʻiəu³³	tsei⁴⁴/³¹ pʻiu²⁴
硬币	o³¹ ti⁴⁴	hø²¹ tsɿ¹³	hau³¹ tsei⁴⁴
亮	kuaŋ⁵¹/ liaŋ²⁴	kaŋ⁴⁵ / liaŋ²⁴	gyaŋ³³ / laŋ²¹
美	kuæ⁵¹	kua⁴⁵	kuæ³³
热闹	noŋ³¹ ȵie²⁴	nəu²⁴ ne³³	nau²¹ ŋik²
扔	kuan²⁴	kuə²⁴	kuaŋ³¹
爬山	pa³¹ san⁵¹	pa³¹ si⁴⁵	pa³¹ kem³¹
浮	pau³¹	pɤ²¹	biəu²¹
孵	po²⁴	pəu³³	puə²¹
走	tiəu⁴⁴ / ŋiaŋ³¹	tsəu¹³ / hi²¹	min³¹/iaŋ³¹

梧州话与过山瑶话相似的词语，例如：

	梧州话	过山瑶话
鸡爪	kəe⁵¹ ȵiau⁴⁴	tɕiai³³/³¹ ŋiəu⁴⁴
胡萝卜	uaŋ³¹lø³¹ pau²⁴	la³¹pa³¹wiaŋ³¹
煤	moe³¹	moei³¹
木炭	tʻan⁴²⁴	tʻan²⁴
上午	an⁵¹ an⁴²⁴	tau³¹ an²⁴
中午	ȵie²⁴/³¹tau³¹an⁴²⁴	loŋ³¹ an²⁴
下午	man⁴⁴an⁴²⁴	tei³¹ ȵie³¹ an²⁴
灌水	in⁴²⁴tiẽ³¹	ŋen²⁴

瓜	kua⁵¹	kua³³
柜子	kue²⁴	kuei²⁴
哥哥	ko⁵¹/³³ ko⁵¹	ko²⁴
扣子	k'au⁴²⁴/³³ ti⁴⁴	luei³³/³¹ k'au²⁴
帽子	mo²⁴	moə²¹
南	nan³¹	nan³¹
头（牛）	tau³¹	tau³¹
轻	xẽ⁵¹	hen³³
浓	noŋ³¹	nuŋ³¹
老	lo⁴⁴	lo¹³
善良	siẽ²⁴	sian²¹
骂	han⁴²⁴	hem²⁴
跌倒	to³¹ lo⁴²⁴	tɔp⁵ tɕien³³
蒸	tsaŋ⁵¹	tsaŋ³³
换	t'iəu⁴⁴	t'iu⁴⁴
缩	so⁵¹	sot⁵
腐朽	mau⁴⁴	mau⁴⁴
塌陷	paŋ⁵¹	baŋ³³

平地瑶话与过山瑶话相似的词语，例如：

	平地瑶话	过山瑶话
丝瓜	laŋ¹³tsæ¹³ku⁴⁵	lai³³/³¹dzei²⁴
鸡蛋	ki⁴⁵ laŋ³³ kø³³	kau²⁴
傻子	soŋ²¹ næ²¹ kø²⁴	soŋ²¹ tsei⁴⁴
月亮	ue²⁴ liaŋ²⁴ kaŋ⁴⁵	nt'a²⁴/³¹ kyaŋ³³
开水	pæ⁴⁴ su¹³	uam⁴⁴poe²⁴
打水	pəu¹³ su¹³	pot⁵ uam³³
庄稼	iaŋ²¹ tsʅ⁴⁵	iaŋ²¹ ts'un³³
猫	miəu²¹mi³³	miəu²⁴
窖	kiəu³³	kiəu²⁴
东家	tsi¹³ ku⁴⁵	pau⁴⁴/³¹ tɕiəu⁴⁴
父亲	ta²¹ ta²⁴	ta²⁴
肋骨	lu²⁴ sẽ³³ ku⁴⁴	lak⁵ sen³³ boŋ⁴⁴
肺	p'əu³³	p'om³³
屎	kæ²⁴	gai⁴⁴
汗	haŋ²⁴	fian²¹
眼镜	ȵi⁴² tsʅ³³	muə³¹ tsiəu²⁴

围巾	uei²¹ kiəu¹³ la³³	sai³¹ tɕien³¹ kʻəu³³
包（糖）	piəu⁴⁵	piəu³³
亩	məu⁴⁴	məu¹³
短	laŋ¹³	laŋ⁴⁴
圆	kuaŋ²¹	kun³¹
红	su³³	si⁵
重	tei⁴²	ntʻie⁴⁴
焦	ləu¹³	lau¹³
密	mæ²⁴	mak²
饱	piəu¹³	piəu⁴⁴
傻	soŋ⁴²	soŋ³¹
大方	ta²⁴ liaŋ²⁴	təŋ²¹ luaŋ²¹
小气	sei¹³ liaŋ²⁴	fiu⁴⁴ luaŋ²¹
藏（人）	pəu²⁴	pin²⁴
等	tsəu¹³	tsuə⁴⁴
会	ha²⁴	ɦai²¹
流	liəu²¹	liəu³¹
破	pia³³	bai²⁴
落下	lo²⁴	lot² ʑie²¹
在	i⁴⁵	iem³³

第五章　语法的比较研究

第一节　词类的对比分析

一、方位名词、时间名词

（一）方位名词

1. 梧州话

表示"左边、右边、旁边"都用"边 piẽ^{51}"，但表示"前边、后边"却不用"边"，"前边"说成"门前 muẽ^{31} siẽ^{51}"，"后面"说成"背底 poe$^{424/33}$ lue^{44}"。

同样是表示下方，有不同的表示法："下面、地下"用"下 ia^{24}（miẽ^{24}）"，例如：下面 ia^{24} miẽ^{24}、地下 ti^{24} ia^{24}。"桌子下、山下、脚下、楼下、床下"都用"底 lue^{44}"，例如：台盘底 tø^{31} pẽ^{31} lue^{44} 桌子下、山底 san^{51} lue^{44} 山下、脚底 kiau^{44} lue^{44} 脚下、楼底 lau^{31} lue^{44} 楼下、床底 ɕyaŋ^{31} lue^{44} 床底下。表示"碗底儿、锅底儿、缸底儿"也都用"底 lue^{44}"。

2. 平地瑶话

表示"左边、右边、旁边"都用"边 pẽ^{45}"，但表示"前边、后边"也不用"边"，"前边"说成"眼面前 ȵi^{42} mẽ^{24} tsæ^{21}"，"后面"说成"底背□ lei^{13} pu^{33} sɿ^{13}"。

表示下方都用"□下 ha^{21} hu^{42}"，例如：□下 ha^{21} hu^{42} 下面、台哩□下 la^{21} li^{45} ha^{21} hu^{42} 桌子下、山□下 m'^{21} ha^{21} hu^{42} 山下、脚□下 ki^{44} ha^{21} hu^{42} 脚下、□ □下 lø^{21} ha^{21} hu^{42} 床底下、楼□下 ləu^{21} ha^{21} hu^{42} 楼底下。而表示"碗底儿、锅底儿、缸底儿"就和下方不同，用"底 lei^{13}"，例如：碗底 aŋ^{13} lei^{13}、缸□底 oŋ^{33} m^{21} lei^{13}。"锅底"说"ts'i^{45} sɿ^{21} p'a^{13}"。"地下"和"地上"表示方法相同：tæ^{24} ləu^{21} saŋ^{33}，不用"□下 ha^{21} hu^{42}"。

"pɤ^{33}"相当于"里"，如：里面 pɤ^{33} ki^{33}、心里 sei^{45} pɤ^{33}、手骨里 səu^{13} ku^{44} pɤ^{33}。

表示"外面"用"mei^{24} tsæ^{21} 外前"，和"前面"同样用"前"来表示外面的方位。"中间"说成"tsoŋ^{45} lø^{42}"，"lø^{42}"本字待考。

3. 过山瑶话

表示"左边、右边、前边、后边、旁边"都用"面 meŋ^{24}"，例如：tsai^{24} meŋ^{24} 左面、

biau²¹ meŋ²⁴ 右面、daŋ²¹meŋ²⁴ 前面、ga²¹ ɦa⁴⁴ meŋ²⁴ 背面（后面）、kɣ³¹nt'ien³³meŋ²⁴ 旁面。"面 meŋ²⁴"应该是汉语借词。在表示"上面、下面、里面"时就用固有词"uək⁵"，例如：uək⁵ tɕ'ia⁴⁴ 上面、uək⁵ dia²⁴ 下面、uək⁵ ȵioə¹³ 里面。"外面"有两种说法：ŋie³¹ meŋ²⁴ 和 ȵie³¹fua⁵。湘江过山瑶话"上面、下面"分别说成"fao²⁴meŋ²⁴、dzi²¹meŋ²⁴"。固有词"uək⁵"和借词"面 meŋ²⁴"各司其职，多数词中使用借词，少数词里仍保留固有词。

表示"下方"也有两种方法，"下面"用"uək⁵ dia²⁴"，"桌子下、山下、脚下"用"die⁴⁴"，例如：tie³³/³¹ die⁴⁴ 台底（桌子下）、tsau³¹ die⁴⁴ 脚底（脚下）。"山下"两岔河说"kem³¹ tɕiuɛ⁵"，湘江说"ken⁴² di⁴⁴"。

表示"上方"也是有固有词和借词之分，例如：luŋ³³tsaŋ²¹ 天上（天上）、tie³³min³¹tsaŋ²¹ 台面上（桌子上）。再如：pu²¹koŋ²⁴ ŋai²¹ 头 上（头上）、tsin³¹ŋai²¹ 墙上（墙上）。"ŋai²¹"是固有词，"tsaŋ²¹"是借词。"墙上"湘江过山瑶话也说"tsin⁴²tsaŋ²¹"。

"ȵioə¹³"相当于"里"，例如：ɦiəu²⁴ ȵioə¹³ 心里、ɦo²¹tsei⁴⁴kei³¹ȵioə¹³ 盒子里、diaŋ²⁴/²¹loŋ³¹ ȵioə¹³ 树林里、kin²⁴kai³¹ȵioə¹³ 镜子里。后面三个名词和方位词"里"之间还在组合时加进去了一个词"kei³¹、loŋ³¹、kai³¹"，这些音节都是没有实在意义的虚词，"树林"过山瑶话说"diaŋ²⁴/²¹kem²¹"，"镜子"说"kin²⁴"，这种名词与方位名词组合时加入虚词的现象在梧州话和平地瑶话中没有。湘江过山瑶话里也不加虚词，例如：ɦo²¹tsei⁴⁴ȵiu³³ 盒子里、diaŋ²⁴/²¹ken²¹ȵiu³³ 树林里、tɕin²⁴tsei⁴⁴ȵiu³³ 镜子里。湘江过山瑶话的方位词的用法比两岔河更接近梧州话和平地瑶话。

（二）时间名词

（1）前天、大前天、大后天。过山瑶话中这几个时间名词的表示方法和梧州话、平地瑶话很不相同。梧州话、平地瑶话都与普通话的相似。梧州话：sẽ⁵¹/³³ȵio³¹/⁵¹ 先日、tæ²⁴sẽ⁵¹/³³ȵio³¹/⁵¹ 大先日、tæ²⁴au²⁴ȵio³¹/⁵¹ 大后日。平地瑶话：tsẽ²¹næ²⁴pø⁴² 前日晡、ta²⁴tsẽ²¹næ²⁴pø⁴² 大前日晡、ta²⁴ho⁴⁵næ²⁴pø⁴² 大后日晡。过山瑶话有些特别，不用"大"，"大后天"也和"今天、明天、昨天、后天"结构相同，说成"tsəu²¹nt'oe³³"。"前天"却和这些词结构不同，说成"ŋei³¹nt'oe³³nt'oe³³"，表示"日"的"nt'oe³³"重复出现。"大前天"又不同，说成"tsin³¹ŋei³¹nt'oe³³"。

（2）明天、明年。梧州话这两个时间名词中都用"明 mẽ³¹"，例如：mẽ³¹ȵiẽ³¹ 明年、mẽ³¹ȵio³¹/⁵¹ 明日（明天）。而平地瑶话、过山瑶话这两个词的表示不一样，平地瑶话分别是：ts'aŋ³³næ³³ □ 日、su⁴⁵nẽ⁴⁵ □年。过山瑶话：dziaŋ³³nt'oe³³（明天）、gai²¹nt'iaŋ²⁴（明年）。"ts'aŋ³³"和"dziaŋ³³"很相似。

（3）上午、中午、下午。表示这三个时间名词时，梧州话和过山瑶话都用了相近的语素："an⁴²⁴"和"an²⁴"。如梧州话分别是：an⁵¹ an⁴²⁴、ȵie²⁴/³¹tau³¹an⁴²⁴、man⁴⁴an⁴²⁴。过山瑶话分别是：tau³¹ an²⁴、loŋ³¹ an²⁴、tei³¹ ȵie³¹ an²⁴。平地瑶话则用语素"哺 pø⁴⁵"。

（4）白天、夜晚、黄昏。这几个词的表示上三种方言都各有特色，梧州话有的很书面化，例如：夜头 ie²⁴ to³¹ 夜晚、白日 pia²⁴/³¹ȵio³¹/²⁴ 白天。有的很形象、生动，例如：日头落岭 ȵie²⁴/³¹tau³¹lyæ²⁴/³¹lẽ⁴⁴/²⁴ 黄昏；平地瑶话以光线的明暗来加以区分，例如：白口天光 pu²⁴naŋ⁴²tʻẽ⁴³kaŋ⁴⁵ 白天、煞黑边 sa⁴⁵həu⁴⁴pẽ⁴⁵ 黄昏、黑夜 həu⁴⁴io²⁴ 夜晚；过山瑶话有共同的词头和词尾，例如：loŋ³¹ntʻoe³³dzan²¹ 白天、loŋ³¹man³¹ moaŋ²⁴ 黄昏、loŋ³¹moen⁴⁴dzan²¹ 夜晚。"loŋ³¹"是词头，"dzan²¹"是词尾。湘江过山瑶话说成：lu⁴²ntʻue³³tsan³¹ 白天、lu⁴²man³³m̥oŋ²⁴ 黄昏、lu⁴²muen³³tsan³¹ 夜晚。"下午、中午"也用词头"lu⁴²"，例如：lu⁴²an²⁴ 中午、lu⁴²man³³ 下午。另外，词尾"tsan³¹"也用在表示"季节"的词语里，例如：tsʻun³¹tsan³¹ 春天、ha²¹tsan³¹ 夏天、tsʻiəu³³kuei²⁴ 秋天。"冬天"不同，说成"冬月 təŋ⁴² ntʻa²⁴"。

（5）表示星期、干支、节日的时间名词，在过山瑶话里都是用的借词，与梧州话、平地瑶话相似。例如：

	子	卯	申	端午节	中秋节
梧州话	ti⁴⁴	mau⁴⁴	suẽ⁵¹	lue⁵¹/³¹ŋ⁴⁴tie⁵¹	tsoŋ⁵¹/³³tʻau⁵¹tie⁵¹
平地瑶话	tsʅ¹³	məu¹³	sʅ⁴⁵	laŋ⁴⁵ŋø⁴²tse⁴⁴	pa⁴⁴ŋue⁴⁴sʅ²⁴ŋø⁴²
过山瑶话	tsei⁴⁴	mau¹³	sien³³	tuan³³u⁴⁴tsit⁵	tsoŋ³³tsʻiəu³³tsit⁵

（6）平地瑶话在"月"前加量词"个"后，"月"后还得加上"日 næ³³"，这是梧州话、过山瑶话里都没有的。例如：

一只月日　　zʅ⁴⁵ tso¹³ ŋue²⁴ næ³³　　一个月

头只月日　　ləu²¹ tso¹³ ŋue²⁴ næ³³　　上个月

这只月日　　a²⁴ tso¹³ ŋue²⁴ næ³³　　这个月

下只月日　　hu⁴² tso¹³ ŋue²⁴ næ³³　　下个月

每只月日　　hu⁴² tso¹³ ŋue²⁴ næ³³　　每个月

梧州话"月"前加量词"个 laŋ⁵¹"，过山瑶话加量词"个 lom³³"，很相似。

（7）过山瑶话有些时间名词的表示很有特色，和平地瑶话与梧州话不同。例如：

fin³¹ daŋ²¹ uək⁵ lom³³ ntʻa²⁴　　上个月
先　前　　个　月

ɦo²¹ fin³¹ daŋ²¹ uək⁵ lom³³ ntʻa²⁴　　上上个月
还　先　前　　个　月

zie²¹ min³¹ uək⁵ lom³³ ntʻa²⁴　　下个月
下　行　　个　月

tsoe⁴⁴ ʑie²¹ min³¹ uək⁵ lom³³ ntʻa²⁴　下下个月
　再　　下　行　　个　月

过山瑶话这些时间名词里用了与方位词"上面、下面"中相同的词头"uək⁵",而且量词"个"放在词头和名词之间,这些都很特别。梧州话和平地瑶话都是像普通话一样重复"上"和"下"。

再如,过山瑶话"日"单用时是"ntʻoe³³","次日"也说"ga²¹ fia⁴⁴ntʻoe³³",但与十以上的数词组合时要加上词头"uək⁵",例如:

tsiəp² iet² uək⁵ ntʻoe³³　十一日　　　tsiəp² luək² uək⁵ ntʻoe³³　十六日
十　一　　日　　　　　　　　　十　六　　日

ȵi¹³ tsiəp² uək⁵ ntʻoe³³　二十日　　　fa³¹ tsiəp² uək⁵ ntʻoe³³　三十日
二　十　　日　　　　　　　　　三　十　　日

十以内的在数词前加"初 sen³¹"。

还有,"早上　i³¹dom³³ / loŋ³¹dom³³"与"今天"等时间名词组合时会在后面加上形容词"早",例如:

i³¹ ntʻoe³³ loŋ³¹ dom³³ dʑiəu²⁴　今天早上
今　天　　早晨　　　　　早

a³¹ntʻoe³³loŋ³¹dom³³dʑiəu²⁴　昨天早上
昨　天　　早晨　　　　　早

dʑiaŋ³³ ntʻoe³³ loŋ³¹ dom³³ dʑiəu²⁴　明天早上
明　　天　　早晨　　　　　早

二、形容词

1. 平地瑶话

平地瑶话形容词的生动形式有多种形式,例如:

很热：hy⁴² ne²⁴ e⁴⁴　好热　　　səu²⁴ li⁴⁵ ky³³ ne²⁴　熟哩咯热
　　　ne²⁴ sæ¹³ ŋ²¹　热死人

很亮：tsei²⁴ kaŋ⁴⁵ e⁴⁴　最光

很齐：tsei³³ tsu²⁴　最□

很苦：tsei²⁴ kʻø¹³ e⁴⁴　最苦

很酸：tsei²⁴ saŋ⁴⁴ e⁴⁴　最酸

很臭：tsei²⁴ tsəu³³ e⁴⁴　最臭

很甜：lẽ²¹ tɕiu⁴⁵e⁴⁴　甜精

很平：piu²¹ tʻaŋ⁴² e⁴⁴　平坦

很烂：tsɣ⁴² tsɣ⁴² mɣ⁴² mɣ⁴²

（东西）很重：sæ¹³ tei⁴² sæ¹³ tei⁴²　　死重死重

（伤）很重：mi¹³ tei⁴²　蛮重

贵　ku³³ saŋ³³　太贵（这种形式详见第二节状中次序）

2. 梧州话

梧州话形容词的生动形式以 BBA 式为主，例如：

很硬：piaŋ⁵¹ piaŋ⁵¹ᐟ³³ ŋẽ²⁴　　绑绑硬

很香：pʻuẽ²⁴ pʻuẽ²⁴ ɕiaŋ⁵¹　　喷喷香

很淡：pʻie⁵¹pʻie⁵¹ tan²⁴　　□□淡

很苦：le⁵¹ le⁵¹ᐟ³³ fu⁴⁴　　□□苦

很甜：tʻẽ⁵¹ tʻẽ⁵¹ tiẽ³¹　　□□甜

很湿：le⁵¹ le⁵¹ suo⁵¹　　□□湿

很轻：mau⁵¹ mau⁵¹ᐟ²⁴ hẽ⁵¹　　□□轻

很黑：mau³¹ mau³¹ hau⁵¹　　□□黑

很松：mau³¹ mau³¹ soŋ⁵¹　　□□松

　　　la²⁴ la²⁴ soŋ⁵¹　　捞捞松

很瘦：kẽ⁵¹ᐟ³³kẽ⁵¹ᐟ³³ sau⁴²⁴　　精精瘦

很黄：nẽ⁴⁴ nẽ⁴⁴ uaŋ³¹　　嫩嫩黄

也还有别的形式，例如：

咸苦　an³¹ fu⁴⁴　很咸

最臭　tue²⁴ tsʻau⁴²⁴　很臭

□了要死　ŋa²⁴ liəu⁴⁴ iəu⁴²⁴ᐟ²⁴ si⁴⁴　很酸

热□要命　ȵie²⁴ la⁴⁴ iəu⁴²⁴ᐟ²⁴ mẽ²⁴　很热

甜入心　tiẽ³¹ ȵio²⁴ suan⁵¹　很甜

好好　xo⁴⁴ xo⁴⁴　很好

这样亮　ku³¹ kʻe⁴⁴ liaŋ²⁴　很亮

这样干　ku³¹ kʻe⁴⁴ kuẽ⁵¹　很干

这样瘦　kʻe⁴⁴ iaŋ²⁴ sau²⁴　很瘦

倍样碎　pʻoe⁴⁴ iaŋ²⁴ sue⁴²⁴　很碎

3. 过山瑶话

过山瑶话最常见的生动形式是"好 A"式，这是从当地江华官话里借来的形式。过山瑶话也有一些其他的形式，AA 式、ABB 式、BBA 式、AABB 式，等等，例如：

pẽ³¹ pẽ³¹ 很平
平 平

nun²⁴ nun²⁴ 很嫩
嫩 嫩

gyaŋ²¹ dzau³¹ dzau³¹ 很高兴
欢 愁 愁

gyaŋ³³ t'ok⁵ t'ok⁵ （月亮）很亮
光 托 托

buei³¹ buei³¹/³³ fai²⁴ 很细小

ei³¹ ei³¹ wiŋ³¹ wiŋ³¹ 轻轻飘飘

buŋ³¹ buŋ³¹ bien³¹ bien³¹ 欢欢喜喜

piaŋ³¹ piaŋ³¹ luək² luək² 花花绿绿

məu³¹ man¹³ k'ok⁵ 很阔
无 万 阔

məu³¹ man¹³ ku³³ 很高
无 万 高

kiek⁵ iəu²¹ əu³³ 很黑
黑 又 乌

tɕyaŋ⁴⁴ tuk⁵ oe²⁴ tai²¹ 很冷
冷 得 要 死

tɕyaŋ⁴⁴ hai²¹ 很冷
冷 很

hau⁴⁴ tɕyaŋ⁴⁴ 很冷
好 冷

kyaŋ⁴⁴ kyaŋ⁴⁴ （脸）很宽
宽 宽

fai²⁴ iem³¹ iem³¹/³³ 很细小

三、数词

梧州话和平地瑶话的数词与过山瑶话的数词差别较大。

（1）梧州话和平地瑶话的基数从 1 到 10 只有一套：

	1	2	3	4	5	6	7	8	9	10
梧州话	io⁵¹	ȵi²⁴	san⁵¹	si⁴²⁴	ŋ²⁴	lo²⁴	t'o⁵¹	pa⁴²⁴	tsau⁴⁴	suo²⁴
平地瑶话	ʐ̩⁴⁴	næ²⁴	su⁴⁵	sæ²⁴	ŋø⁴²	liəu²⁴	ts'æ⁴⁴	pa⁴⁴	kiəu¹³	s̩²⁴

过山瑶话的基数从 1 到 9 有两套，见下：

	1	2	3	4	5	6	7	8	9
第一套	iet⁵	i³³	puə³³	pei³³	pa³³	ku⁵	sie²¹	ʑie²¹	duə²¹
第二套	iet²	n.ie²¹	fam³³	fei²⁴	ŋ'¹³	luək²	ts'iet⁵	pet⁵	tɕiuə⁵

tsiəp² "十" 只有一种说法。

第一套是过山瑶话固有的, 第二套应该是借自汉语的。固有的基数词的使用范围已经很有限, 一般只在单独表示十以内的基数时才用, 十以内的基数与量词、时间名词"月""星期"等、词头"初""第"等组合时都不用第一套, 而用第二套。例如:

四月　fei²⁴ nt'a²⁴　　　　星期一　sin³³ k'i³³ iet²
七月　ts'iet⁵ nt'a²⁴　　　星期三　sin³³ k'i³³ fam³³
九月　tɕiuə⁵ nt'a²⁴　　　星期五　sin³³ k'i³³ ŋ'¹³
一斤　iet² tɕian³³　　　　三个（鸡蛋）　fam³³ lom³³
初八　sen³¹ pet⁵　　　　　第六　　tei²¹ luək²

"一月"要说成"正月 tsi³¹ nt'a²⁴", "三月"要说成"fa³¹ nt'a²⁴", "fa³¹"是"puə³³/fam³³"之外的第三种说法。"一个月"要说成"iet⁵/² nt'a²⁴ n.ie²¹", "月"后要加"n.ie²¹", "一"要变调。此外, 没有量词时十以内基数词一般用固有的, 例如: 四季 pei³³ kuei²⁴、三年 puə³³ nt'iaŋ²⁴、五岁 pa³³nt'iaŋ²⁴。

（2）十位以上的数梧州话和平地瑶话都用 1 到 9 的基数与"十"组成。过山瑶话用第二套数词与 tsiəp² 组成, 例如:

十一　tsiəp² iet²　　　　四十　fei²⁴ tsiəp²
十四　tsiəp² fei²⁴　　　 五十　ŋ'¹³ tsiəp²
十七　tsiəp² ts'ie⁵　　　六十　luək² tsiəp²
四十一　fei²⁴ tsiəp² iet²　四十三　fei²⁴ tsiəp²fam³³

"三十"有点特别, 也用"fa³¹", 如: fa³¹ tsiəp²。比较特殊的还有"二", 它也有五种读音: i³³、n.ie²¹、n.i¹³、ŋi³³、ŋi³¹。"二"用"i³³", "十二"里用"n.ie²¹", "二十"里用"ŋi³³"或"n.i¹³", "二十"后面如果还带有数目, "ŋi³³"要变调读成"ŋi³¹"。"二百"里用"i³³"。梧州话和平地瑶话没有这样的差别。例如:

十二　　tsiəp² n.ie²¹
二十　　ŋi³³ tsiəp² / n.i¹³ tsiəp²
二十一　ŋi³¹ tsiəp² iet² / n.i¹³ tsiəp² iet²
二十二　ŋi³¹ tsiəp² n.ie²¹ / n.i¹³ tsiəp² n.ie²¹
二十三　ŋi³¹ tsiəp² fam³³ / n.i¹³ tsiəp² fam³³

"二"与量词组合时, 梧州话和平地瑶话都改用"两", 而过山瑶话仍用"i³³"。例如:

　　　　i³³ tɕian³³ pien²⁴　两斤半　　　　i³³ ton³³/³¹ tie²⁴　两父子

二　斤　半　　　　　　　　　二　子　父
　　　i³³ ɡo²⁴ 两夫妻　　　　　　　n̠in³¹ puə³³ i³³ lan³¹ 他俩
　　　二　丈夫　　　　　　　　　　他　们　二　个

梧州话和平地瑶话用"两",例如:
平地瑶话:两公婆　liaŋ⁴² koŋ⁴⁵ pu²¹　夫妻俩
　　　　　我两人　ioŋ⁴² liaŋ⁴² ŋ²¹　我们俩
　　　　　两斤半　liaŋ⁴² ki⁴⁵ paŋ³³
梧州话:　两夫妻　liaŋ⁴⁴ fu⁵¹/³³ t'ø⁵¹　夫妻俩
　　　　　两子父　liaŋ⁴⁴ ti⁴⁴ pu²⁴　父子俩
　　　　　两斤半　liaŋ⁴⁴ tsuẽ⁵¹/³³ puẽ⁴²⁴

(3) 过山瑶话"百""千"前面的"一"和"二"用第一套数词,"三"以上用第二套数词,例如:

iet⁵ pet⁵　一百　　　　　　i³³ts'in³³ fei²⁴pet⁵　二千四百
一　百　　　　　　　　　　二　千　四　百
fam³³ pet⁵　三百　　　　　fei²⁴ts'in³³ŋ'¹³pet⁵　四千五百
三　百　　　　　　　　　　四　千　五　百

(4) 过山瑶话"一百""一千""一万"后面如果还有一个整数,像"一百几十""一千几百""一万几千",这时前面的"一"和后面的"十、百、千"都可以省略,例如:

iet⁵ pet⁵ n̠i¹³tsiəp²　一百二十
一　百　二　十
也可以说成:
pet⁵ n̠ie²¹　一百二十
百　二
iet⁵ts'in³³fei²⁴pet⁵　一千四百
一　千　四　百
也可以说成:
ts'in³³fei²⁴　一千四百
千　四

(5) 梧州话、平地瑶话和过山瑶话里像"八万四千、三千一百、四百五十"这样的数目,最末一位数词都可以省掉,例如:

	八万四千	三千一百	四百五十
过山瑶话	pet⁵wan²¹fei²⁴	fam³³ts'in³³iet²	fei²⁴pet⁵ŋ'¹³
梧州话	pa⁴²⁴/³³uan²⁴si⁴²⁴	san⁵¹/³³t'iẽ⁴⁵io⁵¹	si⁴²⁴/³³pia²⁴ŋ²⁴
平地瑶话	pa⁴⁴ui²⁴sæ³³	su⁴⁵ts'ẽ⁴⁵z̩⁴⁴	sæ³³pu⁴⁴ŋø⁴²

（6）梧州话、平地瑶话和过山瑶话都用"零"，但用法稍有不同。过山瑶话里"零"后面的个位数"一"用第一套数词，其他仍用第二套数词，例如：一百零一　iet⁵ pet⁵ lin³¹iet⁵。有的数目一般不加"零"的，但过山瑶话里也可以加"零"，例如：

fei²⁴ts'in³³ŋ'¹³pet⁵　四千五百
四　千　五　百
也可以说成：
fei²⁴ ts'in³³　lin³¹ ŋ'¹³ pet⁵　四千五百
四　千　零　五　百

（7）表示序数时梧州话、平地瑶话和过山瑶话都是在基数词前加"第"，过山瑶话也是在借用的这套基数词前加"第"。过山瑶话"第末"有两种说法：tei²¹ man⁴⁴、tsui²⁴ tuei⁴⁴。前者与梧州话、平地瑶话相似，后者是过山瑶话固有的。

在表示人的排行时，三种方言都用"老"，"老幺"的称法都相似，梧州话"lo⁴⁴/³¹ man²⁴"，平地瑶话"lɤ⁴² mæ⁴²"、过山瑶话"lo³¹ man¹³"，过山瑶话和梧州话很接近。但"老大"中过山瑶话就保留了瑶语的特色，说成"ton³³/³¹ nt'o³³　子大"。平地瑶话也说"ta²⁴ lɤ⁴² 大老"，"老二"也说成"sei³³ lɤ⁴² 细老"，从这里可以看到平地瑶话中残存的瑶语语序特点。用"细"来表示排行第二，这也是梧州话和过山瑶话里没有的。

此外，"二百五"通常既可表数目，也可表示"傻子"。平地瑶话中说成"二五百　næ²⁴ ŋø⁴² pu⁴⁴"，梧州话和过山瑶话的次序与普通话相同，这也反映着平地瑶话语序上的特色。

四、量词

（1）同样是表示单个的数量，梧州话、平地瑶话和过山瑶话都要用不同的量词来表示人的单个数量和事物的单个数量，例如：

梧州话：　个（人）　ko⁴²⁴　　粒（鸡蛋）laŋ⁵¹　　粒（瓜）laŋ⁵¹
平地瑶话：个（人）　n'⁴⁵　　　粒（鸡蛋）læ⁴⁴　　粒（瓜）læ⁴⁴
过山瑶话：个（人）　lan²¹　　　个（鸡蛋）lom³³　　个（瓜）lom³³

在三种方言中，"laŋ⁵¹""læ³³""lom³³"都是通用型量词，有许多的除"人"以外的名词能够与之搭配。例如涛圩梧州话有 130 个名词能和"粒 laŋ⁵¹"搭配，像"米、扣子、苹果、包子、眼睛、拳头、喇叭、书包、枕头、手表、月亮、茶壶、轮子、窗子、商店、水库、办法、故事、字、道理，等等（罗昕如，2003）。平地瑶话和过山瑶话也是如此，能和"粒 læ³³"搭配的像"米、种、豆、西瓜、梨哩、枣哩、橘哩、盒哩、瓶哩、桶、洗面盆、灯笼、鼻头、手哩骨手指、脚哩骨脚趾头、包子、笠头斗笠、手表、书包、球、本子、奖章"，等等，平地瑶话的这个通用量词还进一步虚化为词尾，放在一些含有"颗粒状、圆球形"等语义特征的名词中，例如：

桐油粒　loŋ²¹iəu²¹læ⁴⁴　桐子

枇杷粒　pe²¹pu²¹læ⁴⁴　枇杷

过山瑶话的"lom³³"搭配的范围也很广，例如：山、星、洞、学校、庙、菩萨、井、米、苹果、豆、花生、秤、桶、碗、缸、饼、字、书包、手表、球、哨、帽子，等等，个别动物名词也能和"lom³³"搭配，例如：iet² lom³³ no²¹ 一只鸟。而梧州话和平地瑶话以及周边的江永、道县、宁远等地土话中的这个通用量词，都不用来和动物名词搭配。

周边的湘南土话这个"粒"字都读单元音[a][ɛ]或[ə]，与平地瑶话相似，惟独梧州话的"粒 laŋ⁵¹"却读后鼻音韵母，而这个音节本字应该就是"粒"，可能是内部自身的语音规律和外部瑶语的影响共同作用，才形成了这个特殊的读音。深摄舒声字码市梧州话读[aŋ]和[iaŋ]，小圩梧州话读[uan]，岭西梧州话多数读[uẽ]和[uan]，但少数白读音中有后鼻音的读法，如：林 lyaŋ²⁴、音 yaŋ⁵¹、阴 yaŋ⁵¹。两岔河过山瑶话这个量词读"lom³³"，湘江过山瑶话读"loŋ³³"，过山瑶话中后鼻音的读法影响并拉动着梧州话的入声字"粒"朝着鼻音的方向走，最后梧州话的"粒"还是被拉动了，但又不完全受制于瑶语，而是沿着自身的规律向前走，才导致了今天这样的局面。

（2）梧州话、平地瑶话和过山瑶话都有一些各具特色的量词，举例见下。

梧州话：一缸钱　io⁵¹/³³kyaŋ⁵¹/³³siẽ³¹　一笔钱（因为旧时的毫子都是用箱子装的，用"缸"作量词，极言钱多。）

　　　　一架车　io⁵¹/³³ ka⁵¹ tɕ'ie⁵¹　一辆车（跟"一架飞机"量词相同）
　　　　一领裳　io⁵¹/³³ lẽ⁴⁴ san⁵¹　一件衣服（用衣领来给衣服计数）
　　　　一□米　io⁵¹/³³ kua⁴⁴ moe⁴⁴　一把米

平地瑶话：一起□□衣　zɿ⁴⁴ hi¹³ po³³ȵiaŋ²¹æ⁴⁵　一身棉衣
　　　　一架车　zɿ⁴⁴ ko³³ ts'u⁴⁵　一辆车
　　　　一条□椅凳　zɿ⁴⁴ lei²¹p'a²¹ i⁴⁵ loŋ³³　一把椅子
　　　　一□（香、脑毛）　zɿ⁴⁴m̩¹³（ɕiaŋ⁴⁵、ny¹³ my²¹）　一子儿香、一根头发
　　　　一领衣　zɿ⁴⁴ liu¹³ æ⁴⁵　一件衣服
　　　　一路字　zɿ⁴⁴ lø²⁴ tsɿ²⁴　一行字
　　　　一□雪　zɿ⁴⁴ tɕiaŋ²¹sɿ⁴⁴　一堆雪
　　　　一□饭　zɿ⁴⁴ ləu²¹ mæ²⁴　一碗饭
　　　　一□酒　zɿ⁴⁴ tɕiu⁴⁵ tɕiəu¹³　一坛子酒

过山瑶话：一头鱼　iet² tau³¹ bau¹³　一条鱼
　　　　一颗针　iet² k'u²⁴ siem³³　一根针
　　　　一条歌　iet² tiu³¹dzoŋ³³　一首歌
　　　　一条肉　iet² tiu³¹ tsu⁴⁴　一块肉
　　　　一番床　iet² p'an³³ suaŋ¹³　一床被子
　　　　一块树叶　iet² k'uai⁴⁴ diaŋ²⁴/²¹ nom²¹　一片树叶

一□ 鞋　iet² len³¹ fie²¹　　一双鞋

（3）梧州话、平地瑶话和过山瑶话量词使用时有共同的特点：名量词跟数词或指示代词结合来修饰名词，例如：

	一座桥	这棵树
梧州话	io⁵¹ sø²⁴ kiəu³¹	ku³¹ kẽ⁵¹ mo²⁴
平地瑶话	ʐʅ⁴⁴ tɤ⁴² ki²¹	a²⁴ ləu⁴⁵ mø²⁴
过山瑶话	iet² tso²¹ tɕiəu³¹	nai⁴⁴ tiu³¹ diaŋ²⁴

量词能够重叠，重叠后表示"每一"，例如：

	个个	回回（每次）
梧州话	ko⁴²⁴/²⁴ ko⁴²⁴	ue³¹ ue³¹
平地瑶话	læ³³ læ³³	fi⁴⁵ fi⁴⁵
过山瑶话	lan²¹/²⁴ lan²¹	dzun²¹ dzun²¹

五、代词

1. 人称代词

（1）梧州话、平地瑶话和过山瑶话三身代词的复数形式都是在单数形式后面像普通话一样加一个音节构成的，梧州话是"子 ti⁴⁴"，平地瑶话是"哩 li³³"，过山瑶话是"puə³³"，例如：

	梧州话	平地瑶话	过山瑶话
我	ŋu⁴⁴	ioŋ⁴²	ie³³
我们	loŋ⁵¹ ti⁴⁴	no²¹ li³³	ie³³ puə³³
你	ȵi⁴⁴	ŋ̍⁴²	moei²¹
你们	ȵi⁴⁴/²⁴ ti⁴⁴	ŋ̍⁴² li³³	moei²¹ puə³³
他	ky³¹ 渠	li¹³	ȵin³¹
他们	ky³¹/³³ ti⁴⁴	li¹³ li³³	ȵin³¹ puə³³

梧州话和平地瑶话的第一人称单、复数之间还有语音的内部屈折的变化，梧州话声母由舌根鼻音变成了舌尖中边音，韵母由单元音变为后鼻音韵母。平地瑶话声母由零声母变成舌尖中鼻音，韵母由后鼻音变成单元音。特别值得一提的是，梧州话复数人称代词用"子"尾表示，平地瑶话的"哩"也就是平地瑶话中的"子"尾，也用来表示人称

的复数,这种用"子"尾来表示人称复数的现象在周边的湘南土话中是不多见的。还有一点和多数湘南土话不同的是,很多土话单数人称代词声调的调值会因为内部感染而变得相同,导致出现不符合规律的读法,而梧州话和平地瑶话三身代词调值不相同,梧州话都是符合规律的读音,平地瑶话"我""你"调值都合规律,"他"却有些特别,拿它与过山瑶话比较,倒有几分相似,从这里我们又能看到平地瑶话隐藏的瑶族色彩。

(2)过山瑶话第一人称代词复数形式有排除式和包括式之分,类似于普通话的"我们"和"咱们","我们 ie³³puə³³"是排除式,"咱们 puə³³"是包括式。"puə³³"除了可以放在人称代词后面表示复数外,还可以放在"人称代词+亲属称谓词"这样的结构后面表示多数。例如:

ie³³nau¹³puə³³　我舅舅他们(包括舅母及其他家属)

ie³³ko²⁴puə³³　我哥哥他们(包括嫂子及其他家属)

"自己"过山瑶话说"k'an²¹",能与人称代词组合,如:ȵin³¹k'an²¹ 他自己,还能重叠做定语,如:k'an²¹k'an²¹ȵie³³tsau²⁴ 自己的脚,梧州话、平地瑶话"自己"分别说成"ɕie²⁴/³¹ka⁵¹ 自家""tsɿ²⁴ku⁴⁵ 自家",也能与人称代词组合,但都不能重叠。

(3)表示亲属的领有关系时,梧州话和平地瑶话人称代词和亲属称谓词之间的助词可加可不加,有时加助词带有强调的意思。梧州话加"kɣ³³",平地瑶话加"kɣ³³"。而过山瑶话通常不能加,尤其是长辈更不能加。人称代词在其他名词前表领属关系时,一般要加"ȵie³³"。例如:

梧州话:　我咯爷　　ŋu⁴⁴ kɣ³³ ȵie⁵¹　我的父亲
　　　　　我爷　　　ŋu⁴⁴ ȵie⁵¹　我的父亲

平地瑶话:我咯大大　ioŋ⁴² kɣ³³ ta²¹ta²⁴　我的父亲
　　　　　我大大　　ioŋ⁴² ta²¹ta²⁴　我的父亲

过山瑶话:ie³³　tie²⁴　我父亲、我的父亲
　　　　　我　　父亲

　　　　　ie³³ku³¹ŋa³¹moə³¹　我妹妹、我的妹妹
　　　　　我　　　妹妹

　　　　　moei²¹ȵie³³ ton³³　你的孩子
　　　　　你　的　　孩子

　　　　　ȵin³¹ȵie³³ wa²¹　他的话
　　　　　他　的　　话

2. 指示代词

(1)梧州话、平地瑶话指示代词两分:
　　ku³¹ 这　e³¹ 那　(梧州话)

ia⁴⁵ 这 a²⁴ 那 （平地瑶话）

①梧州话中在指人、事物和处所时都是用"ku³¹"和"e³¹"来对举，但在指性状、程度时却有所变化，变成"ku³¹k'e³³"和"k'e³³mo³³"的对举，例如：

ku³¹k'e³³ ko⁵¹ 这么高 　　k'e³³mo³³ko⁵¹ 那么高
ku³¹k'e³³ tu⁴²⁴ 这么做 　　k'e³³mo³³ tu⁴²⁴ 那么做

"这"和"那"的复数与人称代词的复数形式不同，用"ku³¹lɣ⁵¹ 这些"和"e³¹ lɣ⁵¹ 那些"表示。

"这个"和"那个"中的量词，和量词"个"不同，表示人的个数用"个 ko⁴²⁴"，表示物的个数用"粒 laŋ⁵¹"。而"这个、那个"中用"na⁵¹"。

②平地瑶话"这里、那里"中由于前后音节主要元音相同会发生音变：ia⁴⁵ a³³ → i⁴⁵ a³³ 这里，a²⁴ a³³ → a²⁴ua³³ 那里。

指性状的"这么、那么"在对举时也可以用相同的词表示，例如：

不那么做，这么做。不是那么做，是要这么做的。

mɣ⁴² iaŋ²⁴ sŋ⁴⁵ kiəu¹³，iaŋ²⁴ sŋ⁴⁵ kiəu¹³。

不用那么多，有这么多就够。用不着那么多，只要这么多。

mɣ⁴²n'²⁴ iaŋ²⁴ lɣ⁴⁵，həu⁴² iaŋ²⁴ lɣ⁴⁵ tsəu²⁴ kəu³³ e⁴⁴。

"这"和"那"的复数与人称代词的复数形式不同，用"ia⁴⁵ tɕie³³ 这些"和"a²⁴ tɕie³³ 那些"表示。

"这个"和"那个"中的量词就是用的表物的量词"læ⁴⁴"。

（2）过山瑶话指示代词三分：nai⁴⁴（近指）、hai²⁴（中指）、uə⁴⁴（远指）。在不要区分较远和更远时，有时用"hai²⁴"，有时用"uə⁴⁴"。例如：

nai⁴⁴ tau³¹ ŋoŋ³¹　　这头牛（近处的，近指）
这　头　牛

hai²⁴ tau³¹ ŋoŋ³¹　　那头牛（较远处的，中指）
那　头　牛

uə⁴⁴ tau³¹ ŋoŋ³¹　　那头牛（更远处的，远指）
那　头　牛

nai⁴⁴ lom³³ nt'o³³，uə⁴⁴ lom³³ fai²⁴。　这个大，那个小。
这　个　大　那　个　小

nai⁴⁴ lom³³ pei⁴⁴ hai²⁴ lom³³ noŋ²⁴。　这个比那个好。
这　个　比 那　个　好

表示性状的"这么、那么"在用词和语序上和其他指示代词有些不同，例如：

不是那么做，是要这么做的。

mai⁴⁴ tsei¹³ nt'aŋ⁴⁴/²⁴ no²¹ tsəu²⁴，oe⁴⁴ nt'aŋ⁴⁴ nai⁴⁴ho²¹tsəu²⁴ n̻ie³³。

| 不 | 是 | 那么 | 做 | 要 | 这么 | 做 | 的 |

用不着那么多，只要这么多。

m'⁴⁴ tsu²¹ noŋ³¹ nt'aŋ⁴⁴ uə⁴⁴ ts'am⁴⁴, tsɿ⁴⁴ noŋ³¹ to²¹ nai⁴⁴ ts'am⁴⁴。

| 不 | 着 | 要 | 那么 | 多 | 只 | 要 | 这么 | 多 |

表示性状时也用汉语借词"nai⁴⁴ ȵioŋ²¹ 这样"和"uə⁴⁴ ȵioŋ²¹ 那样"。

3. 疑问代词

（1）梧州话、平地瑶话都用"好"做疑问代词，例如：好厚 xo⁴⁴au⁴⁴ 多厚（梧州话），好 hɣ¹³ tsɿ²⁴ 多厚（平地瑶话）。

平地瑶话问人、事物、地点都用"liu⁴⁵"，问性状有些不同，用"tɕiaŋ⁴⁵ kɣ³³"。

（2）过山瑶话表疑问的指示代词和表中指的指示代词相同，例如：hai²⁴ lan³¹（问人）哪个、hai²⁴ lom³³（问物）哪个、hai²⁴ tei²⁴ 哪些、hai²⁴ tau³³ 哪里、hai²⁴ fen³¹ 怎样、hai⁴⁴ nt'oe³³ 哪天。湘江过山瑶话也可以用表近指的代词来表疑问，例如：nai⁴⁴ tau³³ 哪里、nai⁴⁴ nt'oe³³ 哪天。但"哪个"问人和问物有区别：nai⁴⁴ loŋ⁴²（问物）哪个、ha²⁴ laŋ⁴²（问人）哪个。

六、副词

（1）过山瑶话里大部分副词都借自汉语，我们来比较一下梧州话、平地瑶话和过山瑶话中主要的副词。

	梧州话	平地瑶话	过山瑶话
不/别	mau²⁴	mɣ⁴⁴	m̩⁴⁴
不要	mau²⁴iəu³³	mɣ⁴⁴	m̩⁴⁴ noŋ³¹
也	e⁴⁴	i⁴²	ia²¹
又	a²⁴	iəu²⁴	iəu²¹
还	tɕie²⁴	tɣ⁴²	fio²¹
很/好	xəɛ̃⁴⁴/xo⁴⁴	hɛ̃⁴²/hɣ¹³	hen⁴⁴/ hai²¹/hau⁴⁴
就	tau²⁴	tsəu²⁴	tɕiu²¹
没	mau²⁴	mɣ⁴⁴	mai⁴⁴
全	suẽ³¹	tɕyẽ²¹	dzen²¹
都	lu⁵¹	təu³³	tu³³
白	pia²⁴	pu²⁴	pet²
才	sø³¹	tsa²¹	ts'ai³¹
刚刚	kiaŋ⁵¹/³³ŋa⁵¹/³³	hæ²⁴to³³	ŋan³¹ŋan³¹
先	sẽ⁵¹	sẽ⁴⁵	daŋ²¹
早晚	sue³¹ɕi⁴⁴	læ²¹tsɣ²⁴	wen³¹tɕie³³/tsai³¹dʑiəu²⁴

净	sẽ²⁴	tɕiu²⁴	tsɿ⁴⁴
再	tɕie²⁴	tɤ⁴²	soe²⁴
马上	ma⁴⁴ɕiaŋ²⁴	ma⁴⁵saŋ³³	ma²¹tsaŋ²¹
顺便	suẽ²⁴pẽ²⁴	sɿ³³lø²⁴	sun²¹puə¹³
差点儿	tsan⁵¹nø⁵¹	ki⁴⁵li³³kø⁴⁵ti³³	dzen³³n'⁴⁴ko³³
一起	i⁵¹hi⁴⁴	ʐɿ⁴⁵ hɤ¹³	iet² ts'ie⁴⁴

梧州话、平地瑶话和过山瑶话的副词大多数用来修饰动词和形容词，通常位于中心语的前面，但过山瑶话有少数副词如"先、很"一般位于修饰语的后面，例如：

	梧州话	平地瑶话	过山瑶话
先来	siẽ⁵¹/³³lø³¹	sẽ⁴⁵la²¹	tai³¹daŋ²¹ 来 先
好冷	xo⁴⁴liaŋ⁴⁴ 好冷	hɤ¹³lu⁴² 好冷	tɕyaŋ⁴⁴hai²¹ 冷 很

和许多勉语方言点一样，过山瑶话口语和唱歌时的否定副词不同，口语音是"m̩⁴⁴（n̩⁴⁴）""mai⁴⁴""tu⁴⁴"，唱歌音是"iam¹³"和"məu³¹"，例如：

口语：ȵin³¹ mai⁴⁴ tau³³ ie³³。 他不回答我。
　　　他　没　答　我
　　　nai⁴⁴ tau³¹ piaŋ³¹ gai²⁴ m̩⁴⁴ moaŋ²⁴ wa²¹。 这孩子不听话。
　　　这个　　孩子　　不　听　话
　　　ȵin³¹ mai⁴⁴ koŋ⁴⁴ m̩⁴⁴ tai³¹。 他没说不来。
　　　他　没　讲　不　来

瑶歌：《十愁歌》节选
　　　fei²⁴ dzau²¹ ȵie³¹ fun³³ məu³¹ fio²¹ iun²¹， 四愁儿孙没文化
　　　四　愁　儿孙　　无　学　院
　　　ŋen¹³ kyaŋ³³ muə²¹ muaŋ³¹ wa²¹ ts'a³³ ŋo²¹， 目光呆滞话出错，
　　　眼　光　目　蒙　话　差　讹
　　　sẽ³¹ ei²⁴ mai⁴⁴/³¹ mai²¹ iam¹³/³¹ si³¹ tsiet⁵， 不懂得生意买卖
　　　生意　买　卖　不　　知　识

唱歌音中的"iam¹³"和"məu³¹"应该是瑶语固有的词，而口语音的"m̩⁴⁴（n̩⁴⁴）"和"mai⁴⁴"是借自汉语的，原因是汉语多数南方方言的否定副词是鼻音自成音节或是鼻音声母，如：宜章 ŋ³³，新化 mo³³/n⁴⁵/mo⁴⁵，涟源 n̩³³/mə⁴⁵/mə²¹，长沙 mau²¹/mo²⁴，广州 m̩²¹，梅县 m̩¹¹，福州 ŋ⁴⁴，柳州 mei⁵³，江华梧州话 n̩²⁴/mau²⁴，江华平地瑶话 mɤ⁴⁴。过山瑶话受到周边汉语大环境的影响趋于一致。此外在今天的八排瑶油岭话（属勉语藻敏方言）口语音中否定副词有多种说法：am²⁴/ŋ⁵³/m̩⁵³/n̩⁵³/me²⁴，这正好说明油岭话还

处在固有词和借词并存的阶段，而过山瑶话只不过步子走得稍微快一些。

m̩⁴⁴ 和 mai⁴⁴ 两个否定词还可以连用，这在梧州话和平地瑶话里是不能出现的。例如：

ȵin³¹ tsiet⁵ m̩⁴⁴ tuk⁵ moei²¹ ma⁴⁴？　他不认识你吗？
他　识　不　得　你　吗

m̩⁴⁴　mai⁴⁴, ȵin³¹ tsiet⁵ tuk⁵ ie³³。　不，他认识我。
不　没，　他　识　得　我

"n̩²⁴" 可以看作是 "m̩⁴⁴" 的变体，它们可以出现在不同的句子中，也可以出现在同一个句子里，例如：

moei²¹ m̩⁴⁴ noŋ³¹ tsei²⁴ n̩²⁴ tsei²⁴？　你不要是不是？
你　不　要　是　不　是

"tu⁴⁴" 单用的时候不多，例如：tu⁴⁴ ts'əu⁴⁴ a⁴⁴！别吵！一般和 "m̩⁴⁴" 或 "n̩²⁴" 连用，例如：m̩⁴⁴ tu⁴⁴ min³¹！不要走！这三个词有时还出现在同一句子里，例如：n̩²⁴ tu⁴⁴ koŋ⁴⁴ m̩⁴⁴ tai³¹！　别不来呀！

（2）平地瑶话表示"不"和"没"都用"mɣ⁴⁴"，"不"还可以构成"不□ mɣ⁴⁴ tsæ²⁴"和"不□ mɣ⁴⁴nu²⁴"，相当于北京话的"没有"，用在下面的句子里，例如：

他讲完不□，不□。　他还没有说完吗？还没有。
li¹³ kiaŋ¹³ uẽ²¹ mɣ⁴⁴ tsæ²⁴？ mɣ⁴⁴ tsæ²⁴。

他去过桂林，我不□去过。　他去过桂林，我没有去过。
li¹³ hø³³ kɣ³³ kue³³ lẽ²¹, ioŋ⁴² mɣ⁴⁴nu²⁴ hø³³ kɣ³³。

（3）梧州话"不"说"唔 n̩²⁴"，"没有"说"莫 mau²⁴"。两个词有分工，通常普通话说"没有"的，梧州话用"莫 mau²⁴"，例如：

再莫吃完。　还没有吃完。
tɕie²⁴ mau²⁴ he⁵¹ yẽ³¹。

我去看了，莫得了。　我去看了，没有了。
ŋu⁴⁴ hyi⁴²⁴/²⁴ huẽ⁴²⁴ lɣ⁴⁴, mau²⁴ lau⁵¹ lɣ⁴⁴。

普通话说"不"的，梧州话多数用"唔 n̩²⁴"，少数用"莫 mau²⁴"，有时还可以替换，例如：

唔要跳！　不要跑！　　　　　　　莫要跳！　不要跑！
n̩²⁴ iəu²⁴ t'iəu⁴²⁴！　　或者　mau²⁴ iəu²⁴ t'iəu⁴²⁴！

爬也爬唔起来。　爬也爬不起来。
pa³¹ e⁴⁴ pa³¹ n̩²⁴/³³ hi⁴⁴ lø³¹。

莫在那儿，也莫在这儿。　不在那儿，也不在这儿。
mau²⁴ sue⁴⁴ e³¹ li⁴⁴,　e⁴⁴ mau²⁴ sue⁴⁴ ku³¹li⁴⁴。

是莫是？　　是不是？
si⁴⁴ mau²⁴ᐟ³¹ si⁴⁴？
好唔好？　　好不好？
ho⁴⁴ n̩²⁴ᐟ³¹ ho⁴⁴？

七、介词

（1）和副词一样，过山瑶话的介词也有大部分是借自汉语，功能也相同，主要是和名词、代词或名词性词组构成介词短语。我们来看下面的比较：

	梧州话	平地瑶话	过山瑶话
向	ɕiaŋ⁴²⁴	kɤ²¹	hoŋ²⁴
跟	kə̃⁵¹	loŋ²¹ 同	kan³³
比	pi⁴⁴	pei¹³	pei⁴⁴
对	lue⁴²⁴	kɤ³³	toe²⁴
用	iəu⁴²⁴/tue³¹	n̩²⁴	loŋ²¹
从	kẽ⁵¹ 经	hi¹³ 起	ts'oŋ³¹
沿	suẽ²⁴ 顺	sʅ²⁴ 顺	kan³³
到	lo⁴²⁴	hø³³ 去	t'au²⁴

拿这些介词来比较，梧州话和过山瑶话似乎更加接近，而平地瑶话显得特别一些。

（2）介词"在"及与之相应的动词"在"，平地瑶话说"i⁴⁵"，例如：

你在哪里住？　　你在哪里住？
n̩⁴² i⁴⁵ lia⁴⁵ a³³ tsi²⁴

他在屋里，不在这里。　　他在家里，不在这儿。
li¹³ i⁴⁵ ø⁴⁴ pɤ³³，mɤ⁴⁴nu²⁴ i⁴⁵ a³³。

过山瑶话的介词"在"和动词"在"是"iem³³"，例如：

你在我家吃了饭再走吧。
moei²¹iem³³ ie³³pau⁴⁴ ȵien³¹ piəu⁴⁴ nt'aŋ²⁴tsoei¹³ min³¹。
你　在　我　家　吃　饱　饭　再　走

mai⁴⁴ tsie²⁴tau³¹ piaŋ³¹kai²⁴ iem³³nai⁴⁴ tau³³。有几个小孩在这儿。
有　几　头　小孩　　在　这里

平地瑶话的介词"在"与梧州话的介词"在 sue⁴⁴"差别较大，而与过山瑶话的"在"非常相似，只是过山瑶话的"在"还带有鼻音韵尾，但我们仍能感到它们之间的联系。

第二节　语序的对比分析

一、定中次序

梧州话、平地瑶话和过山瑶话的定中结构有很多相同点：定语通常都由形容词、名词、动词、代词或词组等来充当，中心语也都是名词性的，定语和中心语之间是描写、限制的修饰关系。但在定语和中心语的次序方面梧州话、平地瑶话和过山瑶话却有差别，平地瑶话跟梧州话贴得很紧，和过山瑶话却只有零星的相似了。

（1）梧州话和平地瑶话的定语总是处在中心语的前面，不论定语是哪一类词。例如：

	梧州话	平地瑶话
小老婆	ɕiəu^{44}fu$^{24/33}$ ȵiaŋ^{51} 小妇娘	sei^{33} pu^{21} tsɿ^{13} 小婆子
江华县	kyaŋ^{51} ua^{31} yẽ^{24}	kiaŋ^{45} loŋ^{21}uẽ^{24}
做的衣服	tu^{51} kɤ$^{51/33}$ san^{51} 做咯裳	tsʻɤ^{45} kɤ^{33} æ^{45} □咯□
他的东西	kɤ^{31}kɤ$^{51/33}$ loŋ$^{51/33}$sue^{51} 渠咯东西	li^{13}kɤ^{33} lø^{13} kɤ^{42} 他咯□□
一只手	i$^{51/33}$ tɕie^{51} sau^{44} 一只手	zɿ^{44} tsu^{44} səu^{13} ku^{33} 一只手骨

梧州话和平地瑶话中也有定语在中心语后面的现象，像第四章提到的表示动物性别的词语一般都放在中心语动物名词后面，这一点梧州话、平地瑶话和过山瑶话都相同，详见第四章第一节。此外，梧州话和平地瑶话很少有定语在中心语后面的现象，只见到有极个别的词语。例如：

平地瑶话：担母扁　　lo^{33} m̩^{42} pẽ^{13} 扁担
　　　　　人客　　　ŋ^{21} hu^{44} 客人
　　　　　钱纸　　　tsẽ^{21} tsɿ^{13} 纸钱
梧州话：钱纸　sẽ^{31} tɕi^{44}　纸钱

（2）过山瑶话定中的次序分两种情况：单音节形容词做定语时，通常是中心语在前，定语在后，例如：

boŋ^{21} ntʻo^{33} ziau^{24} ntʻo^{33}　暴风雨
风　大　雨　大

piaŋ^{31} gai$^{24/31}$ ton^{33}　婴儿
孩子　　　小

au$^{44/31}$　kua^{44}　寡妇
妻子　　寡

uam$^{44/31}$ lam^{44}　冷水
水　　　冷

boŋ²¹ buən⁴⁴　毛雨
雨　微

lai³³⁾³¹ suei³³　酸菜
菜　酸

kau²⁴⁾³¹ tsuei²⁴　臭蛋　　　au⁴⁴⁾³¹ toŋ³³　小老婆
蛋　臭　　　　　　　　　妻子　小

pet² nt'o³³　大伯子　　　iəu³¹ fai²⁴　小叔子
伯　大　　　　　　　　　叔叔　小

ku⁴⁴ tien³³　疯狗　　　　la³¹ pa³¹ wiaŋ³¹　胡萝卜
狗　癫　　　　　　　　　萝卜　黄

pen³¹ kom³³　开水瓶　　　luei³³⁾³¹ nt'au⁴⁴　长衫
瓶　暖　　　　　　　　　衣　长

həu²⁴⁾³¹ laŋ⁴⁴　短裤　　　ok⁵ gun²¹　肥肉
裤　短　　　　　　　　　肉　肥

名词、动词、代词、词组和双音节或多音节形容词做定语时，通常是定语在前，中心语在后，定语和中心词之间有的还要加助词"n̠ie³³"例如：

tɕiai³³⁾³¹ poei³¹ suet⁵　鸡毛掸子
鸡　毛　刷

dzau²⁴⁾²¹ mian²⁴⁾³³ pien⁴⁴　脸盆
洗　脸　盆

lak⁵ sen³³ boŋ⁴⁴　肋骨
勒　胸　骨

ga²¹ fia⁴⁴ n̠ie³³ au⁴⁴　后妻
后面　的　妻子

tsəu²⁴ sï²⁴⁾³¹ n̠ie³³ mien³¹　做事的人
做　事　的　人

i³³ tɕian³³ pien²⁴ n̠ie³³ bau¹³　两斤半的鱼
二　斤　半　的　鱼

ie³³ tie²⁴ kəu⁴⁴ a⁴⁴ pien²¹ sei²⁴ mien³¹。 我父亲苦了半辈子。
我　父亲　苦　了　半　世　人

moei²¹ n̠ie³³ wa²¹ ie³¹ n̠⁴⁴ toŋ⁴⁴。 你的话我不懂。
你　的　话　我　不　懂

n̠ien³¹ n̠ie³³ ka³¹ nai⁴⁴ an³³ tɕien⁴⁴ tie³³⁾³¹ min³¹ tsaŋ²¹。吃的东西放在桌子上。
吃　的　东西　安　在　桌子　上

ȵin³¹ku³¹ŋa³¹iəu¹³tsut⁵tɕien⁴⁴təei²⁴ koŋ³¹dzen²¹ȵie³³luei³³。他弟弟穿着一件干净的衣服。
他　弟弟　穿着　件　干净　的　衣服

但是也有部分名词、动词和词组做定语时也放在中心词的后面，例如：

ku⁴⁴/³¹ tsun³¹ ok⁵　猎狗　　　　tɕiai³³/³¹koŋ²⁴/³¹ im³³ 阉鸡（名词）
狗　赶　肉　　　　　　　　鸡　公　阉

ken³¹ poŋ²¹ poe⁴⁴　打屁虫　　　dʑiuə²⁴/²¹ tsoŋ²⁴　粽子
虫　放　屁　　　　　　　　　粑粑　粽

kau²⁴/³¹ tsin³³　煎蛋（名词）　tsin³¹ tsei⁴⁴　纸钱
蛋　煎　　　　　　　　　　　钱　纸

mien³¹sie⁴⁴ton³³　女人　　　　mien³¹tɕiaŋ³¹ton³³　男人
人　姑娘　　　　　　　　　　人　丈

bau²¹ tsin³³　粳稻　　　　　　kua³³ uam⁴⁴　黄瓜
稻谷　粳　　　　　　　　　　瓜　水

lai³³/³¹ tɕien³¹　芹菜　　　　ɦie²¹ tʻo³³　拖鞋
菜　芹　　　　　　　　　　　鞋　拖

luei³³/³¹ tsau²⁴　罩衣　　　　suaŋ¹³/³¹ diem²¹　垫被
衣　罩　　　　　　　　　　　被子　垫

今天的过山瑶话由于受到汉语的影响，在定中的次序上也出现了新的语序，有时单音节形容词也可以放在中心词的前面了，尤其是在汉语借词里更多见，例如：

ȵin³¹fin³¹ daŋ²¹tsie²⁴ntʻoe³³mai⁴⁴/²⁴tɕiaŋ²⁴tei²⁴siaŋ³¹luei³³。他前几天预先买了新衣服。
他　先前　几　天　买　停当　新　衣服

wiaŋ³¹ toŋ³¹　红糖　　　　　ɕiaŋ³³ tsʻiaŋ³¹　香肠
黄　糖　　　　　　　　　　　香　肠

toŋ³¹ luei³³　大衣　　　　　fiu⁴⁴ me²¹　小麦
大　衣　　　　　　　　　　　小　麦

do²¹ ntʻo³³　大姐 / toŋ³¹do²¹　do²¹ ton³³　独生子
姐　大　/　大　姐　　　　　独　子

tsuə³¹ mien³¹　熟人　　　　　wai²¹ mien³¹　坏人
熟　人　　　　　　　　　　　坏　人

从以上的举例分析中我们可以看到"中心语+定语"的次序应该是过山瑶话原来绝大部分情况下使用的语序，但是由于受到汉语的影响，"定语+中心语"的次序开始慢慢地渗入到瑶语中来，正在逐步地占据主导地位，而瑶语中原有的"中心语+定语"次序的"地盘"会越来越小。

二、状中次序

梧州话、平地瑶话和过山瑶话的状中结构也很一致：状语通常都由形容词、副词、名词、代词或词组等来充当，中心语也都是动词性的，状语和中心语之间是描写、限制的修饰关系。梧州话和平地瑶话一般都是"状语+中心语"的次序，过山瑶话绝大多数也是这样的次序，只有极少数是"中心语+状语"次序。例如：

梧州话

不管□□□忙，都要好好读书。　　不管怎么忙，也要好好儿学习。

n̩^{24} kuẽ^{44} no^{24} kʻe^{44} li^{44} miaŋ^{31}, tu^{33} iəu$^{24/33}$ xo^{44} xo^{44} to^{31} ɕy^{51}。

你先去吧，我等一□再去。　　你先去吧，我等一会儿再去。

n̩i^{44} sẽ$^{51/31}$ hyi^{424} ·pa, ŋu^{44} laŋ^{44} i$^{51/33}$ sue^{24} tø$^{424/24}$ xyi^{424}。

太多了，就要这么多就够了。　　太多了，只要这么多就够了。

tʻa^{424} lø^{51} lɤ^{33}, tau^{24} iəu$^{24/33}$ ku^{31} kʻe^{44} lø$^{51/31}$ tau^{24} kau$^{424/24}$ lɤ^{33}。

平地瑶话

我哩两人都同一姓。　　我们两个都姓王。

no^{21} li^{33} liaŋ^{42} n̩^{21} tu^{45} loŋ^{21} z̩^{44} ɕiu^{33}。

不早□，快哩去。　　不早了，快去罢！

mɤ^{33} tsɤ^{13} e^{44}, kʻuɤ^{24} li^{33} hø^{33}。

你讲咯好好。　　你说得很好。

n̩^{42} kiaŋ^{13} kɤ^{33} hɤ^{13} hɤ^{13}。

过山瑶话

你好好说，一定说得清楚。

moei^{21} kʻu$^{44/31}$ koŋ^{44} ma^{31}, iet^2 tin^{21} koŋ^{44} tuk^5 tsʻin^{33} tsʻu^{44} ȵie^{33}。

你　好　讲　了，一　定　讲　得　清　楚　的

lai^{31} dzei^{24} tsʻoŋ^{31} tsʻie^{33} ŋai^{21} gyaŋ^{24} ʑie^{21} tai^{31} a^{44}。

西瓜　从　车上　滚　下　来　了

moei^{21} hai^{24} hi^{44}　tai^{31} tɕiaŋ^{24} kʻo^{44} i^{44}。　你什么时候来都可以。

你　什么时候　来　都　可以

loŋ^{31} kuai^{31} kiəu^{44}　乱搞

乱　　　搞

goŋ^{44} goŋ^{44} dʑioŋ^{24}　吼叫

□　　　□　叫

平地瑶话里表示程度可以用"形容词+□saŋ^{33}（太×）"的格式，例如：贵□ku^{33} saŋ^{33} 太贵。许多形容词在表示程度时还可以"太"和"□ saŋ^{33}"同时使用，一个在形容词前，

一个在形容词后，构成这样的格式：太 + 形容词+ □ saŋ³³ 。例如：

太热□　t'a³³ne²⁴saŋ³³　太热　　　　　太淡□　t'a³³tu⁴²saŋ³³　太淡
太冷□　t'a³³lu⁴²saŋ³³　太冷　　　　　太甜□　t'a³³lẽ²¹saŋ³³　太甜
太忙□　t'a³³maŋ²¹saŋ³³　太忙　　　　太平□　t'a³³piu²¹saŋ³³　太平
太光□　t'a³³kaŋ⁴⁵saŋ³³　太亮　　　　太苦□　t'a³³hø¹³saŋ³³　太苦
太干□　t'a³³li¹³saŋ³³　太干　　　　　太臭□　t'a³³ts'əu³³saŋ³³　太臭
太烂□　t'a³³tsʏ⁴⁴saŋ³³　太烂　　　　太酸□　t'a³³saŋ⁴⁵saŋ³³　太酸
太上潮湿□　t'a³³saŋ⁴⁴ts'au²¹sʅ²¹saŋ³³　　太松□　t'a³³haŋ⁴⁵saŋ³³　太松

过山瑶话做状语的副词"先 daŋ²¹"和"很 hai²¹"放在中心语的后面。例如：

ie³³ min³¹ daŋ²¹ mia³³。　我先走了。
我　走　先　了

i³¹ nt'oe³³ tɕyaŋ⁴⁴ hai²¹。　今天很冷。
今天　　冷　　很

lai³³/³¹ fin³³ kuo²⁴ hai²¹。　菜薹很老。
菜　心　老　很

三、宾补次序

（1）过山瑶话动词后面如果是结果补语或趋向补语和宾语同现时，有 VCO 和 VOC 两种语序。例如：

wiaŋ³¹ p'aŋ²⁴ tsei⁴⁴ tso⁴⁴ei⁴⁴ tsuei¹³ po¹³ mia⁴⁴。王胖子坐塌了椅子。
王　胖　子　坐　椅　塌　　了

moei²¹mai⁴⁴ kuen³³ goŋ²¹ k'oei⁴⁴ ken²¹。你没把窗户关严。
你　没　关　窗户　　紧

ȵin³¹ ȵien³¹ piəu⁴⁴ nt'aŋ²⁴ a⁴⁴。　他吃饱饭了。
他　吃　饱　饭　了

ie³³ dʑye²⁴ tɕien⁴⁴ iet² puaŋ³³ fien²⁴ min³¹。　我寄去一封信。
我　寄　了　一　封　信　去

ie³³ foŋ²⁴ min³¹ iet² təei²⁴ luei³³/³¹ kom¹³。　我送去了一件棉衣。
我　送　去　一　件　衣　暖

ie³³ koŋ⁴⁴ n̩⁴⁴ kye²⁴ ȵin³¹。　我说不过他。
我　讲　不　过　他

ie³³ koŋ⁴⁴ ȵin³¹ n̩⁴⁴ fiin²¹。　我说他不过。
我　讲　他　不　赢

（2）梧州话和平地瑶话动词后的结果补语或趋向补语和宾语常见的语序是 VCO。例如：

梧州话

我口舌差，讲不过你。　　　我嘴笨，我说不过你。

ŋu⁴⁴ xau⁴⁴ ɕie³¹ tsʻia⁵¹, kioŋ⁴⁴ n̩²⁴/³³ kuo⁴²⁴/³³ n̩i⁴⁴。

他去过长沙，我没去过。　　他去过长沙，我没有去过。

ky³¹ xyi⁴²⁴ kuo⁴²⁴/³³ ɕiaŋ³¹ sa⁵¹, ŋu⁴⁴ mau²⁴ xyi⁴²⁴ kuo⁴²⁴/³³。

吃了饭了。

he⁵¹ lɣ⁴⁴ pan²⁴ lɣ⁴⁴。

在否定句中，有时也会出现 VCO 的语序，但使用面较小，而且是 VOC 和 VCO 两种语序并存。例如：

我找他不到。　　我找不到他。

ŋu⁴⁴ tʻue⁴⁴ ky³¹ n̩²⁴/³³ lo⁴²⁴。

我找不到他。　　我找不到他。

ŋu⁴⁴ tʻue⁴⁴ n̩²⁴/³³ lo⁴²⁴/²⁴ ky³¹。

他请你不起。　　他请不起你。

ky³¹ tʻẽ⁴⁴ n̩i⁴⁴ n̩²⁴/³³ hi⁴⁴。

他请不起你。　　他请不起你。

ky³¹ tʻẽ⁴⁴ n̩²⁴/³³ hi⁴⁴ n̩i⁴⁴。

平地瑶话

我嘴口不会讲，我讲不过他。　　我嘴巴笨，我讲不过他。

ioŋ⁴² tɕi¹³ ka³³ mɣ⁴⁴ ha²⁴ kiaŋ¹³, ioŋ⁴² kiaŋ¹³ mɣ⁴⁴ ky³¹ li¹³。

他吃了饭了。　　他吃了饭。

li¹³ z̩²⁴ læ²⁴ mæ²⁴。

口到你　　赶上你

u²⁴ lɣ³³ n̩⁴²

跟梧州话一样，在有些否定句中也会出现 VOC 的语序。例如：

你找他不到。

n̩⁴² te¹³ li¹³ mɣ⁴⁴ lɣ³³。

我喊名字不出。

ioŋ⁴² hi³³ miu²¹ tsʅ²⁴ mɣ⁴⁴ su⁴⁴。

四、双宾语次序

（1）过山瑶话里双宾语结构中一般是间接宾语在前，直接宾语在后。当双宾语前的动词具有"给予"的语义特征时，直接宾语可以放在间接宾语前，也可以放在间接宾语后。例如：

ie³³ pun³³ tɕien⁴⁴ iet² poen²¹ moei²¹。　我分给你一半。
我　分　了　一　半　你

ȵin³¹ ka⁴⁴ pun⁴⁴ ie³³ iet² tau³¹ ŋoŋ³¹。　他借给我一头牛。
他　借　给　我　一　头　牛

ie³³ pun⁴⁴ puə³³kuai⁴⁴ tsin³¹moei²¹。　我给你三块钱。
我　给　三　块　钱　你

ie³³ pun⁴⁴ moei²¹puə³³kuai⁴⁴ tsin³¹。　我给你三块钱。
我　给　你　三　块　钱

moei²¹puə²⁴ tsuet⁵ ȵin³¹ ie³³ tɕiəu²¹ min³¹。你告诉他我就去。
你　告诉　他　我　就　去

（2）平地瑶话双宾语的次序一般情况下是间接宾语在前，直接宾语在后，但也有少数情况是间接宾语在后，直接宾语在前的。例如：

给我一本书。
nu⁴² ioŋ⁴² zʅ⁴⁴ poŋ¹³ si⁴⁵。

送我一粒西瓜。　送我一个西瓜。
soŋ³³ ioŋ⁴² zʅ⁴⁴ læ³³ se⁴⁵ ku⁴⁵。

送一粒西瓜我。　送我一个西瓜。
soŋ³³ zʅ⁴⁴ læ³³ se⁴⁵ ku⁴⁵ ioŋ⁴²。

陪十块钱我。　还我十块钱。
pei²¹ sʅ²⁴ kʻua³³ tse²¹ ioŋ⁴²。

但有的句子却没有两种说法，例如，"陪我一个新的"，就很少说成"陪一个新的我"。"给我一本书"也很少说成"给一本书我"。

（3）梧州话双宾语的次序只有一种：间接宾语在前，直接宾语在后。例如：

□我一本书。　给我一本书。
puẽ⁴⁴ ŋu⁴⁴ i⁵¹/³¹ muẽ⁴⁴ ɕy⁵¹。

梧州话里如果是表物的宾语紧跟在动词后面时，表人的名词前要加上"puẽ⁴⁴"，整个结构不再是双宾语，而变成了连动的关系。例如：

还十文银□我。　还我十块钱。
puẽ³¹ suo²⁴ moẽ⁵¹/³¹ ŋẽ³¹ puẽ⁴⁴ ŋu⁴⁴。

还我十文□银。　还我十块钱。
puẽ³¹ ŋu⁴⁴ suo²⁴ məẽ⁵¹/³¹ ŋẽ³¹。

送一个西瓜□我。　送我一个西瓜。

soŋ$^{424/24}$ io$^{51/33}$ laŋ^{51} sue$^{51/33}$ kua^{51} puẽ^{44} ŋu^{44}。
送我一个西瓜。
soŋ$^{424/24}$ŋu^{44} io$^{51/33}$ laŋ^{51} sue$^{51/33}$ kua^{51}。

过山瑶话、平地瑶话这种直接宾语在前、间接宾语在后的现象在诸多湘南土话中也能够看到，比如郴州桂阳。汉语很多南方方言中的双宾语也都有直接宾语在间接宾语前这样的次序，比如：湘语、客家话、赣语，等等。梧州话这种从双宾语到连动的变化在湘南土话里更为常见，比如东安土话。湘语也很普遍，比如湘语娄邵片多数是这样变的，有的甚至还把表物的宾语提到动词前面变成"把"字句了。

第三节　句式、句类的对比分析

一、处置句

（1）汉语普通话表示处置是用"把"字句，过山瑶话有三种形式：
①用"捉 tsok^5"把受事提到动词前，"捉"是介词，相当于汉语的"把"字。例如：

moei^{21} min^{31} uə^{44} hi^{44} tsok^5 ken^{31}fo^{44} tɕien^{44}。　你走时把门锁上。
你　走　那　时　捉　门　锁　了

ȵin^{31} tie^{24} tsok^5 ȵin^{31} pot^5 iet^2 tɕ'ioŋ^{21}。　他爹把他打了一顿。
他　爹　捉　他　打　一　场

ȵin^{31} tsok^5 tsin^{31} kiəu^{33} pun^{44} siau^{44} wiaŋ^{31}。　他把钱交给小王。
他　捉　钱　交　给　小　王

ȵin^{31} tsok^5 nai^{44} piəu^{31} dop^5 tei^{24} tei^{24} kyaŋ^{21}。他把果皮到处乱扔。
他　捉　这　果子　皮　地　地　扔

老李把那封信保存了三十多年。
lo$^{44/31}$lei^{24}tsok^{5}nai^{44}puaŋ^{33}fien^{24}ts'en^{31}tɕien^{44}fa^{31} tsiəp^{2}lin^{31}nt'iaŋ^{24}。
老　李　捉　这　封　信　存　了　三　十　零　年

tsok^5 hai^{24} poen^{44} pun^{44} ie^{33}。　把那一本拿给我。
把　那　本　给　我

②直接把受事放在动词前。例如：
ȵin^{31} uə^{44} dzun^{21}si^{21}tɕiaŋ^{24} ŋ^{44}　tuk^5。　他把那件事忘了。
他　那件事　记　不　得

③受事不提前，仍在动词后面。例如：
tie^{24} tsip^5 ku^{24}　tai^{31} ia^{44}。爸爸把奶奶接来了。

爹　接　祖母　来　了

（2）梧州话的处置句用"□ puẽ⁴⁴"来做标志，格式是：（NP₁）+□ puẽ⁴⁴ + NP₂+VP。"□ puẽ⁴⁴"是介词，"NP₂"是受事。例如：

□□那本书递 □ 我。　　　把那一本书拿给我。

puẽ⁴⁴ e³¹ muẽ⁴⁴ ɕy⁵¹ puẽ⁴⁴ ŋu⁴⁴。

□□这碗饭食了。　　　把这碗饭吃了。

puẽ⁴⁴ ku³¹ uẽ⁴⁴ pan²⁴ he⁵¹ᐟ³³ lɤ³³。

他□棉鞋搞湿了。　　　他把棉鞋搞湿了。

ky³¹ puẽ⁴⁴ miẽ³¹ æ³¹ kau⁴⁴ suo⁵¹ᐟ³³ lɤ³³。

你们去把桌子□出来。　　　你们去把桌子抬出来。

ȵi⁴⁴ᐟ²⁴ ti⁴⁴ hyi⁴²⁴ᐟ²⁴ puẽ⁴⁴ tø³¹ pẽ³¹ kʻyaŋ⁵¹ tɕʻio⁵¹ᐟ³³ lø³¹。

（3）平地瑶话的处置句用"□ nu⁴²"来做标志，格式是：（NP₁）+ □ nu⁴² + NP₂+VP。"□ nu⁴²"是介词，"NP₂"是受事。例如：

□ □那一本书 □ 过我。　　　把那一本书拿给我。

nu⁴² a²⁴ poŋ¹³ si⁴⁵ nu⁴² kɤ³³ ioŋ⁴²。

我 □ 酒盏 □ 打 □ 了。　　　我把茶杯摔破了。

ioŋ⁴² nu⁴² tɕiəu¹³ tɕi¹³ pəu¹³ tsɤ²⁴ e⁴⁴。

先□歌堂锁一层。　　　先把歌堂锁一层。

sẽ⁴⁵ nu⁴² kɤ⁴⁵ laŋ²¹ səu¹³ zɿ⁴⁴ tsoŋ²¹。

头层我 □ □刺来种。　　　第一层我把刺来种。

ləu²¹ tsoŋ²¹ ioŋ⁴² nu⁴² ləu²⁴ læ²¹ tʂɿ³³。

一是愁烦 □ 郎想。　　　第一件烦心的事是把郎想。

zɿ⁴⁴ sɿ⁴² tsəu²¹ fi²¹ nu⁴² laŋ²¹ ɕiaŋ¹³。

平地瑶话表处置的介词"□ nu⁴²"有一点不同于普通话的"把"，"□ nu⁴²"还可以做动词用。例如：

给我一支烟。

nu⁴² ioŋ⁴² zɿ⁴⁴ m̩¹³ zɿ⁴⁵。

二、被动句

（1）汉语普通话表示被动是用"被"字句，过山瑶话有三种形式：

①用"被 bei²¹"引进施事，"被"也是介词，和汉语相同。例如：

ȵin³¹ ȵie³³ tsin³¹bei²¹ kan³¹ tsa²¹ ȵiem²¹ mia⁴⁴。　他的钱被贼偷了。

他　的　钱　被　贼　　偷　了

ie³³ bei²¹ pa³¹ lan³¹ dik⁵ mun³³ mia⁴⁴。　我被别人踢伤了。

我 被 别 个 踢 疼 了
地里的稻谷被我们割完了。
lin³¹ ɲioə¹³ ɲie³³ tsʻu⁴⁴ bei²¹ ie³³ puə³³ kak⁵ dzen²¹ mia⁴⁴。
田 里 的 稻谷 被 我们 割 尽 了
ie³³ i³¹ntʻoe³³bei²¹hem²⁴ ma⁴⁴。   我今天被骂了。
我 今天 被 骂 了
②不用"被 bei²¹",直接把施事放在动词前面。例如:
晾的衣服让风刮下来了。
laŋ²¹ tɕien⁴⁴ ɲie³³ luei³³ ʑiau²⁴ poen³¹ doe⁴⁴ mia⁴⁴。
晾 着 的 衣 风 吹 掉 了
ie³³ ɲie³³ tsʻie³³ pa³¹ lan³¹mai⁴⁴ tɕie³¹ min³¹。   我的车没被人骑走。
我 的 车 别 个 没 骑 走
③用"着 tsu²¹"来引进施事,"着"也是介词,这种形式多在唱歌时使用。例如:
kuai⁴⁴ mien³¹ moei²¹ kin²¹ tsu²¹ mien³¹ pot⁵。 偷别人的东西被人打。
拐 人 物 件 着 人 打
④不需要用表示被动的介词做标志,施事也不出现。这种形式中动词带宾语,受事主语和宾语之间有领属关系。例如:
ie³³ i³¹ntʻoe³³pot⁵ tɕien⁴⁴ pu²¹ koŋ²⁴ ŋa⁴⁴。 我今天被打了头。
我 今天 打 着 头 了
(2)梧州话表被动时用的标志和处置句的标志一样,也用介词"□ puẽ⁴⁴",格式是:
NP₁+ □ puẽ⁴⁴ +(NP₂)+VP。例如:
他 □ 狗咬了一口。   他被狗咬了一口。
ky³¹ puẽ⁴⁴ kau⁴⁴ ŋau⁴⁴ lɤ³³ i⁵¹/³³ xau⁴⁴。
弟弟 □ 牛撞了一下。   弟弟被牛撞了一下。
tue²⁴/³¹ tue²⁴ puẽ⁴⁴ ŋau³¹ tɕʻyaŋ⁴²⁴/³³ lɤ³³ i⁵¹/³³ ia²⁴。
碗 □ 我打烂了。   碗被我打烂了。
uẽ⁴⁴ puẽ⁴⁴ ŋu⁴⁴ kye⁴⁴ lan²⁴ lɤ³³。
当一个句子中施事和受事都是表人的名词时,梧州话通常就不用被动句,而用处置句,施事在前,受事在后。例如:
□ □ □ 我骂了一餐。   我被妈妈骂了一顿。/ 妈妈把我骂了一顿。
n̩³¹ne²⁴ puẽ⁴⁴ ŋu⁴⁴ han⁴²⁴ lɤ³³ i⁵¹/³³ tʻan⁵¹。
哥哥 □ 大嫂骗倒了。   哥哥把嫂嫂骗倒了。/ 嫂嫂被哥哥骗倒了。
ko⁵¹/³³ ko⁵¹ puẽ⁴⁴ tæ²⁴/³¹ so⁴⁴ pʻiẽ⁴²⁴ lo⁴⁴ lɤ³³。
梧州话的"□ puẽ⁴⁴"与普通话的"把"和"被"都不同,除了既表处置又表被动外,它还是表示"给予"义的动词，这种现象在湘南土话中较普遍。例如：

送只鸡 □ 我。　　送只鸡给我。

soŋ⁴²⁴ tɕie⁵¹ kəe⁵¹ puẽ⁴⁴ ŋu⁴⁴。

你写了信给他没有？

ȵi⁴⁴ ɕie⁴⁴ suẽ⁴²⁴ puẽ⁴⁴ ky³¹ mau²⁴？

（3）平地瑶话表被动的标志是"□ tei²⁴"，格式是：NP₁ + □ tei²⁴ +（NP₂）+VP。例如：

他 □ 蛇咬了一口。　　他被蛇咬了一口。

li¹³ tei²⁴ so²¹ ŋəu⁴² læ³³ zʅ⁴⁴ həu¹³。

弟弟 □ 车撞了一下。　　弟弟被车子撞了一下。

mæ⁴² ti²⁴ tei²⁴ tsʻu⁴⁵ tsaŋ²⁴ læ³³ zʅ⁴⁴ læ³³。

碗 □ 我打烂了。　　碗被我打烂了。

aŋ¹³ tei²⁴ ioŋ⁴² pəu¹³ tsɤ²⁴ e⁴⁴。

我的 □ □东西 □ □扔 出来了。　　我的东西被扔出来了。

ioŋ⁴² kɤ³³ lø¹³ kɤ⁴² tei²⁴ kuə²⁴ su⁴⁴ la²¹ e⁴⁴。

在少数句子里，表处置的"□ nu⁴²"和表被动的"□ tei²⁴"也和梧州话一样可以互换，而其他词语位置不变，整个句子语义仍然是表示被动。只是这样的使用范围很小。例如：

我的车□别人骑走了。　　我的车被别人骑走了。

ioŋ⁴² kɤ³³ tsʻu⁴⁵ tei²⁴ ŋ̍²¹ ku⁴⁵ ki²¹ tsəu¹³ e⁴⁴。　　或

ioŋ⁴² kɤ³³ tsʻu⁴⁵ nu⁴² ŋ̍²¹ ku⁴⁵ ki²¹ tsəu¹³ e⁴⁴。

另外，普通话的被动句中有"被"与"给"配合使用的格式，过山瑶话、梧州话和平地瑶话都没有。

三、疑问句

过山瑶话按照语气分类也可以分出四类：陈述句、疑问句、祈使句、感叹句，这跟汉语一样。例如：

ȵin³¹ puə³³ min³¹ a⁴⁴。　　他们走了。

他们　走　了

moei²¹ oe²⁴ noŋ³¹ hai²⁴ ȵioŋ²¹？　　你要什么？

你　　要　　什么

to³¹ tiu⁴⁴ tai³¹　　拿酒来！

拿 酒　来

hai³¹！tʻai²⁴ luo³¹ tsan²¹！　　唉！真可怜！

唉　太　可怜

疑问句的格式过山瑶话、梧州话和平地瑶话非常相似，比如正反问句的格式，三者就都差不多，特别是过山瑶话和梧州话更是如出一辙。例如：

过山瑶话

nt'aŋ²⁴ tsuə³¹ mai⁴⁴？　　饭熟了没有？
饭　　熟　　没

moei²¹ dzau²⁴ m̩⁴⁴ dzau²⁴ sin³³？　　你洗澡不洗？
你　　洗　　不　洗　　身

你闻闻这朵花香不香？
moei²¹ nt'om⁴⁴ taŋ³¹ nai⁴⁴ to⁴⁴ piaŋ³¹ daŋ³³ n̩⁴⁴ daŋ³³？
你　　闻　　尝　　这　朵　花　　香　不　香

moei²¹ gyan²¹ he⁴⁴ maŋ²¹ he²⁴ mai⁴⁴？　　你喜欢看戏不喜欢？
你　　欢　喜　望　　戏　没

moei²¹ gyan²¹ n̩⁴⁴ gyan²¹ he⁴⁴ maŋ²¹ he²⁴？　　你喜不喜欢看戏？
你　　欢　　不　欢　　喜　望　戏

梧州话

饭熟了莫？　　　饭熟了没有？
pan²⁴ so²⁴　ly³³ mau²⁴？

你洗唔洗凉？　　你洗澡不洗？
ȵi⁴⁴ sue⁴⁴ n̩²⁴ʼ³¹ sue⁴⁴ liaŋ³¹？

你闻闻□这朵花香不香？　　　你闻闻这朵花香不香？
ȵi⁴⁴ moẽ³¹ moẽ³¹ ku³¹ lø⁴⁴ fua⁵¹ xiaŋ⁵¹ n̩²⁴ʼ³¹ xiaŋ⁵¹

你喜欢看戏莫？　　你喜欢看戏不喜欢？
ȵi⁴⁴ hi⁴⁴ fuẽ⁵¹ʼ³³ xuẽ⁴²⁴ʼ³³ xi⁴²⁴ʼ²⁴ mau²⁴ʼ³³？

你喜唔喜欢看戏？　　你喜不喜欢看戏
ȵi⁴⁴ hi⁴⁴ n̩²⁴ʼ³¹ xi⁴⁴ fuẽ⁵¹ʼ³³ xuẽ⁴²⁴ʼ³¹ xi⁴²⁴？

平地瑶话

饭熟不□？　　饭熟了没有？
mæ²⁴ səu²⁴　mɤ⁴⁴ tsæ²⁴？

你洗水不□？／你洗澡不洗？
n̩⁴² sei¹³ su¹³ mɤ⁴⁴ tsæ²⁴？／n̩⁴² sei¹³ mɤ⁴⁴ sei¹³ su¹³？

你闻一闻□这朵花香不香？　　你闻闻这朵花香不香？
n̩⁴² m³³ zʅ⁴⁴ m³³ ia⁴⁵ tsa¹³ hu⁴⁵ ɕiaŋ⁴⁵ mɤ⁴⁴ ɕiaŋ⁴⁵。

你爱不爱觑戏？　　你喜不喜欢看戏？

n̩⁴² uẽ²⁴ mɤ⁴⁴ uẽ²⁴ liəu³³ hi³³。
□ □ 有没饭哎？　　锅里还有饭没有？
ts'i⁴⁵ pɤ³³ həu⁴² mɤ⁴⁴ nu²⁴ mæ²⁴ e⁴⁴？
□ 粒肉食不食哩？　　这块肉吃不吃得？
ia⁴⁵ læ³³ tsu⁴⁴ zɿ²⁴ mɤ⁴⁴ zɿ²⁴ li³³？
你记不记哩倒？　　你还记不记得？
n̩⁴² ki³³ mɤ⁴⁴ ki³³ li³³ lɤ¹³？

第六章 结　　语

　　根据语言事实的调查分析，我们能够清楚地判断出江华梧州话和平地瑶话的属性，他们是汉语方言，其语音演变规律、词汇特色和语法结构规则都确凿无疑地证实了这一点。同时因为江华所处的地理位置，以及与周边湘南土话比较时存在的众多相似之处，应该承认它们还是归属于湘南土话的土话小类。我们也能在与广西瑶族所说的勉语比较后，肯定地说江华过山瑶话属于瑶族使用的勉语中的勉—金方言，它是优勉土语的一个小类。更重要的是通过上文对江华梧州话、平地瑶话和过山瑶话，从语音、词汇和语法三方面所做的比较分析中，我们看到虽然它们各具特色，但更多的却是相似或相同之处，这就说明它们之间在长期的密切接触中，已经产生了渗入内部、彼此交融、你中有我、我中有你的深刻影响。

　　语音方面，梧州话、平地瑶话和过山瑶话的音位系统中相同的音位占绝大部分，只是像平地瑶话的[tʂ、tʂ'、ʂ]，过山瑶话的[m̥、nt'、kw、k'w、ŋ']等显得有些特别。

　　音节结构也只是过山瑶话有几种不同的结构方式，如CCVVT、CCVVVT等，而VT、VCT、CVT、CVCT等常见的方式则是大家共有的。

　　声韵调的配合关系上，梧州话和平地瑶话开、齐、合三呼与声母的拼合是很一致的，只有平地瑶话少了撮口呼因而少了一些拼合方式。而过山瑶话有着数目众多的声母和韵母，这使得它的声韵组合变得比其他两种方言复杂得多。声母与声调组合上，不送气的声母与声调组合的能力要比送气的声母稍强，这是三种方言里都体现出来的特点，但强弱的程度有些不同。韵母与声调的组合能力也都参差不齐。

　　音变规律中变调在梧州话和过山瑶话中都是主要的形式，而平地瑶话则较少。同化是三种方言都有的音变现象。

　　音韵特点方面三者的相同点更多。

　　声母方面，古全浊声母今读清化时都是不送气的清音，梧州话读清擦音的更多，而过山瑶话则有大量的浊声母保留了下来。非组部分字都有读重唇音的，过山瑶话还有读浊的重唇音的；梧州话、平地瑶话都有端组字读[l]的现象，平地瑶话中还不光是端组，精、知、照、见组都有少数字读[l]，而过山瑶话却很少，反而有个别来母字读为端母字；都有端组以外的字读如端组，梧州话主要是精组，平地瑶八都话主要是照组和见组，而七都话和过山瑶话就很少，只有过山瑶唱歌音里有少数字；都有非组与晓组相混的情况，但是梧州话是晓组混入非组，平地瑶话是非组混入晓组，而过山瑶话中声母[f]的分布则非常广，很多其他部位的擦音声母都读成了唇齿擦音。

韵母方面，都有元音高化的特点。果摄元音都已经高化，梧州话还进一步前化，平地瑶话也进一步展化。假摄平地瑶话高化，梧州话和过山瑶话则不高化；三者都有遇摄与果摄相混的情况，只是各自具体的读音不同罢了；蟹摄和止摄都有单元音韵母和复元音韵母之间相互转化的现象；效摄也都有脱落韵尾的情况发生，但过山瑶话较少，多出现在较早的借词中；咸、深、山、臻摄梧州话、平地瑶话都是前鼻尾读成后鼻尾、前鼻尾脱落两种情况共同出现在一个韵摄当中，平地瑶话鼻音韵尾脱落得更多一些，而过山瑶话则更多是保留双唇鼻音韵尾，脱落鼻音和读后鼻音的情况很少；宕、江、曾、梗、通五摄都是绝大部分仍保留后鼻音的读法，梧州话、平地瑶话有少数读鼻化元音的现象，平地瑶话梗摄还有脱落鼻音韵尾的现象，过山瑶话的梗摄也有读前鼻音韵尾和双唇鼻音韵尾的现象。

声调方面，梧州话和平地瑶话平声都分阴阳。上声都有跑到去声调类的字，只有七都话上声的阵地守得很牢。去声都分阴阳，阳去调值还有些相同，只有八都话的去声部分到了阴平。梧州话、平地瑶话入声都已经丢失了塞音韵尾，但保留了入声调类，梧州话码市片还保留了读音短促的特点，而鹧鸪塘却已没有了入声调类。过山瑶话有八个调类，第7、8调多数带有塞音韵尾，读音短促，和梧州话、平地瑶话的差别略大一些。

词汇方面，尽管梧州话、平地瑶话和过山瑶话在具体的词语称说上千差万别，但如果深入地分析词语的内部构造、词语之间的语义关系、造词时人们所依靠的理据以及词语的不同来源的话，我们仍然能看到三者本质上的共同之处。在词语的结构方面，都能分出单纯词和合成词两大类，合成词的构成方式都不外乎复合、派生和重叠，而复合的基本关系都是并列、修饰、陈述、动宾和补充五种，派生式中都有丰富的词头和词尾，有的词头和词尾还是共同的，如初、第、老，等等；在语义关系方面，都有着错综复杂的语义系统，而词语之间又都离不开多义、同音、同义、反义四种基本的语义关系，当然构成每一种语义关系的具体的词语很不一致，但这正好体现了各方言的特点和不同地区、不同民族人们在认识客观事物时的差异；在造词理据方面也是如此，三种方言都表现出生动形象、多种多样的特色来，虽然不能囊括，但还是能找到一些相同的造词的着眼点，像形状、材料、颜色、属性、功能、时间、处所、来源，等等；在词语来源方面更加清楚地反映出三者之间的接触影响，既有古语词的沿袭，又有方言本身的创新，还有不同民族之间的借代。词语来源上相同就说明了它们之间的亲源关系，相互之间有借用关系更说明它们在相处过程中的渗透和融合，你中有我，我中有你，是这同属于一县之内的三种方言之间应有的状态。

语法方面，通过对比分析词类、语序、句型和句式后发现，语法上三者的共同点更多，某种方言突出的差异更少。各词类功能上的差异要小，形式上的差异略大，词类中方位名词表方位时都主要还是用"面、边、底、里"等语素。时间名词的差异比方位名词要大一点，但也有些是相同的，像天干、地支、星期等的表示方法。形容词都有生动形式，有些形式是共同的，例如：形容词的重叠、"好"加形容词等。过山瑶话的数词有点特别，两套数词的用法在另两种方言中是没有的，而基数和序数表达的基本方法仍大体一致。量词的功能相同，通用量词的形式相似。代词的差别较明显，但联系也并非没有，像人称代词复数的表示方法就很同步。副词、介词更是体现了过山瑶话吸收汉语成分之多，尤其是过山瑶话和梧州话的否定副词读音极其相似；语序方面也是有别亦有同，过山瑶话定中次序常见的是定在中后，梧州话、平地瑶话则相反。状中次序三者多数都是状前中后，可平地瑶话和过山瑶话有少数情况是状语放在了中心语的后面。宾补次序中补语在前，宾语在后的情况过山瑶话较常见，而梧州话和平地瑶话却一般只在否定句中。双宾语的排列过山瑶话和平地瑶话都可以直接把表物宾语放在表人宾语的前面，而梧州话若要将表物宾语提前，就得变换句型；句型、句类上的差异就更少了，只是过山瑶话的处置句和被动句的形式稍微多些，但主要的形式仍和梧州话、平地瑶话类似。梧州话的处置和被动的标志一样，这与其他两者相比倒是不同的。

从以上三个方面众多相同、相似或不同的语言特点，以及江华汉族和瑶族密切接触的客观事实，我们可以得出一些江华湘南土话和湘南瑶语接触影响的特点。

（1）江华的湘南土话和湘南瑶语在长期的接触和交流中已经有了许多的相似之处，面貌变得很像了。从梧州话、平地瑶话和过山瑶话现在留存的古音韵特色来看，这种相似的状况应该是早已有之的了。这种相似状况的出现，既是语言本身在接触过程中出现的必经的阶段，同时还与江华的政治、经济、文化、历史、宗教、人口、教育、地理环境、交通等社会因素的推动是密不可分的。江华在历代的行政区划中一直是一块完整、很少分裂的地区，这为各民族的交流提供了良好的前提条件。虽然是群山耸立，交通不便，但这怎么也阻挡不住人们之间的正常来往的脚步，各民族间的经济贸易、互相通婚从来都没有停止过，到中华人民共和国成立后，政治稳定、经济繁荣、交通便利，生活水平提高了，各民族之间的交流也就更多了。

（2）湘南土话和湘南瑶语之间接触影响的主流方向应该是土话对瑶语的影响。汉族到达江华的时间比瑶族要早，人口也更多，总的来说，瑶族的发展一直以来都比汉族要弱。更何况，文化相对后进的民族与相对先进的民族接触后，其语言形式和结构更加容易受到影响。据1994年版的《江华县志》记载，现在有史可查的汉族进入江华的时间是在秦代，秦始皇三十年（前217年）尉屠睢率兵50万分五路进攻岭南，其中一路戍于白芒岭（今白芒营）一带。到汉代中叶，白芒岭、深平城有人开始设铺开店。到唐代，又有朱、冯、尹、费、潘、蒋、刘、杨等姓汉族进入江华。到宋代宋皇佑五年（1053），梧州人开始从广西梧州等地来江华定居。而瑶族进入江华有史可查的时间是在元代，比汉族要晚很多。中华人民共和国成立前的历朝历代，江华就一直由汉族统治管理，瑶族由于势单力薄，再加之生活环境恶劣，始终处于被统治的地位，过着穷困潦倒、苦不堪言的日子，瑶民经常性地奋起反抗，县志上记载有的瑶民起义光明清两代就达十五次以上。

这些都说明了瑶族长期以来都是弱势群体，自然会更多地受到汉族的影响。有些瑶民实在是不能忍受就隐瞒自己真实的瑶族身份，而谎称是汉族，而要达到这一目的的最好工具就是语言，掌握汉族的语言就成了很多瑶民的迫切需求，因此汉语的影响就在这种需求里自然地渗透到了瑶语当中去了。

（3）过山瑶在不断把土话的成分吸收进来的同时，还坚守着自己的阵地，抱着自己的特色不放。吸收进来的新形式和新内容被广泛接受后，就稳定地存在于瑶语中了，使瑶语得以丰富发展，形成了语言形式和结构上互补的局面。与此同时，瑶语中固有的旧形式和旧内容短期内还不会被完全替代，于是又有了语言形式和内容上竞争的局面。有的阵地可能已经被土话占领了，有些词语只有一种跟土话类似的说法，例如：地 dei^{24}、嘴 dzuei^{21}、牛 ŋoŋ^{31}、蚕 tsam^{31}、瓜 kua^{33}、犁 lai^{31}、网 muŋ^{13}、斧头 pəu^{44}；有的阵地仍然在瑶语手中，有些词语只有瑶语本身固有的一种说法，例如：雪 boen^{24}、山 kem^{31}、路 kau^{44}、人 mien^{31}、丈夫 go^{24}、手 puə^{13}、腰 kai^{44}、树 diaŋ^{24}；还有的阵地正在争夺之中，新老形式和内容和平共处，有些词语可以有两种说法，例如：洞 k'əe^{5} / doŋ^{21}，星星 nt'ei^{24} / fin^{33}，岭 kie^{24} / lin^{44}，叔叔 iəu^{31} tie^{24} / suək^{5}，灰尘 sai^{33} / boŋ^{33}，岩 beŋ^{24} / ŋam^{31} / 房子 pau^{44} / boŋ^{21}，六 ku^{5} / luək^{2}。前者是固有的，后者与土话类似。

（4）平地瑶话是湘南土话和湘南瑶语的接触影响中变化最大的典型范例。平地瑶与汉族的接触更为频繁，他们被汉族招抚下山，而且为汉人治理着山下平地上居住着的瑶族。正因为这样，在平地瑶的语言中体现出了民族语言接触影响带来的巨大影响，这种影响之大已经足以让他们完全放弃自己本民族的瑶语，而转说汉族的土话，出现了语言转用的现象。有意思的是，平地瑶人似乎并不愿意完全忘记自己的老祖宗，时不时地就要在语言中透露出斑斑驳驳、丝丝缕缕的过山瑶瑶语的痕迹来，或许只是一种不自觉的流露，毕竟是自己骨子里头的东西，不可能丢得那么干净彻底，也或许是还想要证明自己的瑶族身份，以示与汉族的区别。例如：语音上，像古全浊声母清化后的今读，平地瑶话和过山瑶话的演变是一致的；词汇上，有一批平地瑶话与过山瑶话很相似的词语，像在 i^{45} 和 iem^{33}、圆 kuaŋ^{21} 和 kun^{31}、屎 kæ^{24} 和 gai^{44}，等等；语法上，像平地瑶话和过山瑶话的双宾语都可以是直接宾语在前，间接宾语在后的次序。

（5）过山瑶话很少受客家话的影响。当然我们还要看到土话毕竟还不是与瑶族接触的汉族所操的唯一的方言，因此瑶语所受到的来自汉语的影响也不会是单一的。在广大的岭东林区，和过山瑶共同生活着的还有大量的客家人。尽管他们各自占据着不同的地盘，客家人多住在河边或水田较多的地方，而过山瑶则多住在山冲里或山上，但随着社会的日益进步，人们交流的逐渐增多，接触也就更加频繁起来，语言的影响也就随之而来。在岭西客家人较少，而且呈零星分布。在岭东客家人较岭西要多，聚居的村落也比岭西多，但与过山瑶人相比他们人口要少些，跟梧州人比就更少了。所以，尽管有很多梧州人与客家人、过山瑶人和客家人杂居的村子，但客家话毕竟是弱势方言，对梧州话和过山瑶话都没有多大的影响。我们在码市调查了一个这样的村子竹坪村，全村167人，有盘、李、王三姓，绝大部分是过山瑶人，只有第 2 组乌龟塘是客家人，但全村 90% 以上的人都会说过山瑶话和客家两种话，极少数的客家人不会说过山瑶话。我们找了四位村民，用近 500 个口语常用词进行了调查，发现读音相同或相近的词语很少，特别是客家话古全浊声母今读送气清音的特点完全没有影响到过山瑶话，两者一个送气，一个不送气，界限分明。被调查的词语中只有极少数的词可能受到客家话的影响而读音和其他地方的过山瑶话有点不同，例如：

	竹坪过山瑶话	竹坪客家话	湘江过山瑶话
白天	pe²¹nt'oe³³	p'a⁵t'ian²⁴	lu⁴²nt'ue³³tsan³¹
里面	di²⁴ȵiu³³	ti²⁴ poe⁴⁵	ken³¹ȵiu³³
旁边	ka⁴²nt'eŋ³³	ka⁵pia⁴⁵	ky³¹nt'en³³meŋ²⁴
根	kuan³³	ken¹³	dzoŋ²¹
芽	ŋia⁴²	ŋa¹³	ȵia³¹
脖子	tɕiaŋ³³	kiaŋ⁴²kin²⁴	kaŋ³³
蜡烛	læ²tsu⁵	læ⁵tsu³	lat²tsuk⁵

（6）西南官话是湘南土话和湘南瑶语接触的另一根重要的纽带，它对土话和瑶语都有着深刻的影响。有一点是我们不能忽视的，那就是西南官话是江华的优势方言，县城里使用的语言具有权威性，会成为多数人模仿的对象。同时，西南官话还成了多民族地区不同民族之间交往必备的交际工具，土话区的人如此，讲过山瑶话的人更是如此。所以，江华的土话和瑶语都很大程度地受到来自西南官话的影响，确切地说是江华县城西南官话的影响，并且这种影响是巨大、长期而深入的。许多书面化的词语土话和过山瑶话都会借用官话的音来表达；对新出现的事物的称说也都会借用官话的说法；梗摄字梧州话和平地瑶话中读成鼻化韵母，过山瑶话读前鼻音韵尾应该也与官话的影响是分不开的；梧州话、平地瑶话、过山瑶话和官话来形容人长得漂亮都用"乖"表示；形容词的生动形式都常用"好×"的格式，这也来自官话。

（7）湘南瑶语对湘南土话的影响在两者的接触中与主流相比要微弱得多。相对来说，江华的土话较少受到来自瑶语的影响，这可能跟瑶语的音比汉语土话要复杂、难学有关，也可能是汉族人不愿意去学习瑶语，除非是因为联姻或者干部工作的需要。这就造成了我们能从土话中找到的瑶语的影响很少，但也绝不能说没有，因为语言之间的接触影响应该是双向的。比如，码市片梧州话有一个很明显的区别于岭西片的地方，那就是清声母入声字读短调 5，应该说这和岭东瑶语是不无关系的，因为过山瑶话读第 7、8 调短调的主要是汉语中的入声字。

参考文献

鲍厚星，陈立中，彭泽润. 2000. 二十世纪湖南方言研究概述. 方言，（1）：47-54.
鲍厚星. 1998. 东安土话研究. 长沙：湖南教育出版社.
鲍厚星. 2000. 湘南土话中的明母字. 粤北土话及周边方言国际研讨会.
鲍厚星. 2002. 湘南东安型土话的系属. 方言，（3）：217-221.
鲍厚星. 2002. 湘南土话的归属. 长沙：湘南土话及周边方言国际研讨会.
鲍厚星. 2016. 湖南江永桃川土话研究. 长沙：湖南师范大学出版社.
巢宗祺. 1989. 连南八排瑶语. 广州：中山大学出版社.
巢宗祺. 1990. 广东连南油岭八排瑶语言概要. 上海：华东师范大学出版社.
陈保亚. 1996. 论语言接触与语言联盟——汉越（侗台）语言关系的解释. 北京：语文出版社.
陈辉. 2002. 湖南临武（麦市）土话语音分析. 方言，（2）：151-165.
陈其光. 1984. 古苗瑶语鼻冠闭塞声母在现代方言中反应形式的类型. 民族语文，（5）：11-22.
陈其光. 1988. 苗瑶语鼻音韵尾的演变. 民族语文，（6）：12-22.
陈其光. 1998. 语言调查. 北京：中央民族大学出版社.
陈其光. 2002. 汉语声母在八排瑶语里的反映形式. 纪念王力先生百年诞辰学术论文集.
陈其光，李永燧. 1981. 汉语苗瑶语同源例证. 民族语文，（1）：13-26.
陈小燕. 2007. 多族群语言的接触与交融——贺州本地话研究. 北京：民族出版社.
戴庆厦. 1992. 汉语与少数民族语言关系概论. 北京：中央民族学院出版社.
邓玉荣. 2002. 广西富川方言的分布及差异. 长沙：湘南土话及周边方言国际研讨会.
邓玉荣. 2005. 桂北平话与推广普通话——富川秀水九都话研究. 南宁：广西民族出版社.
邓玉荣. 2005. 桂北平话与推广普通话——钟山方言研究. 南宁：广西民族出版社.
范峻军. 1999. 郴州土话语音及词汇研究. 广州：暨南大学博士学位论文.
范峻军. 2000. 湘南桂阳县熬泉土话同音字汇. 方言，（1）：80-88.
范峻军. 2008. 贵阳方言词典. 北京：民族出版社.
奉大春，任涛，奉恒升. 1998. 平地瑶歌选. 长沙：岳麓书社.
《过山榜》编辑组. 1984. 瑶族《过山榜》选编. 长沙：湖南人民出版社.
贺凯林. 2003. 湖南道县寿雁平话音系. 方言，（1）：78-87.
湖南少数民族古籍办公室. 1987. 盘王大歌（上、下集）. 郑德宏译释. 长沙：岳麓书社.
黄伯荣等. 2001. 汉语方言语法调查手册. 广州：广东人民出版社.
黄行. 1999. 瑶语方言亲疏关系的计量分析. 民族语文，（3）：56-64.
黄雪贞. 1993. 江永方言研究. 北京：社会科学文献出版社.
蒋军凤. 2002. 东安榴星土话和瑶话的比较. 湖南师范大学社会科学学报，（4）：118-122.
乐赛月. 1996. 国外苗瑶语言研究介绍. 民族语文，（3）：73-80.
李本高. 1995. 瑶族《评皇券牒》研究. 长沙：岳麓书社.

李本高. 2001. 湖南瑶族源流. 长沙：岳麓书社.
李锦芳. 1998. 布央语研究. 上海：上海远东出版社.
李连进. 2000. 平话音韵研究. 南宁：广西人民出版社.
李连进，赵玮缺. 2002. 广西富川八都话音系. 长沙：湘南土话及周边方言国际研讨会.
李启群. 2002. 湘西州汉语与土家语、苗语的相互影响. 方言，(2)：71-81.
李荣. 1989. 汉语方言的分区——《中国语言地图集》图[A2]与图[B8]的说明稿. 方言，(4)：241-259.
李如龙，张双庆. 1992. 客赣方言调查报告. 厦门：厦门大学出版社.
李星辉. 2003. 湖南永州岚角山土话音系. 方言，(1)：67-77.
李星辉. 2016. 湖南永州岚角山土话研究. 长沙：湖南师范大学出版社.
梁敏，张均如. 1998. 临高语. 上海：上海远东出版社.
梁敏，张均如. 1999. 广西平话概要. 方言，(1)：24-32.
刘祥学. 1999. 明清时期桂东北地区的瑶族及其他民族的相互影响. 中央民族大学学报，(1)：53-59.
卢小群. 2003. 湖南嘉禾土话的特点及内部差异. 方言，(1)：61-66.
卢小群. 2003. 嘉禾土话研究. 长沙：中南大学出版社.
卢小群. 2003. 湘南土话代词研究. 长沙：湖南师范大学博士学位论文.
罗美珍. 2001. 粤北八排瑶语中的客家话成分. 西安：全国汉语方言学会第十届学术年会.
罗昕如. 1998. 新化方言研究. 长沙：湖南教育出版社.
罗昕如. 2002. 湖南蓝山土话的内部差异. 方言，(2)：133-143.
罗昕如. 2003. 湘南土话词汇研究. 长沙：湖南师范大学博士学位论文.
罗昕如. 2016. 湖南蓝山太平土话研究. 长沙：湖南师范大学出版社.
毛振林. 1998. 平地瑶话全清塞音声母的演变. 北京：中央民族大学硕士学位论文.
毛宗武，蒙朝吉，郑宗泽. 1982. 瑶族语言简志. 北京：民族出版社.
欧阳觉亚. 1991. 运用底层理论研究少数民族语言与汉语的关系. 民族语文，(6)：23-29.
欧阳觉亚. 1998. 村语研究. 上海：上海远东出版社.
彭泽润. 2002. 湖南宜章大地岭土话的语音特点. 方言，(3)：222-225.
瞿霭堂. 2000. 双语和双语研究. 民族语文，(3)：25-32.
沈若云. 1999. 宜章土话研究. 长沙：湖南教育出版社.
舒化龙. 1992. 现代瑶语研究. 南宁：广西民族出版社.
唐伶. 2010. 永州南部土话语音研究. 北京：北京语言大学出版社.
唐湘晖. 2000. 湘南桂阳县燕塘土话语音特点. 方言，(1)：71-79.
唐永亮. 1994. 瑶族勉语六冲标曼话语音特点和声调实验研究. 民族语文，(5)：12-23.
涂良军. 2003. 少数民族语言影响汉语云南方言的一种特殊方式. 贵阳：全国汉语方言学会第十届学术年会.
王本瑛. 1997. 湘南土话之比较研究. 新竹：台湾"清华大学"博士学位论文.
王福堂. 1999. 汉语方言语音的演变和层次. 北京：语文出版社.
王福堂. 2000. 平话、湘南土话和粤北土话的归属. 方言，(2)：107-118.
王辅世. 1995. 苗瑶语古音构拟. 北京：中国社会科学出版社.
王力. 1985. 汉语语音史. 北京：中国社会科学出版社.

王运新. 2000. 论我国民族杂居区的语言使用特点. 民族语文,（2）：1-7.
吴启主. 1998. 常宁方言研究. 长沙：湖南教育出版社.
谢留文. 2003. 客家方言语音研究. 北京：中国社会科学出版社.
谢奇勇. 2003. 湘南永州土话音韵研究. 长沙：湖南师范大学博士学位论文.
谢奇勇. 2005. 新田南乡土话研究. 长沙：湖南教育出版社.
谢奇勇. 2010. 湘南永州土话音韵比较研究. 长沙：湖南师范大学出版社.
徐世璇. 1998. 毕苏语. 上海：上海远东出版社.
徐通锵. 1996. 历史语言学. 北京：商务印书馆.
袁明军. 2000. 汉语苗瑶语阳声韵深层对应试探研究. 民族语文,（2）：61-65.
袁焱. 2001. 语言接触与语言演变——阿昌语个案调查研究. 北京：民族出版社.
张惠英. 2002. 汉藏系语言和汉语方言比较研究. 北京：民族出版社.
张均如. 1987. 广西平话中的汉语借词. 语言研究,（1）：185-189.
张双庆. 2000. 乐昌土话研究. 厦门：厦门大学出版社.
张晓勤. 1999. 宁远平话研究. 长沙：湖南教育出版社.
张元生, 覃晓航. 1993. 现代壮汉语比较语法. 北京：中央民族学院出版社.
赵敏兰. 2004. 柘山勉语概况. 民族语文,（1）：70-81.
郑德宏等. 2000. 瑶人经书. 长沙：岳麓书社.
中国社会科学院语言研究所. 1988. 方言调查字表. 北京：商务印书馆.
周先义. 1994. 湖南道县（小甲）土话同音字汇. 方言,（3）：201-207.
庄初升. 2000. 粤北土话音韵研究. 广州：暨南大学博士学位论文.
庄初升. 2002. 从知三读如端组看粤北土话、湘南土话、桂北平话与早期赣语的历史关系. 长沙：湘南土话及周边方言国际研讨会.
邹嘉彦, 游汝杰. 2004. 语言接触论集. 上海：上海教育出版社.

附录 江华县梧州话、平地瑶话和过山瑶话语料记音①

附录1 过山瑶瑶歌(发音人：两岔河乡横江村赵德科)

tsiəp² dzau²¹ dzoŋ³³

十　愁　歌

siem³¹ pai³¹
深　排
iet⁵ dzau²¹ lo⁴⁴ iəu²¹ ɕiəu²¹ tɕie³³ ŋo²¹,
一　愁　老　幼　受　饥　饿,
luei²¹ iem⁴⁴ çyaŋ³³ tsin³¹ iam³¹ nɔi³¹ ho³¹,
泪　掩　胸　前　不　奈　何,
ts'au³³ lau³¹ iet⁵ nien³³ iu²¹ iet⁵ niet⁵,
操　劳　一　年　又　一　日,
iam³¹ pei³³ hai²⁴ tsei³¹ tuk⁵ on³³ lo²¹。
不　知　何时　得　安　乐。
nie²¹ dzau²¹ t'in³³ fian²¹ məu³¹ ken³³ tsuaŋ²⁴,
二　愁　天　旱　无　耕　种,
waŋ⁴⁴ fuei²⁴ lau²¹ lo³¹ tsaŋ³¹ sen³³ p'o³³,
枉　费　劳　碌　上　山　坡,
kyaŋ⁴⁴ tsuaŋ²⁴ piet² siəu³³ tɕ'iem²⁴ kon³³ pun⁴⁴,
广　种　薄　收　欠　根　本,
iet⁵ nien³³ pei³³ kuei²⁴ siəu³¹ k'an⁴⁴ k'o³³。
一　年　四　季　受　坎　坷。
fam³³ dzau²¹ sei²⁴ ken³³ to³³ iəu³³ iet⁵,
三　愁　世　间　多　忧　忆,

---

① 此次调查搜集的语料有故事和歌谣两部分，因本书篇幅所限，暂只列出歌谣。

ts'uen³¹ sin³³ kəu⁴⁴ t'ei⁴⁴ pen²¹ tai²¹ mo³¹,
全　　身　　股　　体　　病　　来　　磨，
ts'au³³ tɕiuə⁵ nan³¹ ɦiəei²¹ t'uei²⁴ sin³³ bəu²¹,
抽　　脚　　难　　移　　退　　身　　步，
tsien³¹ iuə² iam³¹ ei³³ fuei²⁴ luei³¹ to³³。
神　　药　　不　　依　　费　　累　　多。
fei²⁴ dzau²¹ ȵie³¹ fun³³ məu²¹ ɦo²¹ iun²¹,
四　　愁　　儿　　孙　　无　　学　　院，
ŋen¹³ kyaŋ³³ muə²¹ muaŋ³¹ wa²¹ ts'a³³ ŋo²¹,
眼　　光　　目　　蒙　　话　　差　　讹，
sẽ³¹ ei²⁴ mai⁴⁴/³¹ mai²¹ iam¹³/³¹ si³¹ tsiet⁵,
生　　意　　买　　卖　　不　　知　　识，
tɕ'iau⁴⁴ tsip⁵ tsin³¹ doŋ²¹ dziaŋ²⁴ lok² to³¹。
巧　　接　　钱　　铜　　秤　　落　　砣。
ŋ'¹³ dzau²¹ nam³¹ ȵiəu⁴⁴ məu³¹ ʑiao²⁴ sun²¹,
五　　愁　　男　　女　　无　　孝　　顺，
ŋe²¹ ŋin²¹ k'a⁴⁴ ŋiəu³³ p'o²⁴ m̩ien²¹ lo³¹,
逆　　言　　克　　语　　破　　面　　锣，
to³³ k'uei³³ ts'ien³³ lin³¹ poŋ³³ puə³¹ ts'ei²⁴,
多　　亏　　亲　　邻　　帮　　扶　　持，
tɕ'iem²⁴ ʑie²¹ tsai²⁴ məu²¹ ȵien³³/³¹ ȵien³³ t'o³³。
欠　　下　　债　　务　　年　　年　　拖。
luək² dzau²¹ ȵien³³/³¹ lo⁴⁴ məu³¹ dau²¹ k'au²⁴,
六　　愁　　年　　老　　无　　投　　靠，
ts'ai³³ lei³¹ tɕye⁴⁴ dzan²⁴ pe³¹ doŋ²¹ o³³,
妻　　离　　子　　散　　别　　洞　　窝，
fam³³ ts'an³³ tsei⁴⁴ dei²¹ lun³¹ liəu³¹ ken²⁴,
三　　餐　　姐　　弟　　轮　　流　　敬，
tsəu³³ lot² pe³¹ tsin³¹ dziəu²⁴ ken⁴⁴ k'o⁴⁴。
珠　　落　　鼻　　前　　救　　颈　　渴。
ts'iet⁵ dzau²¹ ȵien³³/³¹ tsin³¹ dzai²¹ iam³¹ taŋ⁴⁴,
七　　愁　　年　　情　　事　　不　　等，
mien³¹ sin³³ pen²⁴ ts'uə⁵ tsu³¹ to³³ mo³¹,
人　　身　　变　　畜　　着　　刀　　磨，

fam³³ ɦiuŋ³¹ ŋ'¹³ tei²⁴ tsie²⁴ ts'in³³ fuei²⁴,
三　王　五　帝　几　千　岁,
məu³¹ moei²¹ sen³¹ tie⁴⁴ tsit² lie²¹ p'o³³。
无　物　承　抵　石　裂　坡。
pet⁵ dzau²¹ in³¹ iaŋ³³ pien²⁴ sei²⁴ dzan²⁴,
八　愁　鸳　鸯　半　世　散,
siəu⁴⁴ p'en³³ tɕiem³³⁾³¹ dzəu²¹ luei²¹ bin²¹ lok²,
手　攀　金　箸　泪　便　落,
tsin³¹ sei²⁴ siəu³³⁾³¹ ɦiuŋ³³ tun²⁴ liu³³ k'ye⁴⁴,
前　世　烧　香　断　了　火,
tɕiem³³ sei²⁴ en²⁴ ȵiem²¹ foŋ³³ wen³¹ tok²。
今　世　应　验　丧　魂　夺。
tɕiuə⁵ dzau²¹ ɦuə²⁴ fin³³ suei³¹ t'in³³ koŋ²⁴,
九　愁　祸　星　随　天　降,
soŋ³¹ k'u⁴⁴ nan³¹ ts'in³³ luei²¹ iem⁴⁴ so³³,
双　口　难　清　泪　淹　唆,
kuei²¹ ts'it² dau²¹ pai²⁴ məu³¹ fin³³ tsiu²⁴,
跪　膝　投　拜　无　星　照,
ȵin³¹ ȵioŋ²¹ tsei²¹ i²¹ dau²¹ tsin⁴⁴ ɦio²¹。
宁　愿　自　缢　投　井　河。
tsiəp² dzau²¹ ku³³ sin³³ məu³¹ mien³¹ kəu²⁴,
十　愁　孤　身　无　人　顾,
fei²⁴ poŋ³³ ŋei²¹ kin²⁴ mien³¹ k'en³¹ po³¹,
四　方　外　见　人　刻　薄,
fei⁴⁴ pie²¹ iaŋ³¹ tɕiəu³³ məu³¹ ɦiuŋ³³ foŋ²¹,
死　入　阳　州　无　香　奉,
iam³¹ pei³³ hai²⁴ sei²⁴ tso²¹ ȵiep² to³³。
不　知　哪　世　造　孽　多。

pien³¹ ɦiuŋ³¹ ts'uet⁵ sei²⁴
盘　王　出　世

pien³¹ ɦiuŋ³¹ ts'uet⁵ sei²⁴ mai⁴⁴⁾³¹ ts'uet⁵ sei²⁴,
盘　王　出　世　有　出　世,

pien³¹ ɦuŋ³¹ ts'uet⁵ sei²⁴ tsoe⁴⁴ puə² koŋ³³,
盘　王　出　世　在　福　江，
sei²⁴ tɕiem³³ on³³ tsoe⁴⁴/²⁴ puə² koŋ³³ miu²¹,
世　今　安　在　福　江　庙，
tin³¹ tsin³¹ siəu⁴⁴/³¹ ien²⁴ tsiəp² fam³³ soŋ³³。
庭　前　手　印　十　三　双。
pien³¹ ɦuŋ³¹ tau³¹ tai²⁴ peŋ³¹ t'in³³ moə²¹,
盘　王　头　戴　平　天　帽，
moə²¹ tai²⁴ fiu³³/³¹ fiu³³ tau³¹ tsaŋ²¹ tsoŋ³³,
帽　带　宵　宵　头　上　装，
liep² mai⁴⁴/³¹ koŋ³³ meŋ³¹ tɕiu³¹ tsaŋ²¹ ŋai²⁴,
立　有　功　名　朝　上　爱，
ho²⁴ tsaŋ²¹ ɦuŋ³¹ ȵiəu¹³ poe²⁴ tsiaŋ³¹ soŋ³³。
许　上　王　女　配　成　双。
ɦuŋ³¹ məu¹³ maŋ³¹ poei²¹ tsiaŋ³¹ ku⁴⁴ ȵioŋ²¹,
王　母　看　见　成　狗　样，
foŋ²⁴ tsaŋ²¹ pet² yn³¹ tsin³³/³¹ tuə⁵ koŋ³³,
送　上　白　云　青　竹　岗，
ku⁵ nan³¹ ku⁵ ȵiəu¹³/⁴⁴ tsiəp² ȵie²¹ fin²⁴,
六　男　六　女　十　二　姓，
pun⁴⁴ ʑie²¹ pa³³ iem³³ pa³³ tɕyn²⁴ toŋ³³。
分　下　五　音　五　郡　当。
peŋ³¹ ɦuŋ³¹ koŋ³³ kem³¹ pun⁴⁴ iet⁵ poen²¹,
平　王　江　山　分　一　半，
tun²⁴ din²¹ biau²¹ mien³¹ tsoei²⁴ sin³³/³¹ suaŋ³³,
断　定　瑶　人　在　山　冲，
iou³¹ ien³¹ mai⁴⁴/³¹ mien³¹ tai³¹ tsie²⁴ moen²¹,
若　然　有　人　来　借　问，
peŋ³¹ ɦuŋ³¹ tiep² ien²⁴ wei³¹ tseŋ²⁴ tsoŋ³³。
平　王　牒　印　为　证　　　。
biau²¹ mien³¹ kye²⁴ sin³³ suei³³ sen³³ tai²⁴,
瑶　人　过　山　随　身　带，
kye²⁴ sin³³ poŋ⁴⁴ wen³¹ liep² mai⁴⁴/³¹ hoŋ³¹,
过　山　榜　文　立　有　行，

yen³¹ tsei²⁴ biau²¹ mien³¹ məu³¹ lok² tɕiuə⁵,
原　置　瑶　人　无　落　脚，
pei⁴⁴ nt'aŋ²⁴ muə³¹ tsun³¹ sui⁴⁴ min³¹ t'oŋ²⁴。
比　像　木　船　水　面　荡。
ien³¹ mau¹³ ȵie²¹ ȵin³³ ki⁵ tsien³³ moet²,
寅　卯　二　年　口　尽　物，
piu³³ hu³¹ kye²⁴ k'oe⁴⁴ iu²¹ kye²⁴ koŋ³³,
飘　湖　过　海　又　过　江，
ȵiəu³¹ tsu³¹ fan⁴⁴ puaŋ³³ ŋe²¹ ɦəu¹³ t'au²⁴,
遇　着　反　风　逆　口　到，
ho²⁴ tsaŋ²¹ laŋ³¹ ȵion²¹ tsoei²⁴ tsun³¹ tuaŋ³³。
许　上　良　愿　在　船　中。
fam³³ tsiu³³ iet⁵ ts'iet⁵ tsun³¹ t'au²⁴ ŋan²¹,
三　朝　一　七　船　到　岸，
tsuaŋ²⁴ k'əu⁴⁴ tsoei²¹ fiem³³ win³¹ ȵion²¹ tɕyaŋ³³,
众　口　齐　心　还　愿　宫，
iəu³¹ heŋ³¹ fei²⁴ tɕiəu³³ mai⁴⁴/³¹ lok² tɕiuə⁵,
游　行　四　洲　有　落　脚，
fei³³ tsu³¹ tsin³¹ poei²¹ k'əu⁴⁴ tsun³¹ iaŋ³¹。
思　着　前　辈　口　传　扬。
iet⁵ ȵien³³/³¹ pei³³ kuei²⁴ mai⁴⁴/³¹ pei³³ tsit⁵,
一　年　四　季　有　四　节，
dziəu²⁴ tsiu³³/³¹ ie²⁴ man¹³ kin²⁴ siəu³³/³¹ ziaŋ³³
早　朝　夜　晚　敬　烧　香，
tɕia³³ həu¹³ pun³³ tɕie³¹ liep² fiem³³ ken²⁴,
家　户　分　居　立　心　散，
ziaŋ³³ ŋon²⁴ min³¹ tsin³¹ iu³¹ win³¹ laŋ³¹。
香　案　面　前　又　还　良。
win³¹ ȵion²¹ wi²¹ tuaŋ³³ pot⁵ taŋ³¹ kəu⁴⁴,
还　愿　会　中　打　长　鼓，
wei³¹ tsu³¹ pien³¹ ɦuŋ³¹ biəu²⁴ win³¹ tɕia³³,
为　着　盘　王　报　冤　家，
tsin⁴⁴ ȵioet²¹ iəu³¹ heŋ³¹ kot⁵ tɕia³³ noe²¹,
正　月　游　行　各　家　内，

tɕyaŋ²⁴ mai⁴⁴/³¹ tsʻin³³ fiuŋ³³ iu³¹ tɕyaŋ²⁴ tsa³¹。
供　有　清　香　又　供　茶。
tsiaŋ³¹ ʑie²¹ toŋ³¹ nam³¹ mai⁴⁴/³¹ puə³³ soŋ³³,
成　下　童　男　有　三　双,
kot⁵ mien³¹ ien³³ yaŋ³¹ min³¹ tsaŋ³¹ tsoŋ³³,
各　人　颜　容　面　上　装,
peŋ³¹ fiuŋ³¹ puaŋ³³ tsʻet⁵ mai⁴⁴/³¹ kyen³³ tset⁵,
平　王　封　赐　有　官　职,
tsiu³¹ tuaŋ³³ poŋ⁴⁴ tsaŋ²¹ ia⁴⁴/³¹ mai⁴⁴/³¹ hoŋ³¹。
朝　中　榜　上　也　有　行。
ioŋ⁴⁴ mai⁴⁴/³¹ puə³³ toei²⁴ se³³ ȵiuk² ȵiəu¹³,
养　有　三　对　是　玉　女,
so³³ tau³¹ sue³¹ tsu³¹ poə³¹ məu¹³ iəu³¹,
梳　头　随　着　父　母　游,
lan³¹ lan³¹ puaŋ³³ mai⁴⁴/³¹ fəu³³ mien³¹ tset⁵,
个　个　封　有　夫　人　职,
liəu³¹ ʑie²¹ fiəu²¹ toei²¹ tsie²⁴ tsʻin³³ tsʻiəu³³。
留　下　后　代　几　千　秋。

附录2　平地瑶瑶歌（发音人：河路口镇岭脚村石成敏）

su⁴⁵ ɕiəu³³ kɣ⁴⁵
三　宿　歌

lliəu²¹ su⁴⁵ tsɿ²⁴ su⁴⁴ kɣ⁴⁵ lai²¹ tʂʻaŋ³³,
刘　三　置　出　歌　来　唱,
tsəu⁴⁵ koŋ⁴⁵ tsɿ²⁴ su⁴⁴ læ⁴² lai²¹ hi²¹,
周　公　置　出　礼　来　行。
in³³ u²⁴ sẽ⁴⁵ tsɿ²¹ tsɿ²⁴ su⁴⁴ fiəu⁴²,
因　为　先　朝　置　出　有,
loŋ¹³ lɣ³³ ʑɿ²¹ kin⁴⁵ tsɿ³³ kiəu²⁴ hi²¹。
等　到　如　今　照　旧　行。
tsẽ⁴⁵ si⁴⁵ hi¹³ ki⁴⁴ lɣ³³ lei²¹ ləu²¹,
尖　山　起　脚　到　黎　头,
ŋ̍²¹ tsɿ¹³ ɕiaŋ⁴⁵ ki⁴⁵ ta²⁴ kaŋ⁴² ləu²¹。
银　子　镶　金　大　岗　头。

so⁴⁵ li⁴⁴ poŋ²¹ ŋ²¹ la²¹ li⁴⁵ kø¹³,
沙 子 坪 人 抬 猪 牯,
sa⁴⁵ m̩⁴² laŋ²¹ ŋ²¹ kəu¹³ lia⁴⁵ tsʻi⁴⁵。
桑 木 塘 人 狗 舔 锅。
həu⁴² n̩i⁴² mɤ⁴⁴ ku³³ tsɿ⁴² ki⁴⁴ si⁴⁵,
有 女 不 嫁 左 脚 山,
paŋ³³ ua²⁴ u⁴² ləu²¹ paŋ³³ ua²⁴ tsʻi⁴⁵。
半 边 碗 头 半 边 锅。
haŋ²⁴ hu²⁴ i²¹ ŋ̩²¹ tsi²⁴ piu²¹ liu³³,
汉 话 瑶 人 住 平 栎,
ko³³ tʻei⁴⁵ ua⁴⁴ mæ²⁴ sɿ⁴² pʻoŋ⁴⁵ ui⁴⁵。
架 梯 挖 蜜 是 蜂 湾。
n̩i³¹ m⁴⁵ tsəu⁴⁵ ki⁴⁵ laŋ²¹ lei¹³ pau⁴⁴,
岩 鹰 抓 鸡 塘 底 □,
pia³³ kəu⁴⁵ pɤ²¹ mei⁴² pu²⁴ so⁴⁵ laŋ²¹。
破 箕 簸 米 白 沙 塘。
hɤ¹³ sɿ⁴⁵ toŋ²⁴ ŋ̩²¹ pa⁴⁴ kɤ⁴⁴ mei⁴²,
火 烧 洞 人 八 角 米,
sɿ³³ sɿ³³ la³³ la³³ sɿ⁴² iaŋ²⁴ lɤ⁴⁴。
世 世 代 代 是 样 □。
həu⁴² n̩i⁴² mɤ⁴⁴ ku³³ pu²¹ kaŋ⁴² ləu²¹,
有 女 不 嫁 琶 岗 头,
ku⁴⁵ ləu²¹ ləu¹³ su¹³ ŋa²⁴ su⁴⁴ iəu²¹。
肩 头 担 水 压 出 油。
haŋ²¹ ŋəu²¹ kaŋ⁴²,
黄 牛 岗,
liaŋ⁴² su⁴⁵ pɤ²⁴ ki⁴⁴ næ²⁴ pu²¹ kaŋ⁴²。
两 三 步 脚 入 琶 岗。
loŋ²¹ kø⁴⁴ tsa⁴⁵ tʻaŋ⁴⁵ toŋ²⁴ su¹³ toŋ²⁴,
筒 古 装 汤 洞 水 洞,
mei⁴² sɿ⁴⁵ tsa⁴⁵ mæ²⁴ sɿ⁴² hu⁴² kaŋ⁴²。
米 升 装 饭 是 下 岗。
ŋəu²¹ lø²⁴ pɤ³³,
牛 路 里,

u⁴⁴ zɿ⁴⁴ tsʻa³³ ti¹³ ȵiaŋ²⁴ lø²⁴ pɤ³³。
鸭 叶 菜 子 酿 肚 里。
uẽ²¹ ləu²¹ kaŋ⁴²,
源 头 岗,
mɤ⁴⁴ uẽ²⁴ lẽ²¹ tæ²⁴ nu⁴² si⁴⁵ fi⁴⁵。
不 爱 田 地 把 山 翻。
tsɿ²¹ pu⁴⁴ hi¹³ ø⁴⁴ mø²⁴ uẽ²¹ toŋ²⁴,
朝 北 起 屋 木 园 洞,
hø²¹ su⁴⁵ ləu¹³ su¹³ tsʻɿ⁴⁵ ləu²¹ uẽ²¹。
猴子 担 水 春 头 源。
hoŋ²¹ hu⁴⁵ uẽ²¹,
红 花 源,
ŋø²¹ kəu¹³ pei⁴⁴ li⁴⁴ ma²⁴ mɤ⁴⁴ uẽ²¹。
鱼 苟 篦 哩 卖 不 完。
le²¹ ku⁴⁵ tsʻu⁴⁵ ŋ̍²¹ ŋəu²¹ iaŋ²⁴ tsʻɿ¹³,
林 家 村 人 牛 样 凶,
hi²¹ ɕiaŋ⁴⁵ pəu¹³ ko³³ uẽ²⁴ ɕiaŋ²⁴ tsẽ²¹。
行 凶 打 架 爱 向 前。
səu⁴⁵ ku⁴⁵ toŋ²⁴ ŋ̍²¹ mɤ⁴⁴ səu⁴⁴ tsʻe⁴⁵,
苏 家 洞 人 不 识 亲,
zɿ⁴⁴ ku⁴⁵ lɤ⁴² sei¹³ loŋ²¹ ua²⁴ paŋ⁴⁵。
一 家 老 小 同 外 搬。
ʂaŋ⁴² in²⁴ hu⁴² in²⁴ tsi²⁴ zɿ⁴⁴ tsɤ²¹,
上 任 下 任 住 一 漕,
kaŋ¹³ tsɤ¹³ tsʻa⁴⁴ lẽ²¹ nu⁴² lɤ²¹ tʂəu⁴⁴。
赶 早 插 田 把 箩 织。
tsʻu⁴⁵ ku⁴⁵ tsʻu⁴⁵ ŋ̍²¹ mɤ⁴⁴ tsi⁴⁵ kʻi³³,
车 家 村 人 不 争 气,
iu²¹ ma²⁴ lẽ²¹ la²¹ tsu¹³ pa²⁴ ku⁴⁵。
爷 卖 田 来 崽 败 家。
ʂaŋ⁴² ləu²¹ kaŋ⁴² ŋ̍²¹ kʻɤ³³ ta²⁴ si⁴⁵,
上 头 岗 人 靠 大 山,
mɤ⁴⁴ tsẽ²¹ mɤ⁴⁴ mei⁴² sei⁴⁵ mɤ⁴⁴ aŋ⁴⁵。
没 钱 没 米 心 不 安。

lɤ²¹ ku⁴⁵ tʂʅ⁴⁵ ku⁴⁵ tsi²⁴ ʐʅ⁴⁴ ui⁴⁵,
罗 家 钟 家 住 一 湾,
tsɤ¹³ tsɤ¹³ tsʻa⁴⁴ lẽ²¹ hø³³ tsʻa⁴⁴ kui⁴⁵。
早 早 插 田 去 □ □。
kəu²¹ li⁴⁴ ləu¹³ ki⁴⁵ ta²⁴ sʅ³³ pu³³,
狗 哩 拿 鸡 大 寺 背,
pø²¹ sʅ⁴⁵ su⁴⁴ tsa²¹ tsʻəu³³ ŋø²¹ laŋ²¹。
瓢 □ 出 在 秀 鱼 塘。
hu⁴² tu³³ tsʻu⁴⁵ n̩²¹ taŋ⁴⁵ mæ⁴² kəu¹³,
下 坠 村 人 断 尾 狗,
mø²⁴ pæ²¹ ko³³ tsʻaŋ²⁴ kəu¹³ nɤ¹³ kaŋ⁴²。
木 皮 架 枧 狗 脑 岗。
pu²⁴ ləu²¹ koŋ⁴⁵ tɕiu¹³ pʻiəu³³ ta²⁴ su¹³,
白 头 公 井 泡 大 水,
piəu⁴⁵ ku⁴⁵ tsʻu⁴⁵ n̩²¹ iaŋ⁴² ta²⁴ ŋø²¹。
包 家 村 人 养 大 鱼。
liəu⁴² ki⁴⁴ su⁴⁴ su¹³ tsi²⁴ ʐʅ⁴⁴ faŋ⁴⁵,
岭 脚 赤 水 住 一 方,
sʅ⁴⁵ tʻi³³ kʻø¹³ su²¹ hø²¹ su⁴⁵ iaŋ²⁴。
烧 炭 苦 成 猴 子 样。
kɤ⁴⁵ ku⁴⁵ tsʻu⁴⁵ n̩²¹ ŋ²¹ lɤ⁴² sʅ⁴⁴,
高 家 村 人 人 老 实,
sʅ³³ sʅ³³ ta²⁴ ta²⁴ ha²⁴ tsəu³³ kiəu⁴⁵。
世 世 代 代 会 做 箕。
kəu¹³ tsu⁴⁴ pʻəu⁴⁴ mei⁴² tsa²¹ laŋ²¹ pɤ³³,
狗 肉 拌 米 财 塘 里,
lɤ²¹ li⁴⁴ tʻø³³ nei²¹ pu²⁴ m̩⁴² kaŋ⁴²。
螺 哩 吐 泥 白 马 岗。
hu⁴² pu²⁴ tsʻu⁴⁵ n̩²¹ ɕiəu²⁴ u²⁴ tɤ⁴²,
下 白 村 人 学 味 道,
ʐʅ⁴⁴ tsʻu⁴⁵ mɤ⁴⁴ pei²¹ liaŋ⁴² tsʻu⁴⁵ paŋ²¹。
一 村 不 满 两 村 搬。
la²⁴ pəu²⁴ ki⁴⁵ m̩⁴² sʅ⁴² saŋ²⁴ toŋ²⁴,
赖 菢 鸡 母 是 上 洞,

tɕiəu¹³ tsɤ⁴⁵ u²⁴ tɤ⁴² sʅ⁴² lø⁴² laŋ²¹。
酒 糟 味 道 是 鲁 塘。
haŋ²¹ ɕi²¹ pa²¹ tsɤ³³ sʅ⁴² tsʅ⁴⁵ læ²¹,
黄 □ □ □ 是 招 礼,
toŋ³³ tsei²¹ tsʅ⁴⁴ piəu⁴⁴ sʅ⁴² tsẽ²¹ ku⁴⁵。
砍 柴 植 竹 是 陈 家。
ta²⁴ tʂʅ³³ tʂʅ⁴⁵ ɤ²¹ sʅ⁴² həu⁴⁴ su²⁴,
大 秤 秤 禾 是 黑 石,
siəu³³ li⁴⁴ zʅ²¹ zʅ²¹ laŋ²¹ ki⁴⁵ ləu²¹。
哨 哩 □ □ 塘 基 头。
lo³³ kiəu¹³ ts'u⁴⁵ ŋ̍²¹ kiaŋ¹³ kui⁴⁵ ki⁴²,
旦 久 村 人 讲 规 矩,
t'ɤ¹³ næ²⁴ ko³³ su⁴⁴ liẽ³³ laŋ²¹ ki⁴⁵。
讨 入 嫁 出 转 塘 基。
haŋ²⁴ lia¹³ ŋ̍²¹ tsi²⁴ sʅ¹³ ki⁴⁵ təu²¹,
汉 冲 人 住 笋 鸡 窝,
sʅ³³ lei¹³ pu³³ ŋ̍²¹ uaŋ²⁴ t'ẽ⁴⁵ ŋɤ²¹。
寺 □ 背 人 望 天 鹅。
kaŋ⁴² ləu²¹ saŋ²⁴ ŋ̍²¹ ho¹³ fa⁴⁵ lei¹³,
岗 头 上 人 燕 子 鸟,
iaŋ²¹ m²¹ ʂʅ⁴⁵ ŋ̍²¹ pu²⁴ lø³³ sʅ⁴⁵。
杨 梅 □ 人 白 鹭 鸶。
pei¹³ lẽ²¹ ts'aŋ⁴⁵ ŋ̍²¹ kiaŋ¹³ ŋø²¹ hu²⁴,
府 田 冲 人 讲 □ 话,
soŋ³³ ku⁴⁵ in²⁴ i²¹ mɤ⁴⁴ tɕiaŋ³³ i²¹。
宋 家 应 瑶 不 像 瑶。
pu²⁴ piəu⁴⁴ laŋ²¹ ŋ̍²¹ uẽ²⁴ ɕiəu²⁴ hẽ⁴²,
白 竹 塘 人 爱 学 狠,
tsʅ⁴⁵ tsʅ⁴⁵ tsəu²⁴ pei²¹ ta²⁴ piu⁴⁵ tsei⁴²。
朝 朝 就 被 大 兵 剿。
liu²⁴ fi⁴⁵ lẽ²¹ hɤ¹³ nẽ²¹ nẽ²¹ haŋ⁴²,
栎 湾 田 好 年 年 旱,
faŋ⁴⁵ pæ²¹ toŋ²⁴ pɤ³³ mɤ⁴⁴ ɤ²¹ ləu⁴²。
荒 皮 洞 里 没 禾 兜。

ø⁴⁵ hu⁴² uẽ²⁴ sɿ⁴⁵ tsɿ³³iəu²⁴ zʅ⁴⁴,
屋　下　爱　烧　松　树　　叶,
pu²⁴ mei⁴² tɕi¹³ su⁴⁴ həu⁴⁴ mei⁴² mæ²⁴。
白　米　煮　出　黑　米　饭。
loŋ²¹ kø¹³ tin³³ taŋ³³ si⁴⁵ ti¹³ saŋ²⁴,
铜　鼓　叮　当　山　崽　上,
təu²⁴ li⁴⁴ tɕi¹³ ɕie²¹ piəu⁴⁴ m̩⁴² uẽ²¹。
豆　哩　煮　菇　竹　木　园。
hu⁴⁵ koŋ⁴⁵ pɣ³³ ŋø²¹ lɣ⁴² mɣ²⁴ tso²⁴,
虾　公　爆　鱼　老　沐　泽,
paŋ³³ zʅ²¹ paŋ³³ ŋø²¹ sɿ⁴² hu⁴² liəu²¹。
扳　□　扳　鱼　是　下　留。
mɣ²⁴ tso²⁴ liəu²¹ ts'u⁴⁵ uẽ²⁴ lø⁴⁵ ŋø²¹,
沐　泽　流　车　爱　捞　鱼,
mɣ⁴⁴ ŋø²¹ hu⁴² tɕi²⁴ mɣ⁴⁴ saŋ²⁴ la²¹。
没　鱼　下　箸　不　上　台。
toŋ²⁴ mæ⁴² ts'u⁴⁵ tsaŋ²¹ sɿ⁴² sẽ²¹ ɕin²¹,
洞　尾　村　场　是　船　型,
tɕ'i³³ sẽ²¹ ta²⁴ mø²⁴ i⁴⁵ ts'u⁴⁵ tsẽ²¹。
撑　船　大　木　在　村　前。
to²⁴ ləu²¹ iẽ²¹ tsa⁴² liəu²¹ ts'u⁴⁵ paŋ²¹,
隧　头　原　在　流　车　旁,
i³³ kiəu¹³ ts'u⁴⁵ uẽ²¹ ŋ̍²¹ iəu²⁴ uẽ²¹。
日　久　村　亡　人　又　亡。
ki⁴⁵ sɿ⁴⁵ læ⁴² ŋø²¹ ta²⁴ lø³³ p'ø³³,
金　丝　鲤　鱼　大　路　铺,
ts'u⁴⁴ tsiaŋ²¹ ua⁴⁴ fu¹³ sei⁴⁵ su¹³ ts'u⁴⁵。
拆　墙　挖　粉　西　水　村。
ta²⁴ su¹³ t'o⁴⁵ tsəu¹³ hoŋ²¹ su¹³ ts'u⁴⁵,
大　水　拖　走　洪　水　村,
hɣ¹³ sɿ⁴⁵ mei²⁴ e⁴⁴ liəu²¹ ku⁴⁵ ŋ̍²¹。
火　烧　灭　了　刘　家　人。
su⁴⁵ ɕiəu³³ tæ²⁴ mẽ²⁴ tsẽ²¹ tʂ'aŋ³³ e⁴⁴,
三　宿　地　面　全　唱　了,

i³³ həu⁴² pẽ³³ fa³³ həu⁴² ŋ̩²¹ tʻaŋ²¹。
日 后 变 化 后 人 谈。
tɕʻiu³³ kɤ⁴⁵ kɤ³³ ŋ²¹ n̩²⁴ ki³³ lɤ³³,
听 歌 的 人 要 记 到,
tʂaŋ³³ hɤ¹³ tʂʻaŋ³³ tsʻəu¹³ tsẽ²¹ pu³³ ŋ̩²¹。
唱 好 唱 丑 前 辈 人。

附录3 梧州歌
（发音人：大石桥乡大祖脚村龙柳姣、李冬凤）

pia²⁴ fua⁵¹ xø⁵¹,
白 花 开,
pia²⁴ fua⁵¹ xø⁵¹ liəu⁴⁴ kue⁴²⁴/³¹ n̡yẽ³¹ lø³¹。
白 花 开 了 贵 人 来。
ku⁵¹/³³ n̡io³¹/⁵¹ n̡io³¹ ti⁴⁴ suo²⁴/³¹ sue⁴⁴ ho⁴⁴,
今 日 日 子 实 在 好,
kue⁴²⁴/³¹ n̡yẽ³¹ lo⁴²⁴/³¹ liəu⁴⁴ ŋu⁴⁴ tʻuẽ⁵¹ lø³¹。
贵 人 到 了 我 村 来。

tsoŋ⁴²⁴/³¹ tiẽ³¹ tɕi⁵¹ n̡yẽ³¹ mau²⁴ n̡io³¹ tiẽ³¹,
种 田 之 人 没 日 田,
miẽ²⁴ siəu³¹ uaŋ³¹ tʻu⁴⁴ poe⁴²⁴/²⁴ siəu³¹ tʻiẽ⁵¹。
面 朝 黄 土 背 朝 天。
si⁴⁴/²⁴ mian²⁴ ŋ⁴⁴ ko⁵¹ sau⁵¹ suẽ³¹ xo⁴⁴,
是 望 五 谷 收 成 好,
ka⁵¹/³³ ka⁵¹ u²⁴/³¹ u²⁴ kuo⁴²⁴ xo⁴⁴ n̡iẽ³¹。
家 家 户 户 过 好 年。

ku⁵¹/³³ kan⁵¹ tæ²⁴/³¹ o⁵¹ suẽ⁵¹ iau²⁴ suẽ⁵¹,
这 间 大 屋 新 又 新,
lø³¹ ko⁴²⁴ ɕiaŋ²⁴ miẽ²⁴/³¹ kɤ³³ kue⁴²⁴/³¹ n̡yẽ³¹。
来 个 上 面 的 贵 人。

ku⁵¹/³³ ko⁴²⁴ kue⁴²⁴/³¹ ȵyẽ³¹ suo²⁴/³¹ sue⁴⁴ xo⁴⁴,
这　个　贵　　人　实　　在　好，
tʻo⁴⁴　lɤ³³ ho⁴⁴ tæ²⁴ kɤ³³　an³¹　suẽ⁵¹。
操　　了　好　大　的　闲　心。

muẽ³¹ siẽ⁵¹ siəu³¹ ɕiaŋ⁴²⁴ lẽ⁴⁴/³¹ kæ⁴²⁴/³¹ lẽ⁴⁴,
门　前　朝　向　岭　界　顶，
au²⁴ miẽ²⁴/³¹ lø³¹ loŋ³¹ puo⁴⁴ ka²⁴ san⁵¹。
后　面　　来　龙　笔　架　山。
ku⁵¹/³³ laŋ⁵¹ ɕy²⁴/³¹ sa²⁴ suo²⁴/³¹ sue⁴⁴ xo⁴⁴,
这　村　住　宅　实　　在　好，
kyaŋ⁵¹/³³ ua³¹ tɕʻio⁵¹ sue²⁴ tɕio⁵¹ ko⁵¹/³¹ tyaŋ³¹。
江　　　华　出　在　鹧　鸪　塘。

后　　记

　　捧着厚厚的书稿，闻着淡淡的墨香，心里真是百感交集，甘苦自知。书稿是在我的博士论文的基础上继续修改完善写成的，三年半博士的学习生活，现在才有机会敢把这份答卷交出来，虽然还是不满意，但却是花费了许多心血的答卷，我的心中忧喜参半。回顾这一路，选题构思时的煞费苦心，一次又一次地推翻重来；田野调查时的艰难险阻，孤身一人奔走在千里大瑶山；写作时的辛勤忙碌，夜以继日地在电脑前劳作，禁不住一阵心酸。想到我的答卷将要接受老师和学友们的批评指正，免不了会忐忑不已。

　　我能够如期地完成博士学位论文，是和很多人的辛苦付出分不开的。我要感谢恩师鲍厚星教授，在师从恩师近十年的时间里，他一直非常关心我的成长，给予我鼓励和鞭策。无论是论文选题，篇章结构，还是具体的语言材料、审定音系都对我加以精心指导。初稿出来后又逐字逐句地批阅，提出修改意见，纠正多处缺失。从他身上我不仅学到了知识和方法，更学会了做学问的态度和做人的精神。想到恩师对我寄予的厚望，我不禁心生愧意，颇感不安。今后当不断努力，回报师恩。

　　此外，我还利用参加学术活动的机会，向众多汉语方言和少数民族语言方面的专家请教，如戴庆厦、张振兴、张惠英、黄行、黄雪贞、刘村汉、李树俨、吴福祥、李蓝、庄初升、曾晓渝、赵敏兰等，得到了他们的鼓励和指点，获益良多。从我的学友们那里我也受到了启发，学到了经验。在此谨向以上各位表示深深的感谢。

　　在江华县调查期间，我受到了瑶山人民热情的接待和亲人般的关心，正是因为有了他们的支持和帮助，我才能在人生地不熟的江华县顺利地完成调查，得到宝贵的第一手材料，使论文写作有了坚实的根基和源头的活水。江华县民委原主任郑德宏先生，虽然年事已高，身体欠佳，其子又突然病故，但我每次前去叨扰，他老人家都是忍着悲痛，始终笑脸相待，为我介绍当地情况，推荐发音人，不厌其烦地听我提问，然后一一详细地回答。有了他的引导我少走了很多弯路，有了他的介绍我的工作目标变得更加明确，有了他的鼓舞我的步伐更为轻快和稳健。江华县宣传部副部长唐孝任是我去江华县后结识的朋友，我们一见如故。他工作非常忙，却还总是记挂着我的调查，我在江华县各乡镇调查时他为我提供了许多便利条件，有时因为担心我的安全就送我到村子里去，怕我太过劳累伙食不好还请我吃饭。正是他的关心和帮忙，为我免除了许多不必要的麻烦，使我在江华县的工作进展得十分顺利。众多的发音合作人不顾年老体弱，撇开了繁忙的农务，忍受着调查的枯燥，积极主动地介绍情况，认真负责地配合发音。赵德科先生走了一个多小时山路赶到乡政府住了一个多星期，从早到晚地工作，不仅不觉得劳累，反而视之为自己的光荣职责，还毫无保留地翻出自己保留多年的文献资料、撰写的瑶歌让我借阅，有的还送给了我。江华县人大退休干部李先运先生刚做完眼部手术，就带着糖尿病药特地从县城赶到大石桥乡，陪我到鹧鸪塘村搞调查，还帮我到田间地头去找会唱梧州歌的人。像上面两位老先生一样的发音人实在是太多太多了，限于篇幅，我无法全部列出他们的名字，但是他们的名字会永远留在我的心里。感谢纯朴、热情的江华人民给我的温暖和帮助。

江华县公路局、教育局多次热情地接待我，为我提供交通上的便利和人身安全上的保障，我几次翻越险陡的勾挂岭，都是他们派专车接送，让我能够安心地工作，也免了不少旅途的周折；江华县各乡镇领导和干部热心地给我介绍情况，联系发音人，安排好食宿，陪我下到村里，提供有关当地的资料，真是做到了有求必应；湖南省民族与宗教事务局、江华县民族与宗教事务局、史志办、政府办公室、档案局、民政局等单位也给了我大力的支持，赠送县志等多种书籍、地图，帮我借阅和复印史料、地名材料等，这些材料为我的论文提供了可靠的依据。在此一并向以上单位致以诚挚的谢意。

我还要谢谢我的家人，孩子刚断了奶，我就丢下年幼的她外出调查了，我的爱人挑起了家庭的重担，他工作也很忙，却没有怨言，把孩子照顾得很好，还总是给我鼓劲加油，帮我克服困难。他的理解和支持是我坚强的后盾，解除了我的后顾之忧。我的父母也很不容易，他们辛苦地把我们拉扯大，本该享清福了，却还要拖着多病的身体在我们都没空时帮我们照看孩子。

我的书稿虽然完成了，但"湘南土话和湘南瑶语的比较研究"这一课题的研究应该说还只是刚刚起步，湘南这片美丽而富饶的土地上还有许多语言资源有待我们去发掘，我们的比较研究也还不够深入细致。站在新的起点上，前面的道路漫长而崎岖，我将用加倍的努力和毅力坚定地朝前走。

书中错误和疏漏之处一定不少，恳请老师和学友们批评指正。

李星辉

2017 年 9 月 17 日